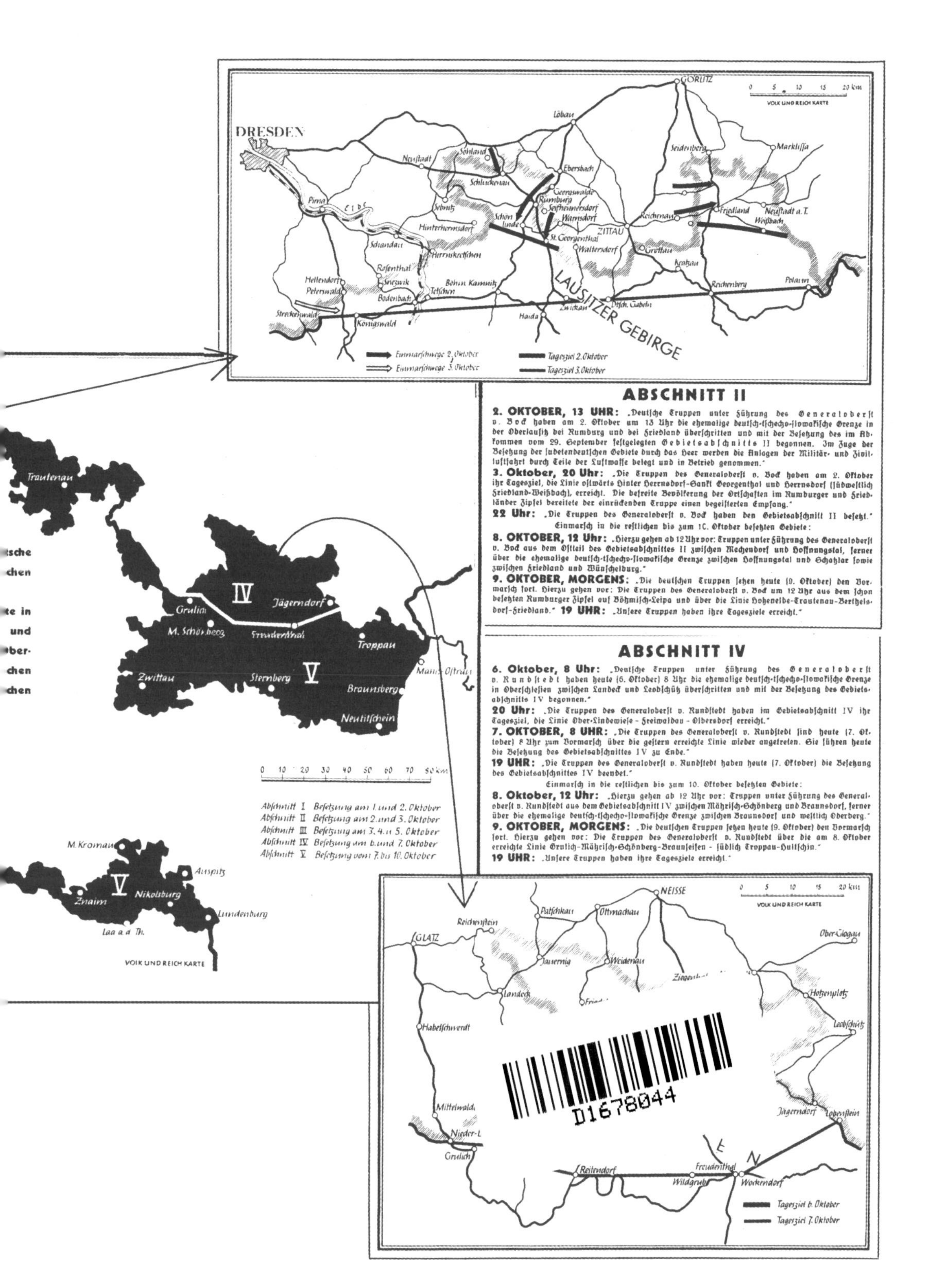

ABSCHNITT II

2. OKTOBER, 13 UHR: „Deutſche Truppen unter Führung des Generaloberſt v. Bock haben am 2. Oktober um 13 Uhr die ehemalige deutſch-tſchecho-ſlowakiſche Grenze in der Oberlauſitz bei Rumburg und bei Friedland überſchritten und mit der Beſetzung des im Abkommen vom 29. September feſtgelegten Gebietsabſchnitts II begonnen. Im Zuge der Beſetzung der ſudetendeutſchen Gebiete durch das Heer werden die Anlagen der Militär- und Zivilluftfahrt durch Teile der Luftwaffe belegt und in Betrieb genommen."

3. Oktober, 20 Uhr: „Die Truppen des Generaloberſt v. Bock haben am 2. Oktober ihr Tagesziel, die Linie oſtwärts Hinter Herrnsdorf-Sankt Georgenthal und Herrnsdorf (ſüdweſtlich Friedland-Weißbach), erreicht. Die befreite Bevölkerung der Ortſchaften im Rumburger und Friedländer Zipfel bereitete der einrückenden Truppe einen begeiſterten Empfang."

22 Uhr: „Die Truppen des Generaloberſt v. Bock haben den Gebietsabſchnitt II beſetzt."

Einmarſch in die reſtlichen bis zum 10. Oktober beſetzten Gebiete:

8. OKTOBER, 12 Uhr: „Hierzu gehen ab 12 Uhr vor: Truppen unter Führung des Generaloberſt v. Bock aus dem Oſtteil des Gebietsabſchnittes II zwiſchen Machendorf und Hoffnungstal, ferner über die ehemalige deutſch-tſchecho-ſlowakiſche Grenze zwiſchen Hoffnungstal und Schatzlar ſowie zwiſchen Friedland und Wünſchelburg."

9. OKTOBER, MORGENS: „Die deutſchen Truppen ſetzen heute (9. Oktober) den Vormarſch fort. Hierzu gehen vor: Die Truppen des Generaloberſt v. Bock um 12 Uhr aus dem ſchon beſetzten Rumburger Zipfel auf Böhmiſch-Leipa und über die Linie Hohenelbe-Trautenau-Berthelsdorf-Friedland." **19 UHR:** „Unſere Truppen haben ihre Tagesziele erreicht."

ABSCHNITT IV

6. Oktober, 8 Uhr: „Deutſche Truppen unter Führung des Generaloberſt v. Rundſtedt haben heute (6. Oktober) 8 Uhr die ehemalige deutſch-tſchecho-ſlowakiſche Grenze in Oberſchleſien zwiſchen Landeck und Leobſchütz überſchritten und mit der Beſetzung des Gebietsabſchnitts IV begonnen."

20 Uhr: „Die Truppen des Generaloberſt v. Rundſtedt haben im Gebietsabſchnitt IV ihr Tagesziel, die Linie Ober-Lindewieſe - Freiwaldau - Olbersdorf erreicht."

7. OKTOBER, 8 UHR: „Die Truppen des Generaloberſt v. Rundſtedt ſind heute (7. Oktober) 8 Uhr zum Vormarſch über die geſtern erreichte Linie wieder angetreten. Sie führen heute die Beſetzung des Gebietsabſchnittes IV zu Ende."

19 UHR: „Die Truppen des Generaloberſt v. Rundſtedt haben heute (7. Oktober) die Beſetzung des Gebietsabſchnittes IV beendet."

Einmarſch in die reſtlichen bis zum 10. Oktober beſetzten Gebiete:

8. Oktober, 12 Uhr: „Hierzu gehen ab 12 Uhr vor: Truppen unter Führung des Generaloberſt v. Rundſtedt aus dem Gebietsabſchnitt IV zwiſchen Mähriſch-Schönberg und Braunsdorf, ferner über die ehemalige deutſch-tſchecho-ſlowakiſche Grenze zwiſchen Braunsdorf und weſtlich Oderberg."

9. OKTOBER, MORGENS: „Die deutſchen Truppen ſetzen heute (9. Oktober) den Vormarſch fort. Hierzu gehen vor: Die Truppen des Generaloberſt v. Rundſtedt über die am 8. Oktober erreichte Linie Grulich-Mähriſch-Schönberg-Braunſeiſen - ſüdlich Troppau-Hultſchin."

19 UHR: „Unſere Truppen haben ihre Tagesziele erreicht."

MLADÁ FRONTA

Jan Lakosil
Tomáš Svoboda

Sudety 1938

pohledem důstojníků německé armády

Mladá fronta

Vydáno k **75.** výročí
podepsání Mnichovské dohody

ISBN 978-80-204-2894-3

Obsah

Úvod 7

Vojenské obsazení odstoupených území Československa 9

Vzpomínky německých vojáků 19

Sudetenland / Leutnant Mogschar 21

Průběh podzimních cvičení a obsazení sudetoněmeckých oblastí v září a říjnu 1938 / Leutnant Woitscheck 59

Voják prožívá pochod do Sudet / Hauptmann Graf Kielmansegg 105

Jako záložník na postupu s třiatřicátými / R. D. Irmer 127

Radistou u letecké pěchoty IR 16, Oldenburg 171

Byli jsme u toho – pochod do Sudet / Leutnant Fechner 187

Informační válka v režii německé propagandy 211

Pravda o domnělém útisku Němců v pohraničí 223

Přílohy 237

- Durchfahrtspläne von Orten in der Tschechoslowakei 238
- Deutsch-Tschechischer Soldaten-Sprachführer 244
- Letecké snímky 263

Přehled pramenů a použité literatury 271

Úvod

Mnichovská dohoda a zvláště pak očekávaný vojenský konflikt Československa s Německem v roce 1938 patří i po více než 75 letech ke stále živě diskutovaným tématům bolestivé historie našeho národa. K tomuto tématu vyšlo nespočetné množství nejrůznějších publikací, článků a odborných studií, které však mnichovské téma řeší především z hlediska obecného nebo politického. Otázka vojenské konfrontace se v literatuře soustřeďuje především na porovnávání výzbroje a techniky obou znepřátelených stran, vyhodnocování kvality čs. armády po mobilizaci v září 1938 nebo zveřejňování vzpomínek ozbrojených složek čs. armády na krizové období v roce 1938. V rámci možností je již i zdokumentována obranná sestava čs. armády zaujatá po vyhlášení všeobecné mobilizace v druhé polovině září 1938.

Věrohodných informací o stavu, rozmístění a taktických záměrech německých jednotek ve stejném období máme k dispozici nepoměrně méně. Tento fakt je způsoben nejen obtížnou přístupností německých archiválií pro české badatele, ale také skutečností, že ne všechny potřebné informace se vůbec dochovaly. Ačkoliv připravovaná válečná akce proti Československu a následné mírové obsazení jeho příhraničních území představovaly ve své době pro německou Wehrmacht významnou a nezanedbatelnou akci, postupem doby pak zůstala zcela ve stínu dalších tažení německé armády a v podstatě splynula s běžným podzimním cvičením. Navíc po mírovém obsazení tzv. sudetoněmeckých oblastí si Německo snažilo uchovat obraz mírového osvoboditele utlačovaných sudetských Němců, a nebylo proto v zájmu německého vedení zveřejňovat skutečné důvody a plány k přepadení ČSR. Pravděpodobně z výše uvedených důvodů se němečtí i světoví historici zabývají podrobněji organizací a dokumentací bojů německé armády až po oficiálním vypuknutí druhé světové války v roce 1939 a události spojené s vojenským vystoupením proti ČSR tak stojí zpravidla zcela mimo jejich zájem.

Od mnichovské tragédie českého národa uplynulo více než tři čtvrtě století, přesto jsou tyto záležitosti stále palčivé a každoročně přinášejí nejrůznější debaty amatérských i profesionálních historiků na oblíbené české téma „co by, kdyby...". Je zajímavé sledovat názory jednotlivých účastníků, kteří se přou o to či ono a na podporu předkládají více či méně pravdivé argumenty. S ohledem na vlastenectví a nadšení diskutujících převládá zpravidla názor, že by se ČSR německé agresi vojensky ubránila, což může, ale také nemusí být pravda. Správnou odpověď na tuto otázku se už nikdy nedozvíme a nemůže ji přinést ani tato publikace. Ta však nabízí zcela nový a neznámý pohled na zářijové a říjnové události roku 1938 očima důstojníků Wehrmacht, jejichž jednotky byly v září 1938 určeny k válečnému nasazení proti ČSR. Právě němečtí důstojníci byli do určité míry seznámeni se skutečnými válečnými plány, a mohou tak odpovědět na řadu otázek, se kterými si dodnes mnozí historici nebo badatelé lámou hlavu. Celou řadu zajímavých faktů o situaci v září 1938 lze vyčíst i tzv. mezi řádky, proto jsou všechny dobové texty následně komentovány. Velkou výpovědní hodnotu má rovněž původní obrazový doprovod tvořený především stovkami dosud nepublikovaných dobových fotografií, které pořídili v několika případech i sami němečtí autoři textů.

Překlad původních německých textů se snaží v maximální možné míře zachovat styl původních dokumentů, včetně občasného poněkud neumělého nebo nekonzistentního vyjadřování – nejde o chyby a nedostatky ze strany překladatele, ale o vědomou snahu o všestranné a co nejautentičtější přiblížení situace, prostředí i reakcí aktérů. Proto také nebyly činěny žádné zásahy ani do věcného obsahu textu, a to ani tam, kde by mohl někomu připadat problematický nebo sporný. Je tedy na čtenáři, co si z něj pro sebe vyvodí. Německé texty jsou proto v některých případech opatřeny rovněž poznámkovým aparátem nezbytným pro dobrou orientaci v textu a jeho pochopení. Přeložené německé texty jsou vždy doplněny přehledem variant místopisných názvů. Pro lepší orientaci českého čtenáře jsou v textech použity pochopitelně české místopisné názvy, pokud se jednalo o místa na území předválečné ČSR. Naopak v případě bývalého německého Slezska, které se nacházelo na území současného Polska, jsou použity původní německé místopisné názvy a současná polská jména obcí a měst jsou uvedena v místopisném seznamu na konci příslušných vzpomínek.

Kvůli zachování autenticity se používá v textu i původní způsob psaní místních a dalších názvů, i když jde o zjevně nesprávné podoby (např. Rolce Roice, různé tvary názvu Československa apod.). S tímto souvisí také používání slova Sudety (německy Sudetenland), které je v textu knihy velmi časté. Tímto slovem označovali Němci v popisované době celé čs. příhraničí s německým obyvatelstvem, ačkoliv geograficky byla jako Sudety původně označována pouze severovýchodní část čs. pohraničí. Užívání názvu Sudety bylo dokonce zakázáno vyhláškou vydanou po znovuobnovení Československa květnu 1945. Název Sudety pak byl rehabilitován až na začátku 90. let a od té doby je jeho užívání opět rozšířeno na celé území odstoupené Německu v říjnu 1938.

Nebylo primárním cílem autorů komentovat nebo vysvětlovat jednotlivé texty ani předkládat na jejich základě čtenářům své vlastní závěry. Jejich záměrem bylo předložit čtenářům reprezentativní soubor textů a dalších dokumentů, které by jim umožnily utvořit si vlastní názor o době, poměrech a podmínkách, které sami nemohli zažít. Současně je nutno uvést, že tato práce si neklade za cíl ani komplexní zpracování uvedené problematiky, naznačuje ale směr dalšího možného bádání pro další zájemce o problematiku osudového roku 1938.

Poděkování za poskytnutí cenných podkladů, konzultací nebo rad patří Ing. Jaroslavu Benešovi, Ladislavu Čermákovi, Jaroslavu Dubskému, Mgr. A. Janu Nedvědovi, JUDr. Miroslavu Novákovi, PhDr. Karlu Strakovi, Ph.D., a Dušanu Žateckému.

Vojenské obsazení odstoupených území Československa

Mírové vojenské obsazení příhraničních oblastí Československa bylo logickou reakcí na přijetí podmínek Mnichovské dohody ze strany čs. vlády a prezidenta. Na základě jednání mezinárodní komise v Berlíně bylo odstoupené území rozděleno do pěti okupačních úseků a stanoveny postupové linie pro jednotlivé dny tak, aby československá armáda a státní správa měly alespoň minimální čas k zajištění vyklizení území. Logickým vyústěním této akce bylo rovněž vyhnání nebo dobrovolný odchod statisíců českých obyvatel, kteří bydleli v pohraničí. Toto téma bylo již v literatuře z nejrůznějších aspektů zpracováno a je v širokém povědomí veřejnosti. S německým pohledem na tyto události se však v literatuře setkáváme jen velmi zřídka, což je zřejmě dáno obtížnější dostupností německých archivních dokumentů pro českého badatele. Německý postoj k tzv. sudetoněmecké otázce a s ním spojená připravovaná válečná operace proti ČSR velmi úzce souvisejí s věčným českým dilematem „bránit, nebo nebránit", a není proto nezajímavé podívat se na období podzimu 1938 očima německého vojáka.

Pro útok proti Československu připravil německý generální štáb plán útoku označovaný jako Fall Grün. Ten byl v průběhu doby několikrát změněn a k drobným změnám nástupového plánu docházelo až do září 1938. V plánu Fall Grün počítal německý generální štáb s nasazením pěti armád (2., 8., 10., 12. a 14. armáda). Celkově měli Němci připraveno k útoku proti Československu 40 vyšších jednotek na úrovni divize, z toho 28 pěších divizí, 3 lehké divize, 3 pancéřové divize, 4 motorizované divize a 2 horské divize. Pro klešťový úder proti Moravě byla určena 2. armáda pro útok ze severu (velitel Generaloberst von Runstedt) a 14. armáda pro útok z jihu (velitel General der Infanterie List). Vojenskou porážku Československa však měla podle finálního nástupového plánu zajistit rozsáhlá útočná operace 10. armády (velitel General der Artillerie von Reichenau) v plánovaném útočném směru Plzeň – Praha s podporou 12. armády soustředěné proti jihozápadním Čechám (velitel Generaloberst Ritter von Leeb). Pomocné údery proti severním Čechám pak zajišťovala 8. armáda (velitel Generaloberst von Bock).

Německá armáda připravená na válečnou akci proti ČSR musela po Mnichovské dohodě přepracovat operační plány a změnit předpokládané trasy postupu tak, aby mohla zajistit plné obsazení odstoupených území v daných termínech. Přesuny jednotek zmiňují i němečtí důstojníci, mnohdy se jednalo dokonce o několikasetkilometrové přesuny motorizovaných jednotek. Z tohoto faktu vyplývá, že nelze na základě přítomnosti určité německé jednotky v čs. pohraničí jednoznačně tvrdit, že by v tom konkrétním místě byla nasazena rovněž v případě válečné akce. V některých případech však byly postupové trasy německých pluků jen málo odlišné od plánovaného prostoru nasazení. Problematika německého vojenského obsazení čs. pohraničí je poměrně neprobádané téma i v Německu, neboť ve své době velmi významná akce nakonec zůstala zcela ve stínu pozdějších tažení na západ nebo na východ a pro německé i světové historiky je startovacím mezníkem zpravidla září 1939.

Nejen pro lepší orientaci v časových údajích uváděných německými důstojníky ve zprávách, ale i například pro přesnější dataci dobových snímků z obsazování čs. pohraničí jsou velmi přínosné časové harmonogramy postupu v jednotlivých zónách, které zpracoval Major Hasso von Wedel z propagandistického oddělení Oberkommando der Wehrmacht. Uvedené denní hranice postupu lze srovnat s orientační mapou na přední předsádce této knihy, která byla převzata z časopisu Die Wehrmacht. Dejme nyní prostor dobovým německým rozkazům a hlášením, která sestavil Major von Wedel pro publikaci Jahrbuch des deutschen Heeres 1939.

Počínaje 1. říjnem vstupuje německá armáda na Vůdcem osvobozená německá území v Česku. Německá armáda vstupuje na získaná území s hrdou radostí, že je nositelem německé disciplíny a pořádku a nástrojem nejvyššího velitele, a od teď smí vzít pod silnou ochranu německých zbraní své německé bratry.

Heil Vůdci!

Generaloberst.

Snímek pořízený odpoledne 1. října 1938 zachytil průjezd německých obrněných průzkumných vozidel přes závoru ve Strážném na Šumavě.

Vrchní velitel pozemní armády Gen. Oberst von Brauchitsch (druhý zleva) během inspekce u jednotky Wehrmacht (1938).

sobota 1. října 1938

14 hodin: Německé jednotky pod vedením Generalobersta Rittera von Leeba překročily bývalou německo-československou hranici na Šumavě mezi obcemi Helfenberg a Finsterau. Začaly s obsazováním zóny I stanovené Mnichovskou dohodou z 29. 9. 1938.

20 hodin: Německé jednotky vstoupily na území, jehož obsazení se předpokládalo provést v rámci zóny I dnes odpoledne. Čela pochodových skupin se přiblížila k dnešnímu cíli – Vltavě.

22 hodin: Jednotky Generalobersta Rittera von Leeba dosáhly svého denního cíle – údolí Vltavy od Frýdavy po Stolovou horu.

V Berlíně ustanovená mezinárodní komise stanovila, že mezi oddíly německé a čs. armády bude vždy dodržována zóna šířky asi 2 km. Tímto opatřením se zajistilo, že postup německých jednotek proběhl bez incidentů.

neděle 2. října 1938

13 hodin: Německé jednotky pod vedením Generalobersta von Bocka překročily bývalou německo-československou hranici v Horní Lužici u Rumburku a Frýdlantu. Začaly s obsazováním zóny II stanovené Mnichovskou dohodou z 29. 9. 1938.

Jednotky Generalobersta Rittera von Leeba nastoupily v 13:00 k dalšímu postupu přes Vltavu. Jejich pravé křídlo postupuje přes Rožmberk na Horní Dvořiště, levé křídlo začíná s postupem ve směru z Zwieselu na Prášily až v 16 hodin.

Současně s obsazováním sudetoněmeckého území armádou jsou částmi Luftwaffe uváděna do provozu vojenská a civilní letecká zařízení.

20 hodin: Jednotky Generalobersta Rittera von Leeba dosáhly večer 2. října svého denního cíle. Za jásotu obyvatelstva bylo obsazeno město Volary.

pondělí 3. října 1938

8 hodin: Německé jednotky pod vedením Gen. d. Art. von Reichenaua překročily v 8 hodin bývalou německo-československou hranici po obou stranách ašského výběžku mezi městy Selb a Markneunkirchen. Započaly s obsazováním zóny III stanovené Mnichovskou dohodou z 29. 9. 1938.

20 hodin: Německé jednotky Generalobersta von Bocka dosáhly 2. října svého denního cíle, linie: říšská hranice východně od Hinter Herrnsdorf – Jiřetín pod Jedlovou (jihovýchodně od linie Frýdlant – Bílý Potok). Osvobozené obyvatelstvo vesniček v rumburském a frýdlantském výběžku připravilo vstupujícím jednotkám nadšené přivítání.

22 hodin: Jednotky Generalobersta Rittera von Leeba zcela obsadily zónu I.

Jednotky Gen. d. Art. von Reichenaua dosáhly denního cíle, a to linie: Rozvadov – Tachov – Planá – Mariánské Lázně – Dolní Žandov – Kynšperk nad Ohří – Sokolov a západně od Labe linie Větrov – Modrá – Podmokly. První část Chebska se tak dočkala toužebného osvobození.

Jednotky Generalobersta von Bocka obsadily zónu II.

Současně byly do Chebu přesunuty části Luftwaffe.

úterý 4. října 1938

8 hodin: Jednotky pod vedením Gen. d. Art. von Reichenaua zahájily postup přes linii dosaženou předchozího dne, aby obsadily další části zóny III.

20 hodin: Jednotky pod vedením Gen. d. Art. von Reichenaua obsadily v průběhu dne zónu III až na linii: Železná – Bor – Lestkov – Teplá – Bečov – Karlovy Vary – Loučná pod Klínovcem.

středa 5. října 1938

8 hodin: Jednotky pod vedením Gen. d. Art. von Reichenaua nastoupily k obsazení zbytku zóny III.

22 hodin: Jednotky pod vedením Gen. d. Art. von Reichenaua ukončily obsazování úseku III. Současně se na sudetoněmecké území přesunuly další části Luftwaffe.

Gen. Oberst Ritter von Leeb,
velitel plánované 12. armády.

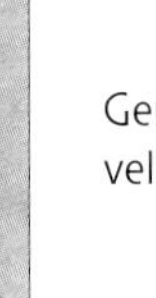

Gen. Oberst Fedor von Bock,
velitel plánované 8. armády.

Gen. d. Art. Walther von Reichenau,
velitel plánované 10. armády.

Gen. Oberst Gerd von Runstedt,
velitel plánované 2. armády.

Gen. d. Inf. Wilhelm List,
velitel plánované 14. armády.

čtvrtek 6. října 1938

8 hodin: Německé jednotky pod vedením Generalobersta von Runstedta překročily bývalou německo-československou hranici v Horním Slezsku mezi městy Landeck a Leobschütz a zahájily obsazování zóny IV.
20 hodin: Jednotky Generalobersta von Runstedta dosáhly denního cíle v zóně IV – linie Horní Lipová – Jeseník – Město Albrechtice.

pátek 7. října 1938

8 hodin: Jednotky Generalobersta von Runstedta nastoupily k postupu přes včera dosaženou linii a dnes ukončí obsazování zóny IV.
19 hodin: Jednotky Generalobersta von Runstedta ukončily obsazování zóny IV.

sobota 8. října 1938

8 hodin: Německé jednotky začínají postupovat v obsazování sudetoněmeckého území, které má být dokončeno 10. října.
K tomu nastupují od 12 hodin:

a) jednotky pod vedením Gen. d. Inf. Lista z župy Niederdonau přes bývalou německo-československou hranici jak mezi Břeclaví a Laa an der Thaya, tak i mezi Drosendorfem a Novou Bystřicí;
b) jednotky pod vedením Generalobersta Rittera von Leeba jednak ze zóny I, ale i přes bývalou německo-československou hranici mezi Gmündem a Horním Dvořištěm a mezi městy Furth a Eisenstein;
c) jednotky pod vedením Generalobersta von Bocka z východní části zóny II mezi Machnínem a Údolím Naděje, dále přes bývalou německo-československou hranici jak mezi Údolím Naděje a Žacléřem, tak mezi Frýdlantem a Münschelburgem;
d) jednotky pod vedením Generalobersta von Runstedta ze zóny IV mezi Šumperkem a Brumovicemi, dále přes bývalou německo-československou hranici mezi Brumovicemi a západně od Bohumína.

19 hodin: Německé jednotky dosáhly předpokládaných denních cílů stanovených pro den 8. října.

neděle 9. října

Ráno: Německé jednotky pokračují v postupu:

a) jednotky Gen. d. Inf. Lista přes bývalou německo-československou hranici mezi Laa an der Thaya a Drosendorfem;
b) jednotky Gen. d. Art. von Reichenaua ve 12 hodin z již obsazené zóny II;
c) jednotky Generalobersta von Bocka ve 12 hodin z již obsazené rumburského

výběžku směrem na Českou Lípu a přes linii Vrchlabí - Trutnov - Berthelsdorf - Frýdlant;

d) jednotky Generalobersta von Runstedta přes linii dosaženou 8. října: Králíky - Šumperk - Ryžoviště - jižně Opava - Hlučín.

19 hodin: Naše jednotky dosáhly svých denních cílů ve všech úsecích.

pondělí 10. října

8 hodin: Německé jednotky začínají s postupem do posledních úseků obsazovaného sudetoněmeckého území.

19 hodin: Armáda obsadila všechna předpokládaná území k dnešnímu datu a plánovitě ukončila obsazování sudetoněmeckého území. Luftwaffe převzala v obsazených oblastech základny československého letectva a přemístila tam letecké jednotky a protiletadlové dělostřelectvo. Všechny jednotky přijaly opatření, aby pomohly obyvatelstvu v oblastech postižených nouzí.

V následujících dnech po vojenském obsazení vykonával veškerou státní správu v Sudetech vrchní velitel pozemních sil Generaloberst von Brauchitsch, a to prostřednictvím náčelníků civilní správy při velitelství armádních skupin. Dne 20. října skončila v Sudetech vojenská správa a výkon veškeré státní správy předal Generaloberst von Brauchitsch do rukou říšského komisaře pro sudetoněmecké oblasti (Reichskommissar für die sudetendeutschen Gebiete) Konrada Henleina na základě rozkazu Adolfa Hitlera ze čtvrtka 20. října 1938 určeného Generaloberstovi von Brauchitschovi:

Obsazení sudetoněmeckého území s nasazením všech částí armády, Luftwaffe, policie, jednotek SS-Verfügungstruppe, SS a SA je ukončeno. Pod ochranu Wehrmacht bylo vzato 3,5 milionu německých soukmenovců, kteří se s konečnou platností vrátili do Říše. Jejich opatrování přebírá 21. října 1938 civilní správa. Současně Vás uvolňuji z pověření plnění výkonné moci s uznáním za plnou spolupráci na všech stupních.

Se sudetskými Němci děkuje i celý německý národ všem, kteří se na osvobození Sudet podíleli.

20. 10. 38 56

T a g e s b e f e h l !

Die Aufgabe, die der Oberste Befehlshaber der Wehrmacht dem Heere gestellt hatte, ist mit dem heutigen Tage abgeschlossen.

Ich danke dem Heere für die in den letzten Monaten bewiesene Einsatzbereitschaft, Pflichterfüllung, Haltung und Manneszucht.

Unsere Arbeit gilt weiter dem Führer und dem Vaterlande.

Der Oberbefehlshaber des Heeres.

v. Brauchitsch

Generaloberst.

Denní rozkaz vrchního velitele pozemní armády Gen. Obersta von Brauchitsche ze dne 20. října 1938 určený podřízeným jednotkám informuje o ukončení vojenského nasazení v Sudetech.

54

Abschrift.

Der Reichskommissar
für die sudetendeutschen Gebiete.

Reichenberg, am 2o. Oktober 1938.

An

den Oberbefehlshaber des Heeres
Herrn Generaloberst von Brauchitsch

B e r l i n .

Sehr geehrter Herr Generaloberst !

Der Führer hat die fremde Bedrückung von uns genommen. Unter Jhrem Oberbefehle haben die deutschen Truppen gemäß dem Auftrage des Führers und Reichskanzlers die Befreiung des Sudetendeutschtums und seiner Heimat durchgeführt.

Jhre Truppen und Verwaltungsbehörden haben in vorbildlicher Weise und verständnisvoller Zusammenarbeit das Sudetendeutschtum betreut und in das größere Deutschland geleitet.

Mit Ablauf des 2o. Oktober 1938 übergeben Sie mir die von Jhnen vorläufig ausgeübte Verwaltung der sudetendeutschen Gebiete.

Jch habe nunmehr gemäß dem Auftrage des Führers und Reichskanzlers den Sudetengau zu einem starken und vollwertigen Glied des Reiches zu gestalten. Jch bin gewiß, daß mich hierbei das ganze Sudetendeutschtum in alter Treue und Einsatzbereitschaft unterstützen wird.

Jhnen, sehr verehrter Herr Generaloberst, Jhren Truppen und Verwaltungsbehörden danke ich nochmals herzlich für die hohe Einsatzbereitschaft und die große Fürsorge bei der Befreiung unseres Gebietes. Meinem Dank schließt sich das ganze Sudetendeutschtum an. Es hat diesen Dank nicht zuletzt durch die jubelnde und freudige Aufnahme der Soldaten des Führers bewiesen.

Gleich Jhnen bin ich der festen Überzeugung, daß unsere Zusammenarbeit sich auch in Hinkunft stets bewähren wird.

Heil dem Führer !
gez. Konrad H e n l e i n .

10/2934/38

Der Oberbefehlshaber des Heeres
Adjutantur
Nr. 142o / 38 Ob d H

Berlin, den 22. Oktober 1938

Gefertigt:
Gelesen:

A b s c h r i f t zur Kenntnis.

Verte[...]
G[...]
A H A
P A
Wa A
V A

Děkovný dopis Konrada Henleina z 20. října 1938 určený pro Gen. Obersta von Brauchitsche.

Vzpomínky německých vojáků

Suché hlášení OKW použité v několika dobových článcích zdaleka nevystihuje atmosféru, ve které probíhalo obsazování příhraničních oblastí Československa. Tu velmi dobře zachycují vzpomínky a zprávy německých důstojníků, které byly sepsány bezprostředně po skončení vojenského nasazení v Sudetech. Pro autentické přiblížení dobové atmosféry bylo vybráno šest dobových německých textů, které však pocházejí z různých zdrojů a vznikly z odlišných důvodů.

Asi nejzajímavější pohled německého důstojníka na obsazení československého pohraničí nabízí Leutnant Mogschar, jehož osobní neveřejná zpráva velmi zajímavě popisuje zákulisí německých příprav na útok v prostoru Krkonoš a uvádí mnohé zajímavé informace také z mírového obsazení severovýchodních Čech. Pikantnost celému textu dodává především averze pisatele vůči Československu a Čechům vůbec. V dalším textu pak s ženijním praporem 57 absolvujeme přesun z domovských posádek na podzimní vojenská cvičení v Krušných horách u hranic ČSR a následné tajné urychlené přesuny do Bavorska pro plánovaný útok proti Plzni. Poměrně rozsáhlý text vytvořený Leutnantem Woitscheckem tak velmi dobře ilustruje i pohyb jeho jednotky během mírového obsazení Tachovska. Jeden z důstojníků štábu 1. tankové divize – Hauptmann Kielmansegg – nás zavede do Karlových Var, a dokonce pozve i na oběd s Hitlerem, tedy alespoň formou svých vzpomínek zveřejněných v německém vojenském časopise. S motorizovanými pluky z německého Dessau pak obsadíme oblast Chebska a Žatecka a zastavíme postup něco málo přes 60 km před Prahou – rozsáhlý text, který byl vydán i knižně, dokumentuje mírový postup jednotek 13. divize odstoupeným územím. Ve vzpomínkách neznámého vojáka proděláme utajený výcvik na plánovanou leteckou výsadkovou operaci a přistaneme s legendárním německým letadlem Junkers 52 na přistávací ploše u Bruntálu. Poslední německý text nás zavede opět mezi tankisty, tentokrát k tankovému pluku 6. V jedné z drážďanských restaurací se setkáme s uprchlým Konradem Henleinem, přesuneme se do Slezska a obsadíme oblast Hlučínska. Jak se budeme moci přesvědčit, ne všude vítaly v říjnu 1938 německé vojáky davy nadšených obyvatel a ne všude probíhalo vše úplně hladce.

Všechny přeložené texty jsou doplněny přehledem místopisných názvů s uvedenými německo-českými místopisnými názvy pro lepší orientaci v původních mapách. Každý text je také doplněn komentářem, ve kterém je osvětlen nejen původ německých textů, ale i vojenské či jiné souvislosti, popř. další skutečnosti.

Pro lepší pochopení německého pohledu na tzv. sudetskou krizi v roce 1938 bylo nutno doplnit rovněž kapitolu týkající se německé protičeskoslovenské propagandy, kterou vhodně doplňují poznatky tehdejšího poslance JUDr. Aloise Neumana týkající se v textech mnohokráte zmíněného útlaku německého obyvatelstva v Československu. Do příloh jsou zařazeny ukázky dvou německých pomůcek připravených speciálně pro válku s Československem a letecké snímky zachycující některé objekty těžkého opevnění a města na severní Moravě.

Sudetenland

zpracoval Leutnant Mogschar, pěší pluk 8

Část vozového parku pěšího pluku 8 ve Frankfurtu nad Odrou připravená k odjezdu na podzimní cvičení – nasazení do Sudet (1938).

Rád bych své povídání rozdělil do tří částí, a to:
1) Mobilizace a osudový zlom
2) Obsazení (Einmarsch)
3) Zpětné ohlédnutí a úvaha

Když jsem chtěl 15. srpna vyrazit na svou dovolenkovou cestu do Jugoslávie, stál jsem už tehdy před otázkou, zda pojedu, nebo nepojedu přes Česko. Politická situace už byla tehdy taková, že tato otázka byla oprávněná. Již delší dobu jsem měl od okresního vojenského velitelství k této zahraniční cestě písemné povolení, byl jsem ale 24 hodin před cestou varován, abych přes Česko nejezdil. Aby toho nebylo málo, objevil se u mne doma 12 hodin před odjezdem můj kamarád z pluku Standartenführer von Trotha a zkoušel mě důrazně od cesty odradit. Doslova řekl: „Dávej pozor, ty budeš v Česku první, koho zavřou." Přijel právě od mého pluku z Frankfurtu a donesl mi důvěrnou zprávu, že se počítá s mým povoláním k 1. září. Byl jsem najednou trochu nerozhodný, ale udělal jsem to nejrozumnější, co se může v těchto případech udělat. Šel jsem spát.

Ráno svítilo slunce. Krátce po rozhodnutí jsem opět naplnil vyprázdněné kufry a s mým Rolce Roice mladšího provedení (rozuměj DKW) jsem vyrazil. Říkal jsem si: „Vypadá to velmi riskantně, ale v příštích třech dnech žádná válka nebude a za tři dny jsem u politických přátel buď v Itálii, nebo v Jugoslávii." Musím říci, že jsem svého rozhodnutí nelitoval.

Česká opevnění jsem znal už z více dřívějších cest, ale přesto jsem byl trochu překvapen novými objekty a tempem, s jakým se tato zařízení budovala! Měl jsem příležitost vidět česká opevnění z bezprostřední blízkosti, především známou Schöberlinie. Při pokusu o vyfotografování jednoho velmi zajímavého bunkru jsem musel urychleně zmizet, když jsem zpozoroval dva české vojáky, kteří ke mně běželi po svahu dolů i s nasazenými bajonety. Raději jsem se rozhodl dát plný plyn a zmizet.

Moji nejbližší přátelé mi potvrdili můj názor, který jsem zastával už alespoň rok, že je válka v blízké době nevyhnutelná. Často se mi kvůli tomuto názoru vysmívali, ale já osobně jsem měl již příliš mnoho náznaků, které byly převzaty především od vás, moji kamarádi. Mimo jiné proběhlo u pluku poplachové cvičení s telegrafickým povoláním. Můj názor se částečně potvrdil i na jedné tajné důstojnické poradě. Můj pluk neměl jít na obvyklá roční cvičení, ale obdržel zvláštní úkol. Od rána do večera byli velitelé a mužstvo školeni na boj proti bunkrům. Za tímto účelem byly ve výcvikovém prostoru vybudovány věrné napodobeniny bunkrů.

Když jsem potom na vlastní oči viděl, jak jsou hranice v Česku, Itálii a také Jugoslávii opevňovány, padly poslední pochybnosti. Například v Jugoslávii jsem viděl v divokých krasových horách tisíce vojáků budovat nová opevnění.

K 15. 9. 1938 jsem obdržel také já povolávací rozkaz na neurčitou dobu a musel jsem velmi rychle otočit své DKW zase na sever. Vrátil jsem se 15. 9. ke svému aktivnímu pluku do funkce velitele mně již dobře známé 1. čety 3. roty. V následujících třech dnech bylo velmi mnoho práce. Byly zkoušeny plynové masky, nakládána ostrá munice, vydávány železné dávky potravin atd. atd. Vedle toho cvičení, abych se sžil s jednotkou a především aby si zvykli čerstvě zrekvírovaní koně.

V noci z pondělí na úterý 19. 9. jsme nakládali. Noční jízda vedla přes Sagan do Reisichtu[1] v Krkonoších. Do Saganu jsme přijeli právě v době, když se vagonovali naši kamarádi tankisté i se svými tanky. Ještě je nutno uvést, že nám důstojníkům byl znám prostor nasazení. Také jednotce již 19. 9. nezůstávala žádná pochybnost, že se nejedná o žádné cvičení, ale že jde již o vážnou věc.

V Reisichtu jsme vykládali a pochodovali do přibližně 15km vzdálené obce Konradsdorf. Jednotka dostala ubytování v soukromí a 21. 9. byl krásný den klidu.

---

[1] V rukopise Lt. Mogschara uveden Reissig, zřejmě se však jedná o chybné zapamatování přesného názvu cílové stanice.

Příslušníci 3. roty během odpočinku při denním pochodu u Pomezních Bud (září 1938).

Příslušníci 1. čety 3. roty i se svým velitelem během odpočinku v Niederschreibendorfu (září 1938).

Momentka z provádění kontroly koní u 3. roty pěšího pluku 8 (září 1938).

Poslední nástup 3. roty v Rudelstadtu před provedením skryté mobilizace. Lt. Mogschar na snímku zcela vpravo (28. září 1938).

Následující den 22. 9. se konalo větší cvičení zakončené válečným pochodem do Löwenbergu. V sobotu 24. 9. bylo zahájeno cvičení s navazujícím pochodem a ubytováním ve Warmbrunnu. Tato akce byla nácvikem toho, co bychom měli činit v případě války. Terén a výstroj oddílů byly tedy pro tento případ co nejvíce uzpůsobeny. V neděli 25. 9. se konala ve Warmbrunnu slavnostní a povznášející polní bohoslužba. My staří frontoví vojáci známe význam této polní bohoslužby a každý z vás, kdo byl frontovým vojákem, mi potvrdí, že tato bohoslužba je předehrou pro vážnější události.

Ve dnech odpočinku a o večerech jsme seděli přesně jako vy u reproduktorů, poslouchali zprávy a zvažovali možnosti mírového řešení.

26. 9. jsme pochodovali s ostře nabitými puškami pod Pomezními Boudami do Niederschreibendorfu. Niederschreibendorf bylo výchozí místo pro náš poslední pochod k hranici. Tyto přesuny celých jednotek, které se mnohým z vás možná mohly zdát nepochopitelné, a také se našim vojákům nepochopitelné zdály, měly samozřejmě zvláštní význam. Teprve poprvé jsme pochodovali za bílého dne a dali tak nepřátelské špionáži možnost sledovat tyto přesuny jednotek. Záměrně jsme dva dny viditelně a zdánlivě bezmyšlenkovitě měnili ubytovací prostory, protože jsme předpokládali, že nepřítel bude zmaten místem našeho skutečného nasazení. Navíc se tak zamezilo tomu, aby jednotka poflakováním v ubytování zakrněla. V Niederschreibendorfu jsme slyšeli Vůdcovu řeč, ve které již docela jednoznačně řekl, že pokud to bude nutné, prosadíme naše právo i silou.

Asi nejvíce nabitým dnem bylo pro nás 28. 9. v Rudelstadtu. My důstojníci jsme byli velitelem pluku svoláni na poradu. Zde nám bylo v přísné tajnosti sděleno, že dnešním dnem je u pluku uskutečněna mobilizace. Kostky byly vrženy a museli jsme se připravit do všech důsledků. Byly otevírány všechny tajné dopisy, které byly připraveny již měsíce dopředu a směly být otevřeny pouze v první mobilizační den. Byly vydávány identifikační známky, balíčky první pomoci atd. Jednotka obdržela rozkaz bez varování sestřelit každé letadlo, které nebude označeno trámovým křížem. Není nutno připomínat, že jednotka se co nejsilněji jistila i během spánku a zároveň byla jištěna dalšími jednotkami naší armády, především Luftwaffe.

29. 9. byl vyhlášen noční poplach a odpochodovali jsme směrem na frontu. Mapy generálního štábu jsme důkladně studovali a s prostorem našeho nasazení jsme byli, alespoň podle map, velmi dobře seznámeni. Náladě v jednotce a náladě nás starých frontových vojáků věnuji samostatnou kapitolu. Můžete být ujištěni, moji kamarádi, že právě staří frontoví vojáci nevyrazili s žádnou tzv. hurá-náladou. Zažili jsme za války příliš a věděli jsme, co nás čeká jako útočnou rotu první linie. Oddíl byl v nejlepší náladě, ale to nelze srovnávat s rokem 1914. Dnešní voják byl poučený a vážný, měl ale větší smysl pro povinnost a zodpovědnost. Pro mne jako záložníka

3. rota na pochodu k hranici a mírovému obsazení Sudet (8. října 1938).

to byl zvláštní pocit hrdosti, když jsem mohl být velitelem čety v tak spokojené a vysoce aktivní jednotce.

Během našeho pochodu na frontu jsme udělali krátce za Landeshutem malou přestávku. Najednou přišel rozkaz:

Velitelé rot dopředu.

Po krátké době se vrátil můj velitel roty. Vidím na něm vesele rozzářený obličej, takže se muselo stát něco zvláštního. Krátký rozkaz:

Všechno obrátit.

Dává nám vědět, že se v Mnichově bude ještě jednou konat konference. Rozkaz:

Jednotka se vrací okamžitě do výchozího místa v Niederschreibendorfu.

Tato zpráva v nás vyvolala nepopsatelný jásot. Za zpěvu a v nejlepší náladě se pochodovalo zpátky a nikdo nebyl šťastnější než my, zodpovědnosti znalí frontoví vojáci, kteří jsme věděli, že se stal nyní zázrak: osudový obrat!

Velitel 3. roty (na koni) a velitel 2. čety této roty (Lt. Detering) překročili hranici a procházejí objektem zvláštního zařízení (závora Ippen) u Bobru (poledne 8. října 1938).

Velitel 3. divize Gen. Lt. Walter Petzel zachycený objektivem fotoaparátu Lt. Mogschara na náměstí v Trutnově (8. října 1938).

Trutnovské náměstí s patřičnou výzdobou se stalo místem vojenské přehlídky pěšího pluku 8 (8. října 1938).

6. 10. jsme jeli nákladními auty do Oppau a Kunzendorfu. Kunzendorf leží těsně na dřívější české hranici. Zde jsme měli v zámeckém parku děkovnou bohoslužbu, která byla svým způsobem uchvacující. Farář, znamenitý člověk, nelhal, když zvýšeným hlasem říkal:

„A Vy, kamarádi z třetí roty, nikdy nezapomeňte, že Vám byl 29. 9. v Mnichově podruhé darován život."

K významu těchto slov bych se rád ještě ke konci vrátil.

8. 10. – v památný den našeho tažení do Sudet, jsme byli připraveni k pochodu. 24 hodin předtím jsem byl odvelen k praporu jako styčný důstojník. Mým úkolem bylo, společně s českými důstojníky, převzetí bunkrů v našem úseku a inventarizace jejich pohyblivých součástí zařízení. Můj velitel chtěl pro tento úkol nějakého staršího zkušeného důstojníka, a protože jsem znalec českých poměrů, padla volba na mne. Není nutno říkat, že mě tento úkol velmi potěšil. Dostal jsem k dispozici motocykl s řidičem a měl jsem příležitost se účastnit vstupu celého pluku na jeho špici.

Naše první sudetoněmecké město byl Žacléř. Skoro každou hodinu se objevovaly prosby z Žacléře a dotazy na nás, kdy konečně přijdeme. Ze známých důvodů musela být hodina našeho vstupu pokud možno co nejdéle držena v tajnosti. Ve 12 hodin v poledne jsme se přiblížili k závoře, která již byla slavnostně ověnčena, a za nepopsatelného jásotu jsme překročili hranici. Všichni jste prožívali vstup jednotek a nadšení osvobozeného lidu u rádií. Každý z vás četl články a popisky v novinách a kamarádi se mne opakovaně vyptávali: „No, řekni, bylo to tam skutečně takové, jak stálo v novinách?"

Moji kamarádi, mohu vám jen říci, že to, co jste četli a slyšeli v rádiu, nebylo nic proti skutečnému prožití. Náš vstup do Trutnova, kde stály tisíce a tisíce osvobozených sudetských Němců, byl zážitek, který nelze zapomenout. Obyvatelstvo křičelo, hučelo a brečelo, takže bylo náročné udržet železný výraz vojáka.

V Trutnově se shromáždil štáb. Náš pluk provedl rázný přehlídkový pochod. Jako spojka jsem stál v blízkosti svého velitele, a když poslední rota za dunění pochodového kroku prošla kolem nás, jel jsem na motorce a salutoval za hřmícího potlesku masy davu kolem generála a svého velitele.

Čas tlačil a my jsme museli podle rozkazu obsadit první zónu. Protože jsme Čechům ještě nedůvěřovali a v posledních hodinách došlo k opakovaným neoprávněným zásahům neorganizovaných band, bylo naše tažení prováděno za plného vojenského jištění. Před námi se nacházely dva obrněné průzkumné vozy, za nimi špice pěchoty s jedním poručíkem a jeho četou. Následovala třetí rota, štáb praporu, ke kterému jsem také patřil, a nakonec zbývající část praporu. Při odchodu z místa B. přijela náhle spojka se zprávou:

`Čelo narazilo na Čechy, očekávám další rozkazy.`

Velitelé čet 3. roty při poradě nad mapou během obsazování Trutnovska, Lt. Mogschar s mapou v ruce (říjen 1938).

Lt. Mogschar jako styčný důstojník v Hostinném (říjen 1938).

Důstojníci 3. roty – velitel roty stojí druhý zleva, Lt. Mogschar v popředí vpravo.

Velitel si mne nechal okamžitě zavolat a jako styčnému důstojníkovi mi dal rozkaz, abych požádal Čechy o předání nebo vyklizení. Před jednou budovou v tomto místě vlála česká vlajka, které si doposud nikdo nevšiml. To jsem okamžitě hlásil svému veliteli a prosil ho o povolení, abych směl tuto vlajku sejmout. Toto přání mi bylo odmítnuto, stejně jako dalším důstojníkům. Po krátkém rozhodování jsem pověřil několik mužů z Freikorpsu, aby vlajku sejmuli, což také provedli s jasným nadšením. Byla to vlajka na ubytovně českých důstojníků.

Krátce na to jsem obdržel rozkaz k vyjednávání s Čechy. Sedl jsem na motorku, vzal čtyři muže na bicyklech k zajištění a vyrazili jsme vpřed. Po příchodu k veliteli čelní jednotky mi vysvětlil situaci a terén a řekl mi, že vlevo od naší postupové trasy jsou na železničním náspu Češi v palebném postavení. Naše čelní skupina samozřejmě také zaujala palebné postavení. Šel jsem jen se svými čtyřmi muži k českému palebnému postavení. Buďte si jisti, moji kamarádi, že to nebyl žádný povznášející okamžik. Při fanatismu Čechů jsem musel v každý moment počítat s tím, že nás pět mužů, kteří si nevzali s sebou ani bílou vlajku, bude jednoduše zastřeleno. Toto nebezpečí mi bylo v tento okamžik jasné, a dal jsem proto svým čtyřem mužům okamžitě rozkaz, aby zaujali plné krytí. Pokud by Češi stříleli, nemohli by čtyři muže jen tak vyřídit. V opačném případě by nás to stálo pět obětí.

Zkusil jsem Čechům naznačit své mírové úmysly a oni to také pochopili. Každopádně mne nechali přijít k nim a domlouval jsem se s jedním podporučíkem, který mluvil německy. Vyjasnil jsem mu, že mám rozkaz obsadit území a že se musí okamžitě stáhnout nebo složit své zbraně. To poslední odmítl. Asi po deseti minutách se mi tohoto muže podařilo přesvědčit o tom, že by byl odpor marný, a ustoupil do mnou udaného prostoru. Hrdý na svůj úspěch jsem tento výsledek hlásil veliteli. Postup šel dále. Asi po další půlhodině zase stejný manévr. Tentokrát narazilo čelo na velmi silný kulometný oddíl, který zůstával ležet v palebném postavení. Veliteli čelní jednotky vysvětlili, že budou okamžitě střílet, pokud bude postupovat dále. Zase jsem vyrazil vpřed do funkce vyjednávacího důstojníka. Když jsem k Čechům přišel, objevil se automobil se dvěma českými štábními kapitány. Jeden z nich mi ukázal nějaký průkaz v němčině a češtině, který ho opravňoval k vyjednávání s německými jednotkami. Vysvětlil jsem oběma pánům záměr mého velitele obsadit Vlčice a vyzval jsem je, aby neprodleně vydali svým jednotkám rozkaz k ústupu. Vysvětlili mi, že to nemohou udělat, že mají výslovný rozkaz držet Vlčici a že by to byl z naší strany omyl, kdybychom šli dále. Podle jejich map patřila Vlčice k zóně, kterou jsme vůbec neměli obsadit, a oni vůbec nepomýšleli na to, že by odešli. Na moje upozornění, že půjdeme vpřed všemi prostředky a pak dojde ke zbytečnému krveprolití, mne poprosili o trochu strpení. Poslali okamžitě motospojku k jejich veliteli pluku, který mohl údajně jediný vydat rozkaz k vyklizení. V mezičase jsem se bavil s oběma štábními kapitány a při této příležitosti jsem se zeptal podporučíka, velitele české prvosledové jednotky, jaké je národnosti. Řekl mi, že není Čech. Zeptal jsem se ho tedy, zda je Slovák. Odpověděl záporně. Když jsem se ho zeptal: „Co jste tedy vlastně?“, hrdě mi vysvětlil: „Jsem Žid.“ Nemohl jsem se udržet a při té příležitosti jsem okamžitě řekl: „Heil Hitler.“ Tato epizoda názorně ukazuje, jak vypadá část českého důstojnického sboru.

Štábní kapitáni, oba plynule mluvící německy, byli velmi zdvořilí a příjemní kamarádi. Protože se motospojka dlouho nevracela, poprosili mne, abych si sedl k nim do auta, a společně jsme zajeli k jejich veliteli. Aniž bych si uvědomil nebezpečí, do kterého jsem se pustil, nastoupil jsem a jel zcela sám s oběma důstojníky a dvěma muži doprovodu asi 8 km za české linie. Cestou mi ale došlo nebezpečí tohoto podniku, neboť jsem jim byl vydán na milost a nemilost. Požádal jsem je o zastavení. V tento okamžik přijela také motospojka a hlásila, že velitel pluku není k nalezení. Nyní jsem ztratil trpělivost. Strohou vojenskou formou jsem je požádal, aby okamžitě vydali rozkaz k ústupu, nebo nastoupí naše jednotka. Když viděli, že další váhání je zbytečné, poprosili mne o informaci, jak silná by vlastně ta jednotka měla být. Zvětřil jsem past a řekl: „Tam nahoře stojí připravená k pochodu jedna divize.“

Velitel pěšího pluku 8 Oberst Wosch při jednání s dvojicí styčných důstojníků čs. armády během obsazování Trunovska. S největší pravděpodobností se jedná o tytéž štábní kapitány, s nimiž jednal Lt. Mogschar (říjen 1938).

Ve skutečnosti nás byly dvě roty. Když to uslyšeli, prosili mne ještě o lhůtu dvou hodin k vydání rozkazu ke stažení jednotek. Bylo mi samozřejmě jasné, že asi takový čas je potřeba, ale nebylo možno tomuto prodloužení vyhovět, protože se mezitím setmí a my jsme se chtěli do setmění ubytovat. Natáhl jsem své hodinky a řekl: „Pánové, je právě 7 hodin, v 7:20 bude vydán rozkaz k dalšímu postupu" a rozloučil jsem se. Během poslední fáze mého vyjednávání se náhle přede mnou objevilo čelo pěchoty. Můj kapitán, který převzal nyní pozici na čele jednotky, měl pochopení pro mé těžké postavení a slíbil mi, že ačkoliv má rozkaz k dalšímu postupu, nechá zastavit do příchodu dalších rozkazů. Na vlastní zodpovědnost jsem se rozhodl zastavit další části jednotky a přišel za svým poněkud rozrušeným velitelem. Když zjistil, že jsem dal Čechům lhůtu 20 minut, chtěl kvůli nebezpečí setmění postoupit. Dalo mi to hodně úsilí, abych ho přesvědčil o dodržení ústupové lhůty. Jednotka pak postupovala dále a došlo ke kuriózní situaci, kdy na stejné silnici vpravo postupovala německá pěchota a současně vlevo ustupovali Češi. Mezitím přišel také český velitel, plukovník, který se mnou jednal velmi rozumným způsobem, a ještě jednou mne důrazně upozornil na to, že prostor Vlčice obsazujeme neprávem a že odchází proto, aby zamezil krveprolití.

Na rozdíl od Čechů se naše jednotka nacházela ve vzorném pořádku. Ve vzorné sestavě jsme beze slova postupovali vpřed. Češi působili vysloveně nevojensky. Byli, jak se říká ve vojenské hantýrce, Sauhaufen[2]. Táhli kolem nás částečně obtěžkáni bednami a kufry, částečně s vycházkovými holemi v rukou. Dva důstojníci dohlíželi na to, aby byli zticha a aby se zabránilo shlukování. Potom jsem ještě obdržel rozkaz, abych zůstal na křižovatce, kde Češi odbočovali vpravo, tak dlouho, dokud území neopustí poslední český voják.

Mezitím se našly stovky civilistů a hodně automobilů, které chtěly tuto konec konců neobvyklou podívanou také vidět, a neustále radostně hajlovali. Pro svou podporu jsem nechal jednu četu zaujmout palebné postavení, abych se pojistil proti každému překvapení, a nechal jsem české jednotky předejít. Když jsme už věřili, že konečně nyní prošel poslední český voják, objevila se dělostřelecká baterie a za nimi jedna česká rota, která ve srovnání s jejich kamarády působila mimořádně disciplinovaně. Zdravili svého velitele přísně vojenským způsobem. Najednou z jejich řady vystoupil jeden muž a zavolal: „Kamarádi, já jsem sudetský Němec!" a zamířil ke mně. Nechal jsem kolem něho okamžitě vytvořit kruh, abychom zabránili zpětnému zařazení do jednotky a pohlídali ho. Když mne český velitel ujistil, že už poslední voják opustil zónu, mohl jsem se lehčeji nadechnout. Bylo to více než 1 000 českých vojáků, kteří se nechali přesvědčit, aby mírovou cestou vyklidili palebné postavení před dvěmi rotami pěchoty. Sudetoněmecký uprchlík mi pak vyprávěl, že např. dělostřelectvo v palebném postavení se nechtělo vzdát a jejich důstojníci stále znovu zdůrazňovali: „Nejprve zastřelíme Adolfa Hitlera a pak půjdeme." Jejich důstojníky stálo mnoho námahy, aby je donutili ke stažení. Mohl jsem být každopádně se svou činností spokojený a podal jsem zprávu svému veliteli, který byl již dlouho ubytován ve Wildschütz. Také on byl potěšen vydařeným činem a poblahopřál mi k mému úspěchu.

V dalších dnech jsme pochodovali dále, abychom podle plánu obsadili druhou zónu, která nás měla zavést až do Dolní Olešnice. Zase stejný obraz jako v předešlých dnech. Nepopsatelný jásot, každý dům byl ozdobený. Dosáhli jsme Slemena, ryze české obce s nepřátelsky naladěným obyvatelstvem. Okna byla zatažená, žádní obyvatelé se neukázali. Dovedu si představit, že to takto vypadalo v roce 1914 v Belgii. Obec jsme neobsadili, pouze zajistili silnými polními strážemi. Postupovali jsme do další obce, která byla již čistě německá a ležela na samé hranici naší zóny. Další den ráno v 8 hodin jsem musel jet k českému starostovi, abych mu předal k vyvěšení

[2] Lze volně přeložit jako stádo sviní.

Dvě momentky z Dolní Olešnice: Lt. Mogschar rozděluje vojáky své čety do polních stráží na nové hranici, spodní snímek jej zachytil při čestné stráži u vztyčování německé vlajky na místní škole (říjen 1938).

plakáty vojskové skupiny. Když jsem přijel se svým řidičem motocyklu do vesnice, stáli lidé ve skupinách na silnici. Když jsem přišel ke starostovi, připojilo se k němu hned několik mužských obyvatel vesnice. Protože jsem už věděl, že starosta mluví německy, řekl jsem mu německy své rozkazy. Odpověděl krátce: „Nix deutsch verstehen.“ Řekl jsem mu: „Vím, že mluvíte německy, opakujte mi každé slovo, které Vám říkám.“ Mezitím se zvětšila skupina mužů, kteří s ním přišli a nedělali dobrý dojem, navíc jsem si tohoto navýšení přírůstku lidí ani nevšiml. Řekl jsem starostovi: „Tyto plakáty vyvěsíte a ručíte za to, že nebudou strženy.“ Stroze mi odseknul: „To odmítám.“ Teprve v tuto chvíli mi došla nebezpečnost mé pozice. Zapomněl jsem si hlídat volná záda a byl jsem nyní zcela uzavřen v kruhu nepřátelských vesničanů. Můj řidič motocyklu stál vně kruhu. Protože se mi situace zdála již příliš riskantní, vytáhl jsem pistoli a dal řidiči motocyklu rozkaz, aby namířil pušku, a pod tlakem zbraní sevření kruhu kolem prořídlo a starosta si nechal již vysvětlit vše, co má udělat.

Prožil jsem v Dolní Olešnici ještě tři krásné, ale i náročné dny, protože největší část jednotky byla na polních strážích a na ubytování ve stanech nebylo vhodné počasí. Pak jsme se zase vrátili přes Bober do Merzdorfu, odkud jsme také nakládali, a šťastně se vrátili zase zpět do Frankfurtu.

Kamarádi, tak to je v krátkosti celé naše tažení do sudetoněmecké země.

Nyní bych něco řekl k třetí části mé zprávy, kterou jsem nazval zpětné ohlédnutí a úvaha. Rád bych vám přiblížil, co bylo zamýšleno pro případ válečného řešení, a pokusím se podat co nejlepší obraz toho, s jakými obtížemi by musela jednotka počítat, pokud by to bývalo šlo jinak.

Asi jste už také četli v časopise články Majora Wedela. Také samozřejmě neobsahují žádné pochybnosti o tom, že by se našim příkladným jednotkám podařilo obsadit Čechy v předpokládaném čase, ale tak lehko, jak to Herr Major Wedel píše ve svém časopise, by to alespoň na našem úseku nešlo. O ostatních frontách mi nebylo nic známo. Mohu tedy říci jen to, co jsem sám viděl a slyšel z úst mého velitele.

Mějte prosím na paměti, že to, co ode mne uslyšíte, jsou vojenské úvahy, které vycházejí zčásti z mého pohledu. Prosím vás, abyste s tímto neseznamovali veřejnost, protože tam jsou stále věci, které nejsou určené pro široké masy. Když už jsem se odhodlal tyto věci zčásti vyprávět, je to proto, že vím, že vás to obzvláště zajímá, a také je to nutné pro uzavření mé zprávy.

Pro vás, všichni moji kamarádi, už dnes není žádným tajemstvím, že bylo již před mnoha a mnoha měsíci pevně stanoveno, že sudetoněmecké oblasti získáme eventuálně i násilím. Pozice, kterou proti nám zaujalo Československo jako bolševická tvrz, ukázala toto rozhodnutí jako životně důležitou nutnost. Když se měl potom k jednomu datu, které zde nechci uvádět, uskutečnit první přepadový úder proti Česku, nenechaly Francie a Anglie žádné pochyby o tom, že by proti nám okamžitě nastoupily i bez vyhlašování války. Proto Vůdce přikázal okamžitou výstavbu našeho západního opevnění. Všichni už víte, že stovky tisíc mužů byly přesunuty na tyto pohraniční práce. Současně byl Vůdcem stanoven nový termín pro eventuální útok na 30. 9.

Po vyřízení našeho úkolu a obsazení naší zóny se náš pluk vrátil zpět do Bobru a Žacléře těsně na německé hranici. Jednoho rána byli všichni důstojníci praporu vyzvednuti Kübelwagenem k terénní prohlídce. Přání nás všech prohlédnout si náš útočný terén včetně všech překvapení bylo splněno. Jeli jsme přes Kunzendorf. Velitel nám nyní ukazoval v terénu přesně naši postupovou cestu až k hřebenu. Zde byly na minuty, a může se říci i přesně na metry, stanoveny přidělené prostory pro jednotky a vozidla. Aby bylo možno všechno důkladně a přesně předpřipravit, velitel převlečený za civilistu velmi mnoho měsíců dopředu připravoval na hranici postup naší jednotky do nejmenších detailů. Avšak ani nepřítel nikdy nespí, o čemž svědčí následující příhoda: Jednoho dne byl náš velitel divize s velitelem pluku na hranici na inspekci úseku. Již o 24 hodin později hlásil štrasburský vysílač svým posluchačům: Tolikátého a v tolik hodin byli na české hranici generál 3. divize[3] a velitel pěšího pluku 8 Oberst Wosch a prohlíželi hranici.

Ve 20 hodin, tedy již za tmy, by se prapor odebral ze shromaždiště v Kunzendorfu a vydal k hranici. Měli jsme k dispozici pro velmi strmý výstup na hřeben, na kterém probíhá hranice, dostatečný čas 4 hodiny. Terén by kvůli značné strmosti nebyl použitelný pro naše vozidla, a proto by naše bojové vozy byly naloženy jen nejnutnějšími bojovými prostředky a byly by taženy 8–10 koňmi, eventuálně i muži. V jednom lese by se náš prapor připravil k útoku a asi moje rota jako úderná skupina v nejpřednější linii. Z roty by byla nasazena moje četa vpravo, 2. četa vlevo a 3. četa jako rezerva. V 5:10 ráno by padl první dělostřelecký výstřel a útok by byl zahájen. Napřed by se šlo v krytu lesem. Jednotliví nepřátelští vojáci by zde byli vyřízeni za pochodu. Asi po jedné hodině by les skončil a měli bychom překonat docela široké a nekryté údolí s naproti ležícími kótami. Na těchto výšinách ležely první české bunkry a polní postavení. Odtud měly být i první větší ztráty. Přesto mělo být podle programu toto postavení dosaženo v 8:30 jako stanovený první útočný cíl. Protože zde byla předpokládána silná obrana, útočily by i naše těžké zbraně (dělostřelectvo, těžké kulomety, minomety atd). Za podpory těchto těžkých zbraní jsme se museli propracovat na druhou linii a hlavní obranné postavení.

---

[3] Velitelem 3. divize byl Gen. Lt. Walter Petzel.

Snímky pořízené při prohlídce útočného terénu na Rýchorách. Kromě vozidel zaparkovaných na louce nedaleko Rýchorského kříže je dobře patrný i charakter zdejšího terénu (říjen 1938).

Lt. Mogschar před řopíkem Z-1/28/A-180N u Rýchor. O těchto objektech opevnění budovaných v srpnu a září 1938 neměli Němci tušení a představovaly pro ně nepříjemné překvapení, jak přiznává autor textu. Místo pořízení snímku označeno F5 v mapce na s. 55 (říjen 1938).

Našemu armádnímu vedení byly bunkry přesně známy, pokud jde o typy a polohu. Z tajných předpisů, které dostali jen důstojníci, jsme věděli, jak byly tyto věci umístěny a kam střílely. V našich speciálních mapách byla tato opevnění zakreslena s několika výjimkami. A jedna taková výjimka se nacházela bohužel v našem úseku. Náš útočný cíl byl v jednom lese, kde se našim agentům nepodařilo zjistit, co se v tomto lese nacházelo. Na naší mapě byla oblast červeně ohraničena a uprostřed byl umístěn červený otazník. Z toho, co jsme teď na tomto místě ovšem uviděli, se nám, velitelům 3. roty, roztřásly přilby. Les byl kompletně zajištěn klopýtacím drátem a pastmi s nástrahami[4]. Ocelové špičáky byly zabetonovány velmi hluboko a měly

[4] V originále označováno Wolfsgrub.

uprostřed špici – myšlenou jako bodec na lidi. Mezi tím ležely nástražné miny. Prostředkem lesa byly vykáceny široké průseky s překážkou z ostnatého drátu o šířce 4–5 m. Tento průsek, který jsme museli překonat, byl osazen ušatými bunkry, a to tak rafinovaně, že do intervalu 75 m střílel bočně jeden bunkr. Podle místa bychom měli v každém případě co do dočinění se dvěma nebo třemi bunkry najednou. Zde také bylo místo určené k odpočinku našeho útočného praporu. Při vedení se také počítalo s tím a vycházelo z toho, že při dosažení tohoto cíle budou útočit vpřed jiné pluky a my při odpočinku vytvoříme tzv. ježka. Mluvil jsem s jedním štábním lékařem, který mi vyprávěl, že při poradě vojenských lékařů v Berlíně bylo předvídáno, že budou u pěšího pluku 8 v prvních dnech ztráty 80–90 %. Teď jsme porozuměli slovům faráře při polní bohoslužbě, když k nám zvolal: „Nezapomeňte, že vám byl v Mnichově podruhé darován život."

Nezáleží ale na tom, jak velké jsou ztráty. Skutečnost je každopádně taková, že naše skvělé jednotky s útočnou pěchotou by také tato opevnění překonaly, za 4–5 dní by byly linie proraženy a pak před námi měly ležet volné Čechy. Myslím, že mapu dnes vidím jinak, když jsme za tuto oblast měli zaplatit krví.

Bunkry, které Češi umístili samostatně, byly vesměs špatné a nedělaly by nám žádné potíže. Měly částečně mrtvé úhly, kterými bylo možno zaútočit beze ztrát. Kromě toho je stavěli pouze tam, kde mohly pokrývat cesty. V našich plánech jsme vždy počítali s tím, že ne vždy budeme postupovat pouze po cestách. Francouzi učili Čechy o německé důkladnosti něco lepšího a teď byla pod francouzským vedením postavena tzv. pružná Maginotova linie. Pro nás bohudík, pro Čechy bohužel nebyla tato linie ještě zcela hotova. Zde se opět ukázala genialita našeho Vůdce, že vyčkal s úderem na vhodnou dobu. Bylo to vidět na polních postaveních, která byla budována ve spěchu. Kromě těchto bunkrů v horách vybudovali Češi na planinách u Žacléře (na našem levém křídle) ještě ohromné sruby. Byly to bunkry, které vystupovaly nad zem 20–25 m a zasahovaly pod zem 90–100 m. V prostoru Žacléře bylo ve stavbě 4–5 těchto srubů. Všechny byly mezi sebou vzájemně propojeny podzemní polní dráhou atd. Tyto bunkry nebo sruby, jak jsme je nazývali, měly obrovské rozměry a poskytovaly prostor pro jeden pluk. Dva kilometry dlouhé chodby vedly ke svahu kopce, kde se nacházely také střílny. Nahoře byly pohyblivé pancéřové kopule s děly, která mohla zdaleka pokrývat planiny. Tyto sruby ale nebyly, jak stále znovu tvrdím, ještě hotové. Měl jsem možnost prohlédnout si jeden téměř hotový srub pod vedením jednoho ženijního důstojníka. Je to jednoduše úžasné, co je to za kolosy. Do podzemí vedlo asi 186 schodů. Sruby, jak jsem již řekl, vysoké 20–25 m nad zemí, jsou také odolné proti nejsilnějšímu postřelování. Mám zde nějaké fotografie a rád vám je dám k dispozici.

Pozornost Lt. Mogschara připoutaly i pásy protitankových překážek z betonových ježků, které byly vybudovány na Trutnovsku před linií lehkého opevnění z roku 1936 (říjen 1938).

Pohled na týlovou stěnu jedné z pevnůstek úseku III. Trutnov vybudovanou poblíž Žacléře. V pozadí je částečně patrná překážka z betonových ježků, snímek pěkně zachycuje i palebné možnosti objektu (říjen 1938).

Lt. Mogschar si při exkurzi po opevnění na Trutnovsku nenechal ujít ani lehké opevnění vybudované v roce 1937 v rámci úseku G3 Babí. V pozadí objektu č. 58/A-120N je dobře patrné staveniště dělostřelecké tvrze Stachelberg (říjen 1938).

Snímky pořízené během německé exkurze na rozestavěné tvrzi Stachelberg zachycující pěchotní srub T-S 73 Polom. Na horní fotografii je dobře patrné rozsáhlé oplocené staveniště se skládkou překážkových kolíků, dolní snímek pak zachycuje skupinu německých vojáků před levou kasematou výše zmíněného objektu. Vpravo ukázka části fotoalba Lt. Mogschara. Obě fotografie zachycují objekty tvrze Stachelberg – nahoře objekt T-S 73 Polom, dole pohled přes pás protitankové překážky na staveniště nevybetonovaného těžkého objektu T-S 74 U silnice. Fotografie jsou opatřeny původními popisky (říjen 1938).

1 Werk – unfertig –! zk. 180 Stufen tief, unempfindlich gegen schwere Artillerie.

Elektrisch zu ladendes Stacheldrahtverhau zu einem Werk. – Werk unfertig –

Německý voják si prohlíží horní stanici nákladní lanovky u pěchotního srubu T-S 64 na kopci nedaleko Zlaté Olešnice na Trutnovsku (říjen 1938).

Pohled z horní stanice lanovky na objekty T-S 65 (uprostřed snímku za stromy) a T-S 66a (vlevo v pozadí, říjen 1938).

Zvon AJ/N osazený do objektu T-S 64 se již nepodařilo zabetonovat (říjen 1938).

Nakonec ještě nějaké maličkosti, které podtrhují naši německou důkladnost. Jak bylo řečeno, největší část českých opevnění nám byla známa. Náš první dělostřelecký výstřel v 5:10 by byl přímý zásah do české baterie. Když se totiž české dělostřelectvo rozmísťovalo, seděl od něj ve vzdálenosti 100 m jeden německý dělostřelecký důstojník z Frankfurtu a na chlup přesně zjistil vzdálenost pro střelbu. Dále! Naproti nám byl umístěn v záloze český prapor, který měl za úkol na nás zaútočit zboku. Tedy opravdu nebezpečná hrozba. Museli jsme tedy proto zkusit nechat prapor přemístit jinam. Snad si, kamarádi, ještě vzpomenete na události u Pomezních Bud, když se tam uskutečnila 25. 9. divoká přestřelka a česká celnice vyhořela. To bylo krátce před naším útokem. Nesmím vám o tom říci bližší podrobnosti. Každopádně Češi uvěřili, že Němci přijdou přes Pomezní Boudy, a přesunuli tam prapor. Tedy to, co jsme chtěli.

Přehled místopisných názvů (území dnešního Polska)
Löwenberg – Lwówek Śląski
Kunzendorf – Niedamirów
Landeshut – Kamienna Góra
Niederschreibendorf – Pisarzowice
Oppau – Opawa
Rudelstadt – Ciechanowice
Sagan – Żagań
Warmbrunn v Cieplice Śląskie-Zdrój (součást města Jelenia Góra)

Přehled místopisných názvů (území ČSR)
Arnau – Hostinné
Bober – Bobr
Grenzbauden – Pomezní Boudy
Nieder-Öls – Dolní Olešnice
Schatzlar – Žacléř
Wildschütz – Vlčice

Komentář k barevné příloze

Text a dobové fotografie Lt. Mogschara představují velmi cenné historické dokumenty svědčící o připravované německé agresi proti ČSR a ukazují, jakým způsobem německá Wehrmacht plánovala provést prvotní údery proti čs. obraně. Na základě fotografií Lt. Mogschara bylo možno s velkou mírou přesnosti určit předpokládaný směr útoku jeho jednotky, což byl základní předpoklad k realizaci nápadu inspirovaného projektem Ghost of history nizozemské historičky Jo Hedwig Teeuwisse, která vytvořila a zveřejnila kombinaci dobových a současných snímků pořízených ze stejného místa. Její dílo tak představuje velmi působivý soubor fotografií vztahující se k osvobozování západní Evropy v letech 1944–1945. Nutno dodat, že pod heslem Ghosts of World War II lze na internetu dohledat i další podobná díla např. ruského fotografa a v době přípravy této publikace (2013) vznikaly též obdobné fotomontáže v ČR.

Na následujících stránkách naleznete čtyři fotomontáže vytvořené z původních fotografií Lt. Mogschara a jejichž autorem je Roman Kubeček. Pro fotomontáž byly vybrány dobové snímky z prostoru Rýchor, které jsou použity v původní neupravené podobě jako doprovod překladu nebo komentáře. Jak jsme se mohli přesvědčit na místě, pořízení současných snímků ze stejného místa nebyla v některých případech zcela jednoduchá. Kromě vyčkávání na odpovídající světelné podmínky mnohde komplikovala pořízení snímku i vegetace nebo stromy. Je zajímavé, že kromě navýšení plochy lesního porostu se zdejší krajina a stavby příliš nezměnily, což ostatně můžete posoudit sami na následujících fotografiích. Stopy kol německých Kübelwagenů sice již dávno smazal déšť, bunkry zarostly mechem a trávou, ale přesto si tato místa uchovávají svého **„ducha minulosti"**.

Výřez německé přehledové mapy čs. opevnění z léta 1938 v původním měřítku 1:300 000 zachycuje v širším rozsahu popisovaný prostor nasazení pěšího pluku 8 v září a říjnu 1938. Západně od Žacléře je v čs. obranné linii na Rýchorách zakreslen červený otazník, o kterém se zmiňuje Lt. Mogschar ve svém textu. Některé obce a města zmíněné v jeho textu jsou pro lepší dohledání podtrženy červenou barvou.

Německá mapa v původním měřítku 1:25 000 zachycující podrobněji čs. obranné objekty v okolí Žacléře k 15. červenci 1938. Kromě samotných bunkrů jsou zde již zakresleny i průseky v lesích, protitankové překážky, objekty zvláštních zařízení atd. V prostoru Rýchor je opět zakreslen již zmíněný otazník. Plánovaný směr útoku 3. roty pěšího pluku 8 je vyznačen modrou šipkou.

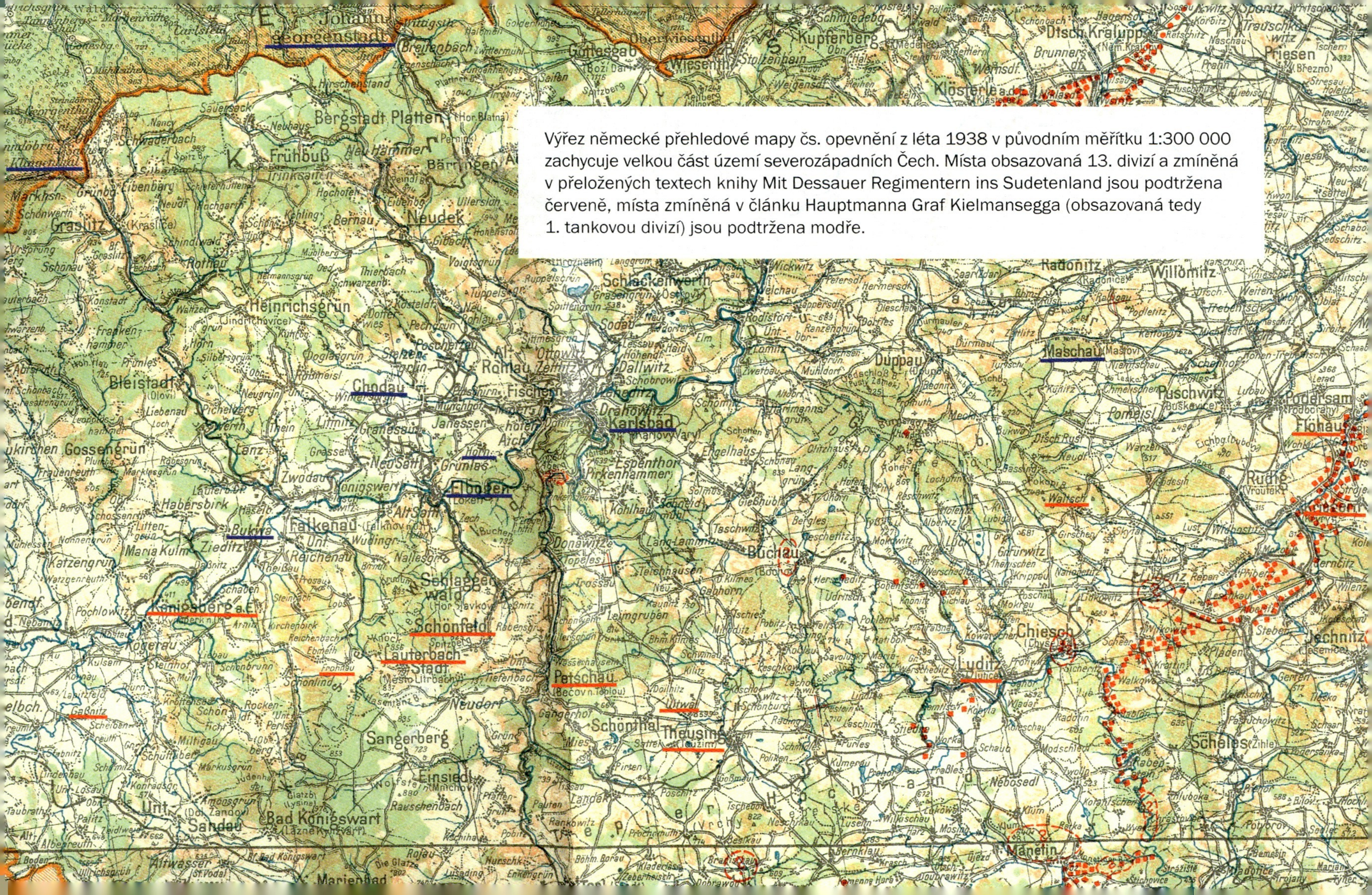

Výřez německé přehledové mapy čs. opevnění z léta 1938 v původním měřítku 1:300 000 zachycuje velkou část území severozápadních Čech. Místa obsazovaná 13. divizí a zmíněná v přeložených textech knihy Mit Dessauer Regimentern ins Sudetenland jsou podtržena červeně, místa zmíněná v článku Hauptmanna Graf Kielmansegga (obsazovaná tedy 1. tankovou divizí) jsou podtržena modře.

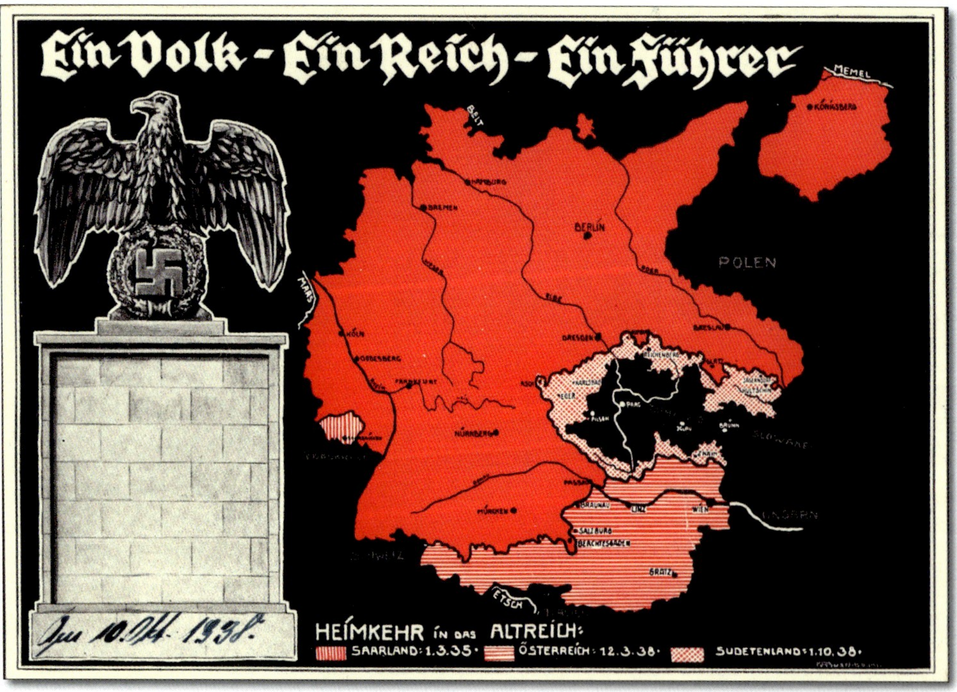

Po obsazení odstoupených oblastí byly vydávány desítky nejrůznějších propagačních pohlednic na téma připojení Sudet k Říši a vděčnosti Vůdci, což názorně dokumentuje ukázka těchto dvou pohlednic z října 1938.

Komentář

Tento text vzpomínek je zcela záměrně umístěn jako první v řadě vzpomínek německých vojáků, neboť zachycuje události spojené s přípravou na válku s Československem a následné mírové obsazení Sudet velmi zajímavým a možno říci až překvapujícím pohledem německého důstojníka. Jak se bylo možno dočíst v překladu původní zprávy, tento text byl určen pouze pro kamarády Leutnanta Mogschara, a proto si tam pisatel dovolil uvést některé informace, které se ve své době v žádném případě neměly dostat na veřejnost. Původní německý text zabírá 18 stran strojopisu a byl přiložen k soukromému fotoalbu Leutnanta Mogschara a jako celek byl zakoupen v Německu. Většina fotografií z alba (originály snímků ve formátu 6 x 9 cm) je připojena k textu a popsána v souladu s původními popisky Leutnanta Mogschara, které byly napsány na rubu nebo připsány k fotografii do alba.

O osobě Leutnanta Mogschara víme jen to, co je možné vyčíst z jeho soukromého fotoalba. Pisatel narukoval v roce 1917 do německé armády, konkrétně jako příslušník 2. Kompanie Ersatz-Bataillon Infanterie Regiment Nr. 93. V roce 1918 padl do francouzského zajetí, z něhož byl propuštěn v roce 1920. V roce 1934 nastupuje do nově zřízené Wehrmacht k Infanterie Regiment 8 ve Frankfurtu nad Odrou. Jako příslušník III. praporu je již v létě 1935 povýšen na poddůstojníka a následně do hodnosti Leutnant (poručík). Na cvičení v květnu 1936 již jako velitel čety Infanterie Regiment 50, v srpnu zpět u Infanterie Regiment 8 a na podzim 1936 vyřazen ze služby jako Leutnant d. R. (poručík v záloze). Z alba není jasné, zda byl povolán v roce 1937 na nějaké cvičení, v každém případě byl povolán v létě 1938, kdy převzal velení 1. čety 3. roty pěšího pluku 8. Jeho další působení u Wehrmacht zachycuje výše přeložená zpráva, kterou sepsal po návratu z obsazení Sudet.

Lt. Mogschar na portrétním snímku v době povýšení na poručíka v záloze (1936).

Ačkoliv jeho vyprávění o působení v Sudetech působí občas trochu chaoticky, přináší velmi cenné informace o německých přípravách na válku s Československem. Hned zpočátku možná překvapí zmínka o tom, že pisatel měl možnost seznámit se s objekty čs. opevnění již v období před létem 1938 a že při cestách sledoval postup výstavby obranných linií. Zmínka o pokusu vyfotografovat jeden z řopíků svědčí o tom, že pro drzého německého civilistu nebyl problém dostat se do blízkosti pevnostního objektu a dobře si ho prohlédnout. Pěší pluk 8 byl

Die Zeit drängte, und wir mussten befehlsgemäss die erste Zone besetzen. Da wirden Tschechen aber noch nicht trauten und in den letzten Stunden wiederholt Übergriffe zügelloser Horden vorgekommen waren, vollzog sich unser Einmarsch natürlich unter den üblichen militärischen Sicherungen. Vor uns befanden sich zwei Panzerspähwagen, dahinter eine Infanteriespitze mit einem Leutnant und einem Zug!
Es folgte die dritte Kompagnie, der Bataillonsstab, zu dem auch ich gehörte und dann als Gros der Rest des Bataillons. Am Ausgang des Ortes B. kommt plötzlich ein Melder von vorn gejagt mit der Meldung :" Spitze auf Tschechen gestossen, erwarte weitere Befehle."
Der Kommandeur liess mich sofort rufen und gab mir als Verhandlungs= offizier den Befehl, sofort hinzufahren und die Tschechen entweder zur Übergabe oder zur Räumung aufzufordern, Von einem Gebäude in diesem Ort wehte eine tschechische Fahne, bisher von keimem bemerkt. Ich meldete dies sofort meinem Kommandeur und bat um die Erlaubnis, diese Fahne runterholen zu dürfen .Dieser Wunsch wurde mir unbegreiflicher= wiese sowohl für mich als auch für die anderen Offiziere abgelehnt .
Ich beauftragte daraufhin kurzentschlossen einige Freikorpsmänner, diese Fahne runterzuholen, was diese auch mit heller Begeisterung taten. Es war die Fahne auf dem Offizierkasino der tschechischen Offiziere.

Kurz darauf erhielt ich den Befehl zur Verhandlung mit den Tschechen. Ich setzte mich auf das Motorrad, 4 Mann als Sicherung auf Fahrrädern und wir fuhren los. Beim Spitzenführer angekommen, erklärte dieser mir kurz die Lage und das Gelände und sagte mir, dass links von unserer Vormarschstrasse auf einem Bahndamm die Tschechen in Stellung lägen. Unsere Spitzengruppe hatte natürlich auch Feuerstellung bezogen. Ich ging nun mit meinen 4 Mann auf die Tschechenstellung los. Seien Sie versichert, meine Kameraden,dass das kein erhebender Moment war. Bei dem Fanatismus der Tschechen musste man jeden Moment damit rechnen, dass sie uns 5 Männer, die wir nicht einmal eine weisse Flagge mitführten, einfach abschiessen würden. Diese Gefahr kam mir in diesem

Strana textu původního strojopisu Lt. Mogschara s popisem jeho nasazení při obsazování ČSR.

již na začátku léta 1938 určen hlavním velitelstvím jako prvosledová jednotka pro útok proti ČSR, a proto jeho příslušníci prošli zvláštním výcvikem pro boj proti stálému opevnění. Poměrně podrobný popis výcviku zachytil ve své knize **Wir marschierten ins Sudetenland**[5] velitel jedné z čet III. praporu téhož pluku – **Kurt Berkner**, shodou okolností také veterán z první světové války. Je tedy zřejmé, že se Němci v roce 1938 ještě potýkali s nedostatkem mladého důstojnického kádru v aktivní službě, a povolávali tedy záložní důstojníky starších ročníků.

Mogscharův text nabízí i velmi hodnotné informace ze zákulisí německých příprav na přepadení ČSR v úseku nasazení 3. divize, do jejíž sestavy patřil i pěší pluk 8 (velitel pluku Oberst Heinrich Wosch). Německé vrchní velení se začalo intenzivněji připravovat na úder proti ČSR na začátku léta a v červnu 1938 vydalo celou řadu služebních pomůcek, které dostaly k dispozici útvary vyčleněné pro Fall Grün. Příručky řešily nejenom problematiku československého opevnění, ale i geografické podmínky v ČSR, leteckou techniku, letiště apod. Dvě z těchto pomůcek jsou zařazeny i v příloze této knihy.

Na základě květnové mobilizace vypracovalo OKH publikaci o struktuře a fungování mobilizované čs. armády. Současně vydalo rozkaz, aby vybraní důstojníci vyčleněných útvarů provedli v civilním oblečení průzkum předpokládaných prostorů nasazení svých jednotek. Průzkum spočíval především ve vytipování vhodných ubytovacích kapacit, pohotovostních postavení (Bereitstellungraum) a samozřejmě průzkumu postupové trasy na území nepřítele, tj. na čs. území. Na tyto rekognoskační akce byli nasazováni vyšší důstojníci – především velitelé jednotlivých praporů a pluků, samozřejmě pod dohledem velitele divize. Neméně zajímavá je i informace o skryté mobilizaci pluku ke dni 28. září 1938. S tím ostatně souviselo i povolávání záložníků na podzimní cvičení, které mělo ve skutečnosti za cíl doplnění jednotek na válečné stavy.

Velmi zajímavé je také to, že na čs. území operovali důstojníci Wehrmacht v civilním přestrojení i po zářijové mobilizaci a monitorovali přesuny a rozmístění mobilizovaných jednotek čs. armády. Nelze odhadnout, v jaké míře se německým důstojníkům podařilo proniknout na čs. území v jiných úsecích, ale pokud vyjdeme z Mogscharova textu, měli Němci v září 1938 nejen přesné informace o rozmístění čs. dělostřelectva v prostoru Rýchor, ale především o umístění praporu, který si ponechal velitel pluku v záloze za HOP a jehož přítomnost v blízkosti plánovaného prostoru nasazení jednotek německého pěšího pluku 8 nenechala německé velitele klidnými. Jednalo se o strážní prapor IX se stanovištěm velitele v Maršově, který byl začleněn do sestavy pěšího pluku 22 a tvořil zálohu pro prapory II/22 a III/22 rozmístěné na HOP mezi Obřím dolem a Stachelbergem. Ačkoliv Mogschar neuvádí žádné podrobnosti, lze z kontextu vyčíst, že opakované přepady Pomezních Bud souvisely právě se

---

[5] Části této knihy zachycující výcvik boje proti opevnění a první den obsazování ČSR jsou v překladu publikovány v knize *Souboj bez vítěze*, Praha 2010.

snahou Němců o přesun strážního praporu IX do tohoto prostoru. První přepad celního úřadu na Pomezních Boudách proběhl v noci z 19. na 20. září 1938, kdy celnice vyhořela. Následovaly další přepady v noci z 24. září na 25. září, 26. září a 29. září 1938. Přepadů a přestřelek se kromě příslušníků sudetoněmeckého Freikorpsu totiž účastnily také jednotky SA nebo SS, což bylo až příliš ožehavé téma na to, aby se o něm Mogschar více rozepisoval. Lze tedy předpokládat, že rovněž v jiných oblastech byly akce sudetoněmeckého Freikorpsu po taktické stránce úzce koordinovány s potřebami německé Wehrmacht. Jinými slovy, celní úřady nacházející se na hlavních postupových směrech Wehrmacht byly s největší pravděpodobností ponechávány bez povšimnutí Freikorpsu. Bylo by jistě zajímavé zjistit, zda se strážní prapor IX na konci září 1938 skutečně přesunul více směrem k Pomezním Boudám, a pokud ano, zda právě na základě obavy z německého útoku na tomto směru.

Němečtí vojáci na již bývalé československo-německé hranici v předpokládaném pohotovostním postavení, místo pořízení snímku označeno F1 v mapce na s. 55 (říjen 1938).

B

F e r n s p r u c h
vom Generalkommando XIII.A.K.

durchgegeben von Major R a s p 21.9.10 30 Uhr.
aufgenommen von Oblt.(E) v. Karmainsky.

Inhalt:

Gruppe Ostmark: Bayreuth.Gruppenführer: Willi Brandner.
Gliederung der Gruppe: 5 Btlne und zwar:

1. Btl. Rösslau. 4 Komp. (Rehau,Selb,Hohenberg,Schirnding)
2. Btl. Tirschenreuth 5 Komp. (Waldsassen,Neualbenreuth, Mähring,Griesbach,Bernau)
3. Btl. Vohenstrauss 4 Komp. (Waldhaus,Eslarn,Stadlern, Schönau)
4. Btl. Arnschwang 4 Komp. (Waldmünchen,Furth,Rittersteig,Lan)
5. Btl. Zwiesel 2 Komp. (Bayr. Eisenstein,Zwiesel)

Derzeitige Gesamtstärke der Gruppe Ostmark: 6300 Mann.
Unterkunft und Verpflegung durch SA-Gruppe Ostmark sichergestellt. Gruppenführer Wagenbauer. Verpflegung für 12 Tage sichergestellt.
Bisherige Tätigkeit: Ausbildung im formalen Exerxieren nach Ex.-Vorschrift der SA Tl.1 und zwar solange, bis Freikorps-Gruppe 3 eigene Komp.-Führer mit voller Befehlsgewalt eingesetzt hat. Örtliche SA-Führer arbeiten in Zivil.
Bewaffnung und Ausrüstung wird im Laufe des heutigen Tages zugeführt. Voraussichtlich wird bis heute Abend etwa die Hälfte der Stärke mit österreichischen Gewehren ausgerüstet sein.

Forderungen im Fernschreiben vom 20.9. sind Verbindungsoffizier übermittelt worden. Gen.Kdo. hat von sich aus gefordert, dass Unternehmungen nur nördlich der Linie Grafenwöhr-Tachau durchgeführt werden. Südlich dieser Linie keine Unternehmungen. Oberfinanzpräsidenten Nürnberg und München sind durch Gen.Kdo. orientiert.
Abschrift der bisher eingegangenen organisatorischen Befehle der SA folgt durch Eilbrief.

Zpráva velitelství XIII. armádního sboru z 21. září 1938 o sudetoněmeckého Freikorpsu skupiny Bayreuth. Kromě členění na roty a celkového počtu mužů obsahuje též informace o výcviku Freikorpsu jednotkami SA nebo očekávaných dodávkách rakouských pušek. O koordinaci Freikorpsu s potřebami německé Wehrmacht svědčí požadavek na provádění akcí severně od linie Tachov – Grafenwöhr. Jižně od této linie bylo zakázáno podnikat přepady – Wehrmacht zde totiž plánovala hlavní nápor ve směru Plzeň – Praha!

Není ani bez zajímavosti vrátit se k Mogscharovu popisu setkání československé a německé armády u Vlčice nedaleko Trutnova. Toto setkání popsal i mjr. pěch. Jan Kabíček z pěšího pluku 22 v rámci odpovědí na anketu Armáda v roce 1938, a můžeme tak oba pohledy konfrontovat:

„Jižně Vlčic, západně Trutnova, setkaly se k večeru 8. října naše ustupující jednotky s jednotkami říšskoněmeckými, jdoucími od Trutnova do prostoru zastávky Vlčice. Pozdravily se navzájem, prohlédly se a všichni viděli nápadný rozdíl mezi naším a německým pěšákem. Náš jako nosný soumar zatížený a následkem toho dlouhým pochodem utahaný dělal dojem mnohem horší než německý, lehce a svěže kráčející, sebevědoměji jako vítěz vystupující, jehož všechna výstroj, kterou právě nepotřebuje, se veze na voze za rotou. To vzbudilo pochopitelnou závist našich vojáků, pocit méněcennosti a trapné vědomí, že jinde se o pěšáky jinak starají než u nás, kde se tak důležité věci přikládá tak malý význam. Důstojníci museli mnoho vysvětlovat, že i naše vojenská správa tuto otázku řeší a že není pravda, že se o pěšáky vyšší odpovědní činitelé nestarají, ale těžko se od torby unaveným vojákům dokazovalo, proč se jim stále jen přidává a neubírá."

Aniž to oba důstojníci tušili, u Vlčice se tehdy večer setkaly jednotky, které by se ve skutečném boji střetly na HOP u Rýchor. Asi nejzajímavější údaj z celého textu představuje datum 30. září, kdy měl být podle Mogschara v 5:10 ráno zahájen útok jeho jednotky proti čs. obraně, a tedy vlastně i zahájena válka s Československem. Z textu je zřejmé, že jednotka byla již 29. 9. 1938 na přesunu z ubytovacího prostoru do pohotovostního postavení na hranici s ČSR a její noční přesun byl zastaven několik kilometrů od hranic kvůli svolání Mnichovské konference. K vypuknutí skutečné války tedy již mnoho nechybělo.

Podívejme se nyní blíže na popisovaný prostor Mogscharova nasazení neboli útočný terén, který tak moc chtěli nižší důstojníci praporu zhlédnout na vlastní oči. Ačkoliv ze samotného textového popisu není možno příliš jasně rozeznat, v jakém konkrétním úseku měla 3. rota vlastně útočit, přesnou identifikaci prostoru nasazení bylo možno provést na základě několika fotografií, které si Mogschar pořídil při popisované prohlídce. Jeho jednotka by byla nasazena jižně od obce Niedamirów, kde byl v blízkosti Rohu hranic (hraniční kámen VI/11, na dobové fotografii označený Petzel Eck – Petzelův roh) pohotovostní prostor určený pro soustředění jednotek před zahájením útoku. Odtud by jednotka postupovala kryta lesem na jih po současné červené turistické značce kolem kóty 1005 Mravenečník. Do otevřeného prostoru by se dostala jižně od této kóty, kdy musela překonat údolí u Rýchorského kříže. Na protilehlých svazích byly vybudovány dva objekty lehkého opevnění z roku 1936. Jedná se o pevnůstky č. 165 a 166, obě typu B, postavené v rámci stavebního úseku III. Trutnov. V prostoru Rýchor byl německý průzkum prováděn během léta 1938 a Němcům zřejmě neunikla existence těchto dvou bunkrů. Postupová trasa německé útočné jednotky byla tedy volena tak, aby byly v co největší míře využity mrtvé úhly palebných

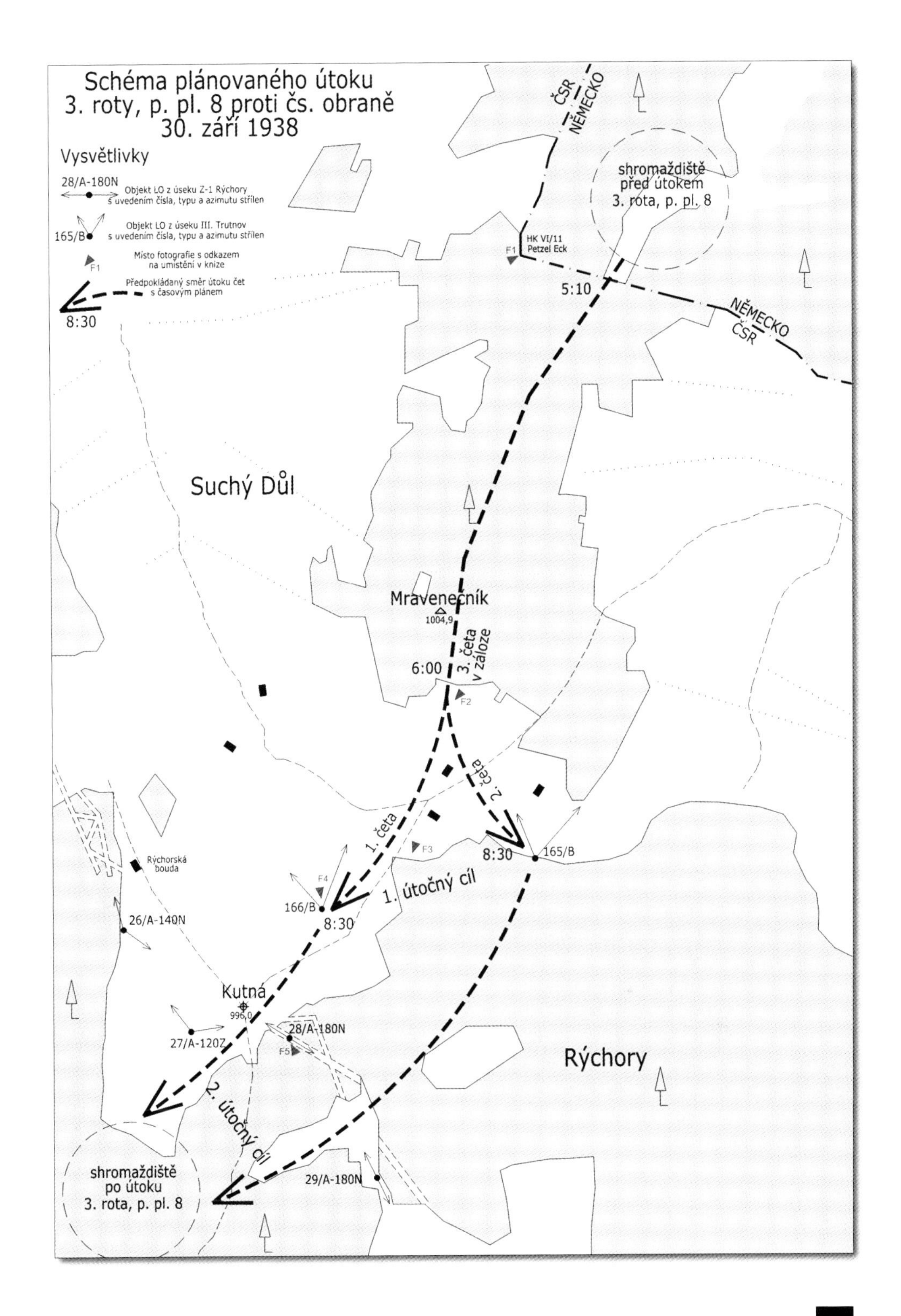
Schéma plánovaného útoku
3. roty, p. pl. 8 proti čs. obraně
30. září 1938
Vysvětlivky
28/A-180N
Objekt LO z úseku Z-1 Rýchory
s uvedením čísla, typu a azimutu střílen
165/B
Objekt LO z úseku III. Trutnov
s uvedením čísla, typu a azimutu střílen
F1
Místo fotografie s odkazem
na umístění v knize
Předpokládaný směr útoku čet
s časovým plánem
8:30
ČSR
NĚMECKO
shromaždiště
před útokem
3. rota, p. pl. 8
HK VI/11
Petzel Eck
F1
5:10
NĚMECKO
ČSR
Suchý Důl
Mravenečník
1004,9
3. četa
v záloze
6:00
F2
2. četa
1. četa
F3
8:30
165/B
Rýchorská
bouda
F4
1. útočný cíl
166/B
8:30
26/A-140N
Kutná
996,0
27/A-120Z
28/A-180N
F5
Rýchory
2. útočný cíl
shromaždiště
po útoku
3. rota, p. pl. 8
29/A-180N

Pohled na údolí u Rýchorského kříže pořízený z míst, kde by se 3. rota dostala z lesa do otevřeného terénu a zahájila útok proti objektům lehkého opevnění z roku 1936 a polnímu opevnění, místo pořízení snímku označeno F2 v mapce na s. 55 (říjen 1938).
Vložený snímek vlevo nahoře: velitel I./I.R.8 praporu Freiherr von Wartenberg vysvětluje důstojníkům svého praporu plán útoku 3. roty, místo pořízení snímku označeno šipkou a F3 v mapce na s. 55.
Vložený snímek vpravo nahoře: důstojníci I./I.R.8 praporu při prohlídce objektu lehkého opevnění III/166/B, který ležel na předpokládané trase útočného směru 3. roty. Podle časového harmonogramu měl být dobyt 30. září v 8:30 první četou pod velením Lt. Mogschara. Místo pořízení snímku označeno šipkou a F4 v mapce na s. 55.

sektorů obou objektů. Jak ale pan poručík přiznává, Němci neměli tušení o existenci řopíků vybudovaných v rámci stavebního úseku Z-1 Rýchory. Ten byl zadán sice na konci května, ale v době vydání německých speciálních map s objekty čs. opevnění zde byly prováděny pouze přípravné práce, a proto zdejší prostor označili němečtí zpravodajci pouze otazníkem. První řopíky byly vybetonovány až na začátku srpna 1938 a betonáž pevnůstek pokračovala až do zářijové mobilizace. Celkem se zde podařilo postavit 11 řopíků z 68 zadaných. V předstihu zde však byly prováděny průseky v lesích a protipěchotní překážky, které pak spolu s vybetonovanými řopíky roztřásly přilby velitelům 3. roty, kteří si svůj druhý útočný cíl představovali zřejmě přívětivěji. Pro lepší orientaci čtenáře je celá útočná trasa 3. roty s původním rozsahem lesních porostů, průseků i stanovišť jednotlivých bunkrů zakreslena na schematické mapce.

K zamyšlení pouze zůstává smysl útočné operace v prostoru Rýchor. Proražení rýchorské linie bráněné čs. III/22 praporem po několika dnech bojů by sice Němcům otevřelo cestu do Čech (jak píše Mogschar), avšak pouhým pohledem na mapu zjistíme, že zdejší hornatý a lesnatý terén bez kvalitnějších komunikací neumožňoval přesun jakékoliv techniky nebo těžších zbraní, které by mohly zajistit rychlý postup do čs. vnitrozemí a znemožnit tak čs. armádě přísun záloh. Jako nejpravděpodobnější varianta se jeví to, že se jednalo pouze o klamný nebo odlehčovací útok, který měl odvést pozornost od jiného útočného směru, a jednotky pěšího pluku 8 včetně Mogscharovy čety byly jen obětními beránky s předpokládanou pravděpodobností ztrát 80–90 %.

Zvídavým a fyzicky zdatnějším čtenářům lze jednoznačně doporučit návštěvu obranného postavení na Rýchorách, které měl v případě války dobývat se svojí četou Lt. Mogschar. Rýchorské opevnění je asi nejlépe přístupné po červeně značené turistické trase, na kterou se lze napojit např. u parkoviště nad dělostřeleckou tvrzí Stachelberg. Odtud cesta stoupá podél linie lehkého a těžkého opevnění až k Rýchorské boudě vzdálené něco málo přes 6 km. Ve Dvorském lese narazíte na stavebně nedokončené řopíky úseku Z-1 Rýchory. Pozornému čtenáři neuniknou jistě ani patrné zbytky protipěchotních překážek, průseků, střeleckých okopů a nástražných jam, které jsou v lese dosud patrné. Procházku lze prodloužit i výletem k Rohu hranic, opět po značené turistické cestě, a projít si tak obousměrně celou útočnou trasu 3. roty proti HOP čs. armády. Ze střílen pevnůstek č. 165 a 166 se lze podívat do míst, odkud z lesa zaútočily 30. září v 6 hodin ráno obě čety 3. roty. Pokud si vezmete s sebou tuto knihu, můžete přímo v terénu porovnat, jak moc se změnila krajina i bunkry po více než 75 letech.

Průběh podzimních cvičení a obsazení sudetoněmeckých oblastí v září a říjnu 1938

zpracoval Leutnant Woitscheck, ženijní prapor 57

Všeobecná politická situace v Evropě, vyostřující se násilné kroky české vlády vůči sudetoněmeckému obyvatelstvu a politický postoj západních velmocí a Ruska vyvolaly během léta takové napětí, které nutně muselo dát podnět k vážnějším starostem. I když jsme my vojáci věřili, že se jedná o přechodnou záležitost, pak obsah nařízených služeb a přicházející rozkazy se zvláštními záměry a plány naše úvahy ukončily. Zjištění prostoru výcviku pro podzimní cvičení, časový rozvrh, plná bojová síla a výstroj jednotek byly podnětem k tomu, abychom změnili naše názory a domněnky nad některými úmysly. Tyto rozkazy nám dávaly jistotu, že musíme počítat se skutečným konfliktem. Na druhou stranu se mohlo jednat o přípravu na obranu proti útoku Čechů nebo nějaké jiné mocnosti. Když jsme také každý rok mluvili o podzimních cvičeních, pak tento rok měla tato slova hlubší význam.

Už v červnu 1938 byly známy výcvikové záměry divize. Byl předpokládán třídenní přesun z trvalých posádek do prostoru Zwickau – Greiz – Reichenbach v období od 14. do 23. září a výcvik jednotlivých jednotek v rámci divize. Po dvou dnech odpočinku, které měly sloužit k údržbě a zařízení a vozidel, byla divize rozmístěna 26. září v linii jižně od Zwickau ve vzdálenosti 2 km od českých hranic a byla plně k dispozici Skupinovému velitelství 4. Po přijetí tohoto rozkazu a vývoji politických událostí v letních měsících jsme byli přesvědčeni, že možnost násilného střetu s Československem prostě existuje.

S měsícem září se bezprostředně přiblížil čas plánovaného přesunu. Konečné přípravy zahrnovaly mobilizační cvičení praporu v rámci 1. lehké divize, které se konalo 5. září. Rozsáhlé práce, které jsou spojeny s cvičením tohoto typu, jako je personální doplňování, rekvírování vozidel, nakládání zařízení, ostré i cvičné munice, sestavení mostní kolony atd., byly provedeny v nařízeném čase i přes omezený prostor, který jsme měli k dispozici v našem přechodném ubytování.

Ženijní prapor 57 byl připraven k pochodu!

V časných ranních hodinách 9. září zažilo město Höxter, poprvé během existence praporu, odchod válečně postaveného a vystrojeného ženijního praporu 57. Ve výborné náladě, plni očekávání a s nejsrdečnějšími přáními obyvatelstva jsme opustili posádku.

První den pochodu jsme jako samostatný svazek dosáhli po několika málo hodinách náš první denní cíl: Hann. Münden[6]. Denní výkon asi 60 km nečinil žádné zvláště vysoké nároky na jednotlivé jednotky, k tomu navíc vhodné silniční a dopravní podmínky umožnily provést hladký pochod bez nějakých nepředvídatelných

[6] Město Hannoversch Münden na hranicích Dolního Saska a Hessenska.

Přesun německého motorizovaného ženijního praporu po „Hitlerově“ dálnici na území Říše v roce 1938.

pobytů a komplikací. Mimořádně rozdílná pohyblivost jednotek, obsazení vozidel částečně ne tak dobře vycvičenými řidiči, jak tomu bývalo při mírovém vysunutí praporu, a navíc velký počet doplňovacích vozidel umožnil v prvních dnech dosažení průměrné rychlosti asi 20–30 km/hod. Po tříhodinové jízdě a půlhodinovém odpočinku dosáhl prapor Hann. Münden.

Po půldenní odpočinkové přestávce pokračoval prapor 10. září v přesunu, nyní již ne samostatně, ale v rámci uzavřené pochodové skupiny divize, jejíž jednotky dorazily 9. září ze svých posádek v západní části Německa a byly připraveny v prostoru Kassel k dalšímu postupu.

Nejen pro civilní obyvatelstvo, ale i pro nás to byla zvláštní událost, když jsme mohli získat představu o rozsáhlých svazcích divize ve válečné sestavě. Doposud jsme totiž měli pouze možnost spolupracovat na uzavřených cvičeních s částmi mírových útvarů divize. Divize obdržela úkol dosáhnout po dvou postupových trasách a ve třech postupových skupinách 10. září linie, která ležela na severo-jižním směru v úrovni města Výmar (Weimar).

Poté, co od brzkých ranních hodin 10. září projížděla naše pochodová skupina Hann. Münden, se prapor seskupil v poledních hodinách do předepsaného pochodového proudu. Nároky kladené na jednotky byly vyšší, především na rychlost, protože jsme měli zvládnout delší trasu. Při nepřerušené jízdě přes Witzenhausen, Bad Sooden-Allendorf, Eschwege a Wanfriel dosáhl ženijní prapor 57 asi v 14:30 odpočinkového prostoru západně od Mühlhausenu. Po vloženém odpovídajícím poledním odpočinku byl prapor vyčleněn ze svazku divize a přibližně v 16:00 zahájil postup ve směru Výmar. Denní cíl byl splněn dosažením ubytovacích prostorů Bad Berka a Tannroda přibližně ve 20:00 (asi 160 km). Trasu jsme zvládli během necelé sedmihodinové jízdy. Je třeba více zdůraznit skutečnost, že prapor dosáhl cíle bez jakýchkoliv incidentů, neboť na hlavních silnicích byl silný provoz a průjezd množstvím větších měst vyžadoval větší pozornost řidičů.

I přes tuto únavnou jízdu zavládl v ubytovnách brzy veselý život a ruch, společně s pohostinným obyvatelstvem jsme prožili opravdu zábavné chvíle. Následující neděle, nádherný pozdně letní den, nabídla příležitost poznat okolí našeho ubytovacího prostoru. U podvečerní skleničky s hostitelem jsme si vyměňovali staré a nové vojenské zážitky a zakončili tak tento první den volna.

První neděle během podzimního cvičení uplynula a v brzkých ranních hodinách 12. září se nacházely svazky divize v nové válečné sestavě.

Jestliže jednotky v prvních dnech přesunu postupovaly samostatně a druhý den pak ze shromažďovacího prostoru jely po dvou silnicích, pak divizní rozkaz pro pochod na 12. září zněl takto:

Divize dosáhne urychleně v široké frontě linii Schleitz – Hermsdorf.

I když se podobně jako v předchozích dnech jednalo o pochodové cvičení, znamenalo to zvýšení rychlosti a větší nároky na lidi a materiál. Z ubytovacích prostorů jižně od Výmaru vedla trasa jízdy přes pro nás příliš neznámé, a proto také atraktivní okolí Kahla-Neustadt-Triptis až do okolí Auma, jihozápadně od města Gera.

Za podobných podmínek jako v předchozích dnech, ovšem zčásti po velmi prudce stoupajících a klesajících silnicích, které byly užší a bohatší na zatáčky, se měl prapor přesunout po saské půdě do určeného pobytového prostoru u Zwickau.

Přes města Zeulenroda, Greiz a Reichenbach, kde jsme byli pozdraveni velmi zajímavým obyvatelstvem, jsme dorazili odpoledne do cíle. Trasu délky 160–180 km jsme zvládli asi za sedm hodin jízdy. Během náročné cesty do Saska došlo pouze k malým a přechodným výpadkům. Téměř 400 km dlouhá cesta z Höxteru do Zwickau v plné válečné síle kladla na prapor neobvykle vysoké požadavky. Zvláště různorodá pohyblivost jednotlivých jednotek stále působila nevýhodně a brzdila nás. Na úzkých a klikatých silnicích byla rychlost vozidel s přívěsy velmi omezena.

Mit dem Monat September rückte die Zeit des geplanten Abmarsches aus dem Standort in unmittelbare Nähe. Die endgültige Vorbereitung bestand in der Mobilmachungsübung des Bataillons innerhalb der 1.Leichten Division am 5. September. Die umfangreichen Arbeiten, die mit einer derartigen Übung verbunden sind, wie Einstellung der personellen Ergänzungen, Ermietung von Kraftfahrzeugen, Verladen des Geräts sowie der scharfen und der Übungsmunition, Beladen der Brückenkolonne usw. wurden trotz des beengten Raumes, der dem Bataillon in der jetztigen Übergangsunterkunft zur Verfügung steht, in der befohlenen Zeit durchgeführt.

Das Pionier - Bataillon 57 war marschbereit !

Jn den frühen Morgenstunden des 9. Septembers erlebte die Stadt H ö x t e r zum ersten Male während des Bestehens des Bataillons das Ausrücken des Ausrücken des kriegsmäßig aufgestellten und ausgerüsteten Pionier-Bataillons 57. Jn ausgezeichneter Stimmung, alle erwartungsvollen Herzens und von den herzlichsten Wünschen der Bevölkerung begleitet, verließ das Bataillon die Garnison.

Am ersten Tage als selbständiger Verband marschierend, erreichte das Bataillon nach wenigen Marschstunden weseraufwärts das erste Tagesziel H a n n . - M ü n d e n . Die Tagesleistung von etwa 6o km stellte keine besonders hohe Anforderungen an die einzelnen Einheiten, da zum größten Teil günstige Straßen- und Verkehrsverhältnisse einen reibungslosen Marsch ohne irgendwelche unvorhergesehenen Aufenthalte und Schwierigkeiten gewährleisteten. Die außerordentlich unterschiedliche Beweglichkeit der Einheiten, die Besetzung der Fahrzeuge mit teilweise nicht so gut ausgebildeten Fahrern, als es bei einem friedensmäßigen Ausrückeh des Bataillons hätte der Fall sein können, sowie das Vorhandensein einer großen Anzahl von Ergänzungsfahrzeugen ließ am ersten Tage nur eine niedrige Durchschnittsgeschwindigkeit von etwa 2o - 3o km zu. Nach dreistünigem Marsch,

Jedna ze stran původní německé zprávy Leutnanta Woitschecka.

Bylo všeobecně známo, že se prapor během období podzimního cvičení měl ubytovat ve Zwickau až do 23. září, a tak bylo všude vidět obličeje vojáků plné očekávání z ubytování ve velkém městě, což je pro každého zvláštní událost.

Uvítání, kterého se dostalo praporu od obyvatelstva, bylo nadmíru srdečné. Bylo to vidět v příštích dnech na zářících obličejích vojáků, což mohlo způsobit jen příjemné překvapení. Výborné ubytovny, obyvatelstvo přátelské k vojákům a nádherné letní počasí doprovázející nás během celého cvičení byly důvodem velmi dobré nálady. Po jednom zaslouženém dni volna začala nařízená cvičení v sestavě praporu a divize v širokém okolí Zwickau. Pokud jsme během prvních dnů obdivovali poznávanou rozmanitou krajinu severně od Zwickau ještě v její letní kráse, pak následující cvičení na jihu až k říšské hranici se konala v krajině, která svou rozmanitostí a krásou zdaleka předčila domovský Weserbergland[7]. Hluboko zaříznuté údolí řeky Zwickauer Mulde, připomínající svým způsobem údolí v Harzu a Durynském lese, výběžky Krušných hor, strmě stoupající kopce znemožňující překonání pohoří mimo cesty, rozšířené zalesnění a nádherně umístěné obce přispěly k tomu, že na dlouhou dobu nebyla naše cvičení jen čistě vojenská, ale byla také zajímavá krásou a rozmanitostí krajiny, zvláště pro nás lidi z rovinaté země. Pro nás všechny se stala pojmem jména Zwickau, Bad Oberschlems, Schneeberg, Glauchau, Greiz a Reichenbach, která byla navždy spjata s naším pestrým a nádherným životem během manévrů.

Jednotlivá cvičení ve větším útvaru sloužila především k nácviku spolupráce různých druhů vojsk, vydávání rozkazů a součinnosti při jednotlivých akcích. Postup v různých skupinách a na různých cestách, shromažďování, uvádění do pohotovosti, rychlost nasazení v semknutých a rozdělených útvarech, odpoutání z fronty od jednotlivých útvarů, rychlý přesun a rychlé nasazení v jiném úseku, všechno to, co vyžaduje u motorizované divize intenzivní práci a musí se odehrávat v podstatně větší rychlosti a v úzké spolupráci – to byl účel cvičení. Během cvičení v rámci svazku divize byla jednotka praporu jen zřídka nasazována a zpravidla zůstalo u uvedení do pohotovosti a u průzkumných úkolů, a tak se jednotky praporu společně dostaly během cvičení k odstraňování mostů a zatarasování.

Během této zajímavé služby a volného času jsme s velkým zájmem sledovali politické dění. Násilné činy Čechů proti sudetským Němcům, jejich výpady na říšskoněmecké území a zatarasovací opatření na hranici se staly důvodem k vážným rozvahám a zamyšlení. A v neposlední řadě také naprosto nespolehlivý postoj Anglie a Francie vůči Německu byl určující pro další záměry a vývoj cvičení. Každé roz-

[7] Wesebergland – pohoří v Německu dosahující maximální výšky cca 500 m n. m. a nalézající se po obou stranách řeky Weser mezi městy Hann. Münden a Porta Westfalica.

hlasové hlášení, každá zpráva v denním tisku měly pro nás velký význam a zkoušeli jsme z nich odhadovat další vývoj věcí. Naše napětí ještě stouplo, když jsme 20. září uzavřeli první část cvičení a musely následovat nové rozkazy, které by nám měly objasnit další záměry. My všichni jsme byli pevně přesvědčeni, že se v nejbližší době očekává aktivní zásah německé vlády proti českému teroru. Při odmítavém a nedůvěřivém postoji Anglie a Francie a po zesílení zákroků sovětsko-ruských elementů na české straně bylo mírové řešení sudetské otázky skoro nemožné.

Doba čekání byla pro nás nesnesitelná. Bylo už otřesné slyšet a číst nové zprávy o teroru české a komunistické chátry, naše rozčilení ještě navíc stoupalo, když nás sudetoněmečtí uprchlíci osobně zpravovali o bídě a nouzi. Nepopsatelné rozhořčení mluvilo z očí mužů, kteří museli prchnout na říšskoněmecké území. Často nám říkali: „Dejte nám vaše pušky, vykopneme Čechy z naší země a znovu obnovíme právo."

Byli mezi nimi lidé, kteří poprvé viděli německou Wehrmacht, a proto byli hrdí, když směli pozdravit každého vojáka a každé naše vozidlo. Stále znovu jsme byli tázáni: „Kdy přijdete a pomůžete nám?"

Ale ještě situace nedošla tak daleko, abychom mohli také toto naše nejtoužebnější přání vyplnit.

Mezitím jsme s napětím sledovali snahu Vůdce o udržení evropského míru a řešení sudetské otázky mírovou cestou. Politický vývoj se ubíral ale čím dál více směrem k rozdmýchání evropské války. Poté, co ztroskotalo vyjednávání Vůdce s anglickým ministrem Chamberlainem, začaly všechny evropské státy s přípravami na válku.

Když pak 24. září přišel divizní rozkaz, abychom drželi od 24. září 17 hodin připravenost k přesunu tak, aby odchod mohl následovat v co nejkratší lhůtě, očekávali jsme i každým okamžikem začátek válečného stavu. Byla provedena poslední opatření k uvedení nejvyšší poplachové pohotovosti k válečnému nasazení, protože každým okamžikem jsme počítali i se zásahem Čechů.

Přišel další rozkaz divize:

> Vozidla rozmístit podle válečných podmínek a zamaskovat proti leteckému pozorování. Parkovací plochy a ubytovny chránit protiletadlovými zbraněmi a proti každému jednoznačně identifikovanému českému letadlu použít zbraně!

Během krátké doby zmizel mírový obraz bezchybně rozestavěného vozového parku praporu. Na střechy kolem ležících budov byly rozmístěny ke střelbě připravené protiletecké kulomety s nasazenými zásobníky. Prapor byl během nejkratší doby připraven k pochodu a poplachu.

Poslední nástup ženijního praporu 57 ve Zwickau před odjezdem do Bavorska (poledne 28. září 1938).

Po klidné noci na pondělí začalo opět uvažování a studium map. Kdy budeme nasazeni? V jakém úseku? Půjdeme hned do první linie? To byly otázky, které nás trvale zaměstnávaly a byly také nejožehavější.

Mezitím dosáhlo politické napětí nejvyššího bodu. Vůdce ve své poslední výměně nót s českou vládou prodloužil vyklizení sudetoněmeckých oblastí až do 1. října! Pražská vláda se zachovala ale i nadále odmítavě, takže poslední naděje na mírové vyřešení padly.

To, že musíme počítat s násilným řešením, nám bylo jasné, když přišel v noci z 27. na 28. září rozkaz k přesunu praporu do Bavorska. Výchozí postavení bylo předpokládáno na hranici Bavorské východní marky východně od Weidenu. Tam, kde se výběžek českého jazykového území přibližuje těsně k hranici, kde vrcholy Čerchova a Herštejnu dovolují daleký rozhled na říšskoněmecké a české území, a jejichž obsazení má značný význam pro široký úsek!

Útočný plán, který byl připraven do posledních podrobností, plánoval nasazení 1. lehké divize v nejpřednější linii. Rychlým úderem jsme měli zaútočit na téměř 1100m vysoký Čerchov a zde po vyřazení tohoto pro Čechy důležitého opěrného bodu měla být vybudována základna pro naše dělostřelectvo, které mohlo z tohoto bodu podle možnosti po dlouhou dobu podporovat útok divize. Věděli jsme, že v případě válečného nasazení proti této přirozené baště bychom museli splnit těžkou úlohu.

28. září v poledne ve 12 hodin stál prapor nastoupený na poplachovém stanovišti ve Zwickau. Nacházelo se tu ohromné množství lidí, kterých se týkal přesun praporu. Avšak nálada nebyla taková jako při našem příchodu. Také obyvatelstvo vědělo, že naše odvolání do Bavorska bylo přípravou k válečnému nasazení. Vážně zněla slova našeho velitele praporu, která pronesl k našim hostitelům, a nás upozornil na vážnost situace a blížící se úkoly.

Ženijní prapor 57 byl připraven splnit svoji povinnost! Byli jsme připraveni k nasazení!

V 12:30 opustil prapor Zwickau, aby se po asi 20km v okolí Lengenfeld začlenil do přikázané pochodové skupiny a pokračoval po říšské dálnici ve směru Hof. Nepřerušovanou jízdou se valily jednotky lehké divize na jih vstříc nejistotě. Teprve asi po 150km jízdy jsme za nastávajícího soumraku dosáhli prvního odpočinkového prostoru v okolí Tirschenreuth. Během dnů našich podzimních cvičení jsme zvládli ne nezanedbatelné trasy, a proto jsme po zvládnutí první části naší trasy mohli mluvit o usilovném přesunu, který významně překonal všechny dosavadní svou náročností a požadavky na lidi i materiál. Trasu jsme zvládli za 7 hodin, přičemž byla velmi únavná pro řidiče, kteří se nemohli za jízdy vystřídat. Odpočinek jsme měli za zcela válečných podmínek při úplném zatemnění. Vozidla jsme bez osvětlení odstavili do lesa a přezkoušeli na další způsobilost k jízdě.

Za zvláštních podmínek jsme realizovali i stravování a tankování vozidel. Ačkoliv jsme během předchozích cvičení nacvičovali simulaci válečných podmínek, došlo nám nyní, že v tento okamžik se jedná o absolutně nutná opatření. Když pak byly hotovy přípravy k další jízdě, mohli jsme si trochu odpočinout. Ve větší míře byly nyní patrné následky překonaného vypětí. Kde to jen bylo možné – na tvrdých prknech vozidel, v silničních příkopech, nebo dokonce na stromě byly chytány cenné minuty ke spánku. Byly vidět pouze červené nebo zelené značky regulovčíků, kteří ukazovali cestu přejíždějícím spojkám a zásobovacím vozidlům. Mezitím se velitelé jednotek sešli na nouzovém velitelském stanovišti, aby se poradili o nadcházející jízdě a očekávaném nasazení. Byly to všeobecné rady a výměna názorů, co přinesou příští hodiny, zda politický vývoj bude znamenat okamžité nasazení, nebo zda již snad nebyl vydán nějaký rozkaz pro útok nebo vstup do Československa.

Kolem 20. hodiny jsme dostali zprávu, že Vůdce podnikl poslední pokus k odvrácení válečné hrozby, ve kterém si vše vyjasní v Mnichově s vedoucími státníky Itálie, Francie a Anglie. Tato zpráva nám, stejně jako celému světu, přinesla znatelnou úlevu, protože jsme mohli s jistotou říci, že nelze očekávat nějaký zásah těchto států před samotnou schůzkou. Především jsme věřili v aktivní podporu Itálie a určité zákroky Mussoliniho. Tak pořád zůstávala naděje na mírové východisko evropského konfliktu. Jako lavina se rozšířila zpráva o obnovených jednáních v Mnichově. Závěr těchto rozhovorů musel vše rozhodnout. Byly poslední možností k zabránění evropské války!

Asi ve 21:30 přišel rozkaz k dalšímu postupu a krátce poté se zase dala do pohybu nekonečná kolona vozidel, aby bylo možno zvládnout druhou část cesty. Řidiči byli ještě unaveni z první části trasy a teď museli sebrat všechny zbylé síly k zvládnutí zdaleka nejtěžší části cesty, která vyžadovala jejich značnou pozornost. S velmi slabým osvětlením, které umožňovalo pohled do vzdálenosti několika metrů, a při pohledu na koncová světla vpředu jedoucího vozidla pokračovala cesta přes Weiden k předběžnému cíli Ober-Viechtach. Zpočátku ještě výborná hlavní silnice se jižně od Weidenu změnila na špatně vybudovanou cestu, která se navíc často velmi silně zužovala v místě stavenišť a vyžadovala zvýšenou pozornost řidičů. Výpadkům na vozidlech jednotek jedoucích před námi a nehodám, které byly způsobeny silným vznikem prachu a únavou řidičů, nebylo možno zabránit a docházelo často k zastavování a novému rozjíždění. Míra nároků byla taková, že jednotliví řidiči usínali okamžitě za volantem i při krátkých zastávkách a museli být vystřídáni, protože už nebyla absolutní jistota pro vozidlo a spolujedoucí vojáky.

V ranních hodinách 29. září dosáhl prapor nařízeného ubytovacího prostoru. Trasu délky přibližně 130 km jsme zvládli asi za osm hodin – výkon, který si zaslouží pozornost s ohledem na útrapy v první části cesty. Prapor dosáhl ubytovacího prostoru v sevřeném útvaru bez trvalých výpadků techniky. Po několika hodinách zaslouženého odpočinku jsme zažili rozhodující politické události přes rozhlas: Setkání státníků v Mnichově, přivítání obyvatelstvem a zprávy o přípravách rozhodujících jednání. Všichni byli napjati na nejvyšší míru. Buď válka, nebo mír! Tento den musí padnout rozhodnutí! Hodiny čekání byly nekonečně dlouhé.

V mezičase byly z Ober-Viechtach prozkoumávány jednotlivé hraniční přechody a hraniční úseky, ve spolupráci s obyvatelstvem příhraničních míst jsme zjišťovali česká palebná postavení a jejich obsazení. Byl to nepopsatelný pocit, když jsme stáli na hraničních přechodech zneprůchodněných zátarasy a naproti ve vzdálenosti menší než sto metrů jsme mohli rozeznat česká kulometná postavení i s osádkami. Nikdo nevěděl, zda z těchto vzájemných vyhodnocování a pozorování nevznikne v krátké době boj se zbraněmi.

Vyvrcholením našich akcí bylo prozkoumání výchozího pohotovostního postavení pro případ násilného vpádu, se kterým se muselo v každém případě ještě počítat vzhledem k odmítavému postoji pražské vlády. Potom nás zastihla rozhlasová zpráva o výsledku jednání Vůdce. To, v co jsme všichni doufali, ale stěží už věřili, teď přišlo. Požadavky Německa vůči Československu byly uznány, čtyři zúčastněné mocnosti vyžádaly od pražské vlády vydání německy mluvících oblastí.

Obsazení sudetoněmeckých oblastí se mělo odehrát v několika málo dnech mírovou cestou beze zbraní. Ještě jsme byli příliš pod tlakem událostí minulých dnů, abychom dokázali pochopit rozsah a význam tohoto obratu. Především jsme ještě také nepřemýšleli nad ochotou Čechů k vyklizení území, která také přicházela v úvahu. Nové zprávy o českém teroru vyvolávaném především komunistickými živly nás přesvědčily, že musíme provést všechny přípravy k tomu, abychom i v případě jakéhokoliv odporu provedli řádné a nepřerušené obsazení.

Podle značek v mapách a zpráv od obyvatelstva byla v celé oblasti očekávána zatarasovací opatření, která by mohla způsobit nežádoucí zdržení při obsazování. Po oznámení Čechů, že zem promění v hromadu trosek, pokud budou nuceni k ústupu, jsme se vybavili a připravili na všechny případy.

Při vědomí skutečnosti, že by se všeobecný evropský konflikt mohl obrátit v opakování světové války, představovaly naše starosti, které nám mohli Češi připravit, jen zanedbatelnou překážku v provedení záměrů Vůdce.

Nepopsatelné bylo nadšení obyvatelstva příhraničních obcí, které by při vypuknutí války muselo trpět a jehož chudé majetky by byly ztraceny. Nepopsatelné bylo nadšení sudetských Němců, kterým začala odbíjet hodina osvobození.

Také my všichni jsme byli šťastní, že přišel tento zlom, a měli jsme jen jedno přání – být mezi prvními, kteří překročí hranici, a moci se účastnit tohoto jedinečného a velkého zážitku. Nyní, potom co jsme bezprostředně prožili tyto kritické hodiny

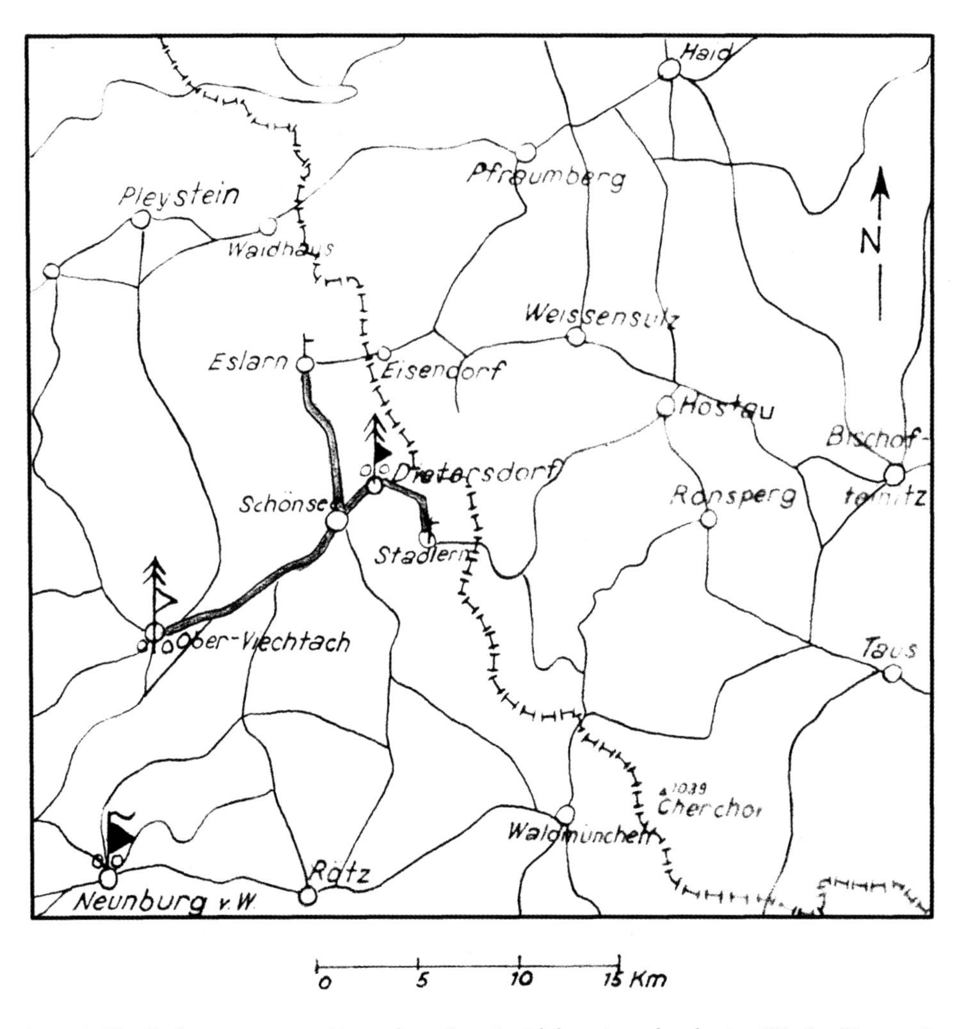

Ubytování ženijního praporu 57 v Bavorsku u čs. státních hranic ve dnech 28. září až 3. října 1938.

a dny, jsme se už nemohli dočkat příchodu rozkazu k pochodu do Sudet. Po rozdělení zón jsme museli v některém z příštích dnů překročit hranici a účastnit se pochodu. Z denního tisku jsme se pokoušeli dělat závěry o dělení jednotlivých zón a průběhu obsazování. Později jsme obdrželi rozkaz s určením, že do 3. října nebudou měněny ubytovací prostory. Tak padly naděje na brzký pochod.

V poledních hodinách 1. října jsme obdrželi divizní rozkaz, že divize bude v průběhu 3. října obsazovat sudetoněmecká území, a z tohoto důvodu se ještě 1. října přesune blíže k hranici. S docela zvláštním nadšením jsme prováděli přípravy na změnu ubytování a v pozdních odpoledních hodinách se prapor přemístil do nových ubytovacích prostorů Dietersdorf, Eslarn, Stadlern a Schönsee, které byly vzdáleny ještě asi 3–5km od hranice. Mostní kolona zůstala v dosavadním ubytovacím prostoru Hirschau, neboť její nasazení nebylo v prvních dnech obsazování očekáváno.

S očekáváním konečného rozkazu k přesunu jsme neděli využili k poslednímu přezkoušení vozidel a vybavení, abychom v příštích dnech byli plně připraveni k nasazení. Po dlouhém čekání přišel divizní rozkaz, který však obsahoval informace o tom, že čas vstupu je posunut a svazky divize mají 3. října zůstat v ubytovacích prostorech. 1. lehká divize měla překročit hranici teprve až 4. října.

Protože jsme měli k dispozici ještě trochu času, mohli jsme provádět další doplňující průzkumy hraničních přechodů, které nám přinesly cenné poznatky o silničních poměrech a očekávatelných zatarasovacích opatřeních na českém území. Měli jsme při tom příležitost získat hlubší představy o bídě a nouzi sudetoněmeckého obyvatelstva a o českém teroru, který museli snášet sudetští Němci dlouhé týdny a měsíce. Po uzavření Mnichovské dohody dali čeští úředníci a částečně také vojenské posádky přednost odchodu více do vnitrozemí, aby se cítili jistěji před sudetoněmeckým obyvatelstvem a Freikorpsem, který stále nabýval na počtu i síle.

Hraniční oblast v našem úseku byla tedy již bez českých úředníků a hlavně bez vojenských posádek. Obyvatelstvo proto na některých místech začalo již v neděli 1. října s bohatou vlajkovou výzdobou na svých domech. V neúnavné práci byly zřizovány konstrukce s girlandami a sloupy s vlajkami, všude byly vidět nápisy: Děkujeme Vůdci! – Zdravíme osvoboditele Sudet! atd.

Kde se na hraničních přechodech objevil nějaký voják, obyvatelstvo ho hned obstoupilo a ženy se ptaly: „Kdy konečně už přijdete? Kde se ubytujete?“ Obyvatelstvo bylo z velké části přesvědčeno, že vstup bude následovat 1. října nebo nejpozději 2. října. Nikdo se už nestaral o domácí práce, všichni stáli na ulici a očekávali příchod vojáků. Bylo hodně zklamaných obličejů, když jsme odpověděli, že budeme pochodovat až 4. října. Obyvatelstvo nemohlo pojmout tak velké štěstí a nemohlo uvěřit, že je konec veškeré bídy. Toužebně nás očekávalo, protože po těchto mučivých měsících získalo konečně ochránce.

Během dne se české a komunistické hordy bázlivě schovávaly ve svých skrýších, v noci si však troufaly na častější malé přepady, aby do posledních okamžiků připravovaly obyvatelstvu starosti a nebezpečí. Německým jednotkám, umístěným několik málo kilometrů od hranice a čekajícím na rozkaz k pochodu, ukázaly příklad české tyranie. Radost obyvatelstva z blížící se hodiny osvobození zcela zastínila tyto události spojené s bezmocným vztekem Čechů. Muži z Freikorpsu pracovali neúnavně na tom, aby nám připravili volnou cestu pro náš postup do vnitrozemí. Stromové záseky, které zabarikádovaly silnice, převrácené vozy, které zatarasovaly cesty, drátěné překážky a betonové ježky byly odklízeny, připravené odstřely byly deadjustovány a těžké závory u českých celnic byly otevřeny. V očekávání vstupu německých jednotek byly už odstraněny české insignie z celních úřadů, byly povaleny hraniční kameny a sloupy. Dokonce české místopisné názvy a popisy byly přemalovávány, aby byly vidět pouze německé názvy. Poslední dny byly plné netrpělivého čekání, kdy jsme u rozhlasového přijímače prožívali vstup jednotek na severu do Chebu a Karlových Var a záviděli našim šťastnějším kamarádům. Naskytla se ale i příležitost pro nás ženisty – odstřelit první české zátarasy a přitom hned provést zkoušky kvality těchto zařízení. Za velké účasti obyvatelstva byly odstřeleny u Železné během 3. října ocelové závory a železobetonové sokly, které zasahovaly do jízdního pruhu a nacházely se na předpokládaných postupových trasách divize. Tato zařízení měla podle našeho názoru nízkou hodnotu a téměř nulovou použitelnost. K jejich zničení stačilo velmi malé množství trhavin a brzy byly srovnány se zemí.

Dva snímky zachycující příslušníky ženijního praporu 57 při likvidaci symbolů ČSR na státní hranici na Tachovsku. Nahoře vyvracejí jeden z hraničních kamenů, vpravo uřezávají autogenem hraniční sloup u Rozvadova (3. října 1938).

Hraniční přechod v Rozvadově během příprav na odstranění objektů zvláštních zařízení, které bránily v postupu německých motorizovaných jednotek (3. října 1938).

Snímky zachycující ničení objektu zvláštního zařízení v Železné. Podobně jako v Rozvadově také zde přihlíželo likvidaci místní obyvatelstvo (3. října 1938).

Divize překročí hranici u Eslarnu a Waidhausu 4. 10. v 8:00 a obsazuje sudetoněmecké území ve dvou etapách!

Tak zněl rozkaz, který ukončil veškerá čekání a přinesl náladu plnou radosti a očekávání. Prapor byl po rotách přidělen k oběma pochodovým skupinám a stál v ranních hodinách 4. 10. v nařízeném čase na shromaždištích divize. Přesně v 8:00 se dala do pohybu čela pochodových skupin před otevřenou německou závorou a za nepopsatelného jásotu obyvatelstva, které nás zdravilo ohromným množstvím květin, se valily jednotlivé útvary doprovázené pochodovou hudbou Kavallerieschützenregimentu[8] v nekonečných kolonách přes hranici do Sudet.

Právě v tento okamžik jsme si opět vzpomněli na poslední zářijové dny, dny nejvyššího napětí, při kterých jsme už nevěřili, že bychom zde mohli jednoho dne pochodovat beze ztrát, bez nějakého násilného střetnutí a nasazení zbraní, bez překážek a za vítání obyvatelstvem. Pochodová trasa určená pro první den měřila pouze asi 15km a kolem poledne jsme za silného deště kvůli špatným cestám dosáhli denního cíle – prostorů Přimda, Staré Sedliště a Bor u Tachova. Obyvatelstvo stálo na silnicích dlouhé hodiny v dešti a větru a s květinami v rukou. Stále bylo slyšet nadšené volání Heil, když nějaká nová část jednotky projížděla, nadšení nebralo konce a ani nepříjemné počasí nemohlo ubrat na této přátelské atmosféře. Mnozí nemohli zastavit slzy, bylo pro ně nepochopitelné, že veškerá bída posledních let je nyní tak rychle u konce. Teprve před několika málo hodinami vyklidili Češi prostor, který nyní obsazovala německá Wehrmacht, a stáhli se za první demarkační čáru i s množstvím nákladních vozidel a tažných zvířat, které použili k odvezení hodnotnějšího majetku.

Divize překročila hranici v nařízeném pořádku a disciplíně. Na žádných cestách se již nenacházely české zátarasy. Pečlivé průzkumy z předchozích dnů umožnily provedení bezproblémového postupu a řádné obsazení. Všechny zátarasy, z velké části nepoužitelné, byly již odklizeny. Nikde nevznikly časové ztráty způsobené ponechanými náložemi na mostech a jiných stavbách, takže obsazování 4. 10. proběhlo vzorně.

Na říšskoněmeckém území jsme už slyšeli mnoho hodnověrných zpráv o nouzi a bídě sudetských Němců, a tak nám bylo teď po našem obsazení ještě více zřejmé, jak muselo obyvatelstvo trpět zvláště v posledních měsících kvůli českým násilnostem. Různorodé okolí působilo zanedbaným a nepořádným dojmem. Bez jakéhokoliv většího zájmu a péče zde pracovala česká státní správa, která myslela jen na to,

---

[8] V sestavě 1. lehké divize byl začleněn Kavallerieschützenregiment 4 s domovskou posádkou Iserlohn.

Jeden ze záseků zřízený jednotkami SOS během září 1938, který se nacházel na postupové trase ženijního praporu 57 v úseku Železná – Přimda (4. října 1938).

aby dosáhla vlastních výhod, nechala ožebračovat obyvatelstvo a nutila ho, aby jí bylo po vůli, pomocí násilných opatření. Veskrze pilnému a pracovitému obyvatelstvu byla vzata každá možnost k vylepšení životních podmínek a k vedení uspořádaného života. K životu jim musela vystačit úroda z vlastního hospodářství, protože byla v poslední době pro Němce téměř vyloučena možnost normálního pracovního života.

Přijetí v našich prvních ubytovacích prostorech Čečkovice, Bezděkov a Přimda bylo neobyčejně srdečné. Ještě několik málo hodin před vstupem německých jednotek zde bydleli Češi a při jejich spěšném odchodu zde nechali rozházené vše, co se jim nezdálo cenné.

Postup prvního dne proběhl v nejlepším pořádku, a obsazování tak mohlo pokračovat 5. října. V dopoledních hodinách kolem 9:00 překročil prapor denní hranici a za hodinu postoupil dále východním směrem asi 10 km do ubytovacího prostoru, který zahrnoval obce Staré Sedlo, Bonětice a Bonětičky. Obsazení druhé zóny proběhlo ve stejném pořádku jako předchozího dne, bez nepředvídatelných událostí a zastávek. Pokud jsme se už den předtím mohli přesvědčit o srdečném přijetí sudetoněmeckým obyvatelstvem, pak jsme zažili vyvrcholení bouře nadšení při našem vstupu do Starého Sedla – v obci 10 km východně od Boru u Tachova. Obyvatelstvo, které se

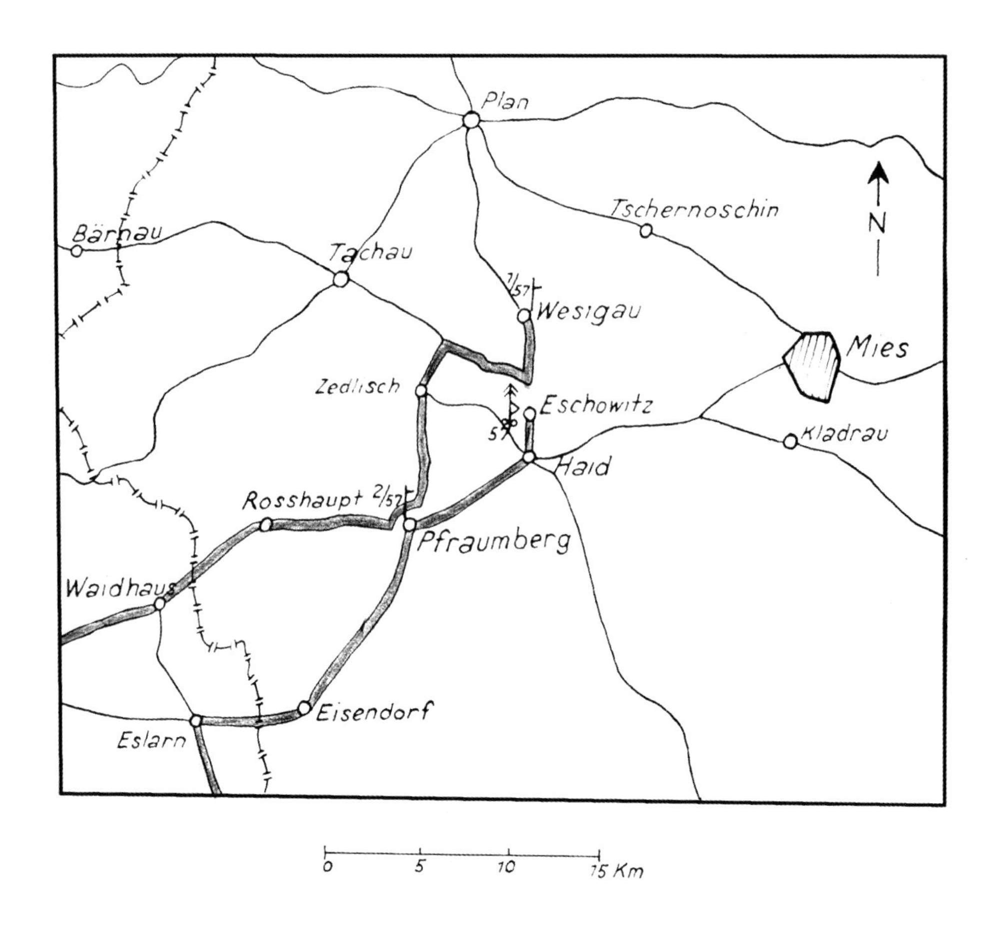

Postup obou rot ženijního praporu 57 po překročení čs. hranic dne 4. října 1938 a jejich první ubytování na sudetoněmeckém území.

již předchozí den dovědělo o našem dalším postupu na východ během 5. října, se již od ranních hodin připravovalo na naše přijetí. Když kolem 10. hodiny přijela první vozidla, jásot neznal hranic. Vozidla byla v několika málo okamžicích zasypána květinami, nepřetržité volání heil a hučení davu znemožnily na několik minut vydání jakéhokoliv rozkazu. Při opuštění vozidel jsme byli v okamžiku obklopeni nadšeným davem a museli jsme přes nás nechat přejít nápor radosti. Ochotně nám bylo v krátké době poskytnuto ubytování. Každý by se vydal z posledního, jen aby dokázal svoji vděčnost a převelikou radost. Vládla přátelská sváteční nálada, protože nyní konečně udeřila hodina osvobození a poslední měsíce hrůz a nouze byly u konce. Začal veselý život a ruch. Bylo vidět na obličejích vojáků, že se cítí dobře. Obyvatelstvo dělalo vše pro zpříjemnění našeho pobytu a zapomínalo na únavu a chudobu.

Momentka jedné z vesniček nedaleko Přimdy. Němečtí vojáci z průmyslových a bohatých částí Německa přičítali tyto poměrně chudé poměry neschopnosti československé státní správy.

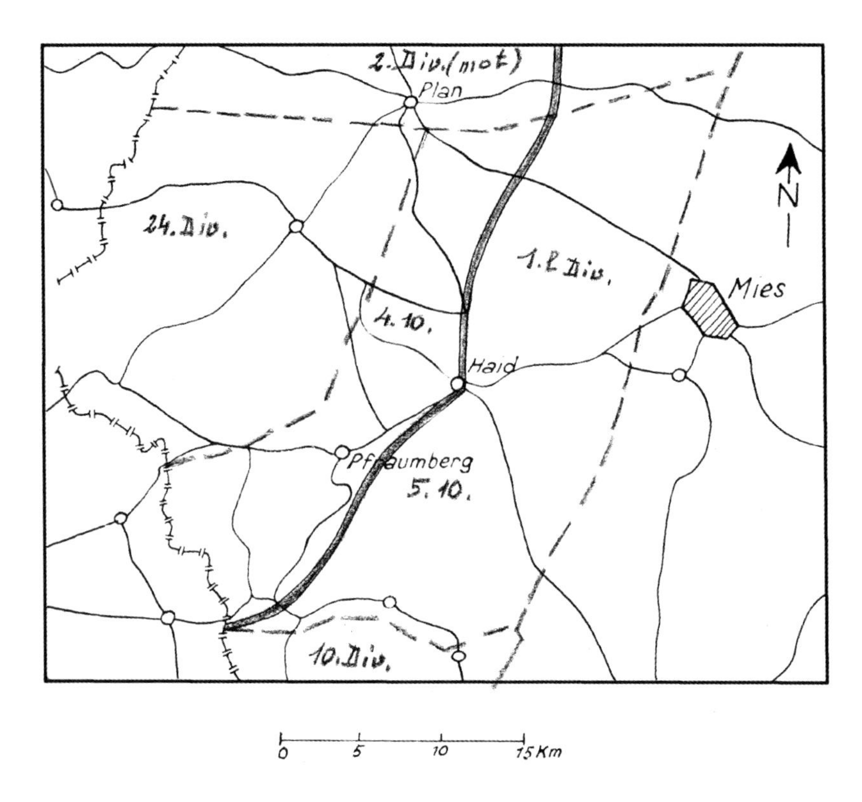

Schematická mapa zachycující prostory nasazení jednotlivých německých divizí na Tachovsku ve dnech 4. a 5. října 1938.

My všichni jsme před pochodem věřili, že alespoň část obyvatelstva bude česká. O to větší byl náš údiv, když jsme museli zjistit, že Sudety jsou obývány čistě německým obyvatelstvem. Kromě celnic nebylo nikde patrné, že by zde bydleli Češi. Nepotkali jsme žádného Čecha nebo nějakou pochybnou osobu, která by neuměla bezvadně německy. Němečtí muži a ženy, čisté německé krve a německé země, zde byli dlouhé roky pod poručnictvím cizích vládců.

Dosud nebylo dopřáno všem jednotkám praporu, aby prožily obsazení Sudet společně. Podle nařízení divize byla mostní kolona 57 přičleněna k jednotkám týlového zabezpečení, protože se v prvních dnech nepočítalo s jejím nasazením. Mostní kolona tak musela zůstat v dosavadním ubytovacím prostoru Hirschau. 5. 10. obdržela k velké radosti všech také tato jednotka rozkaz, aby 6. 10. překročila bývalou říšskou hranici a ve večerních hodinách dosáhla nového ubytovacího prostoru Staré Sedlo, aby mohla být společně s již ubytovanými vojáky u tohoto nezapomenutelného zážitku. Odteď se prapor nacházel v plné sestavě na bývalé české půdě.

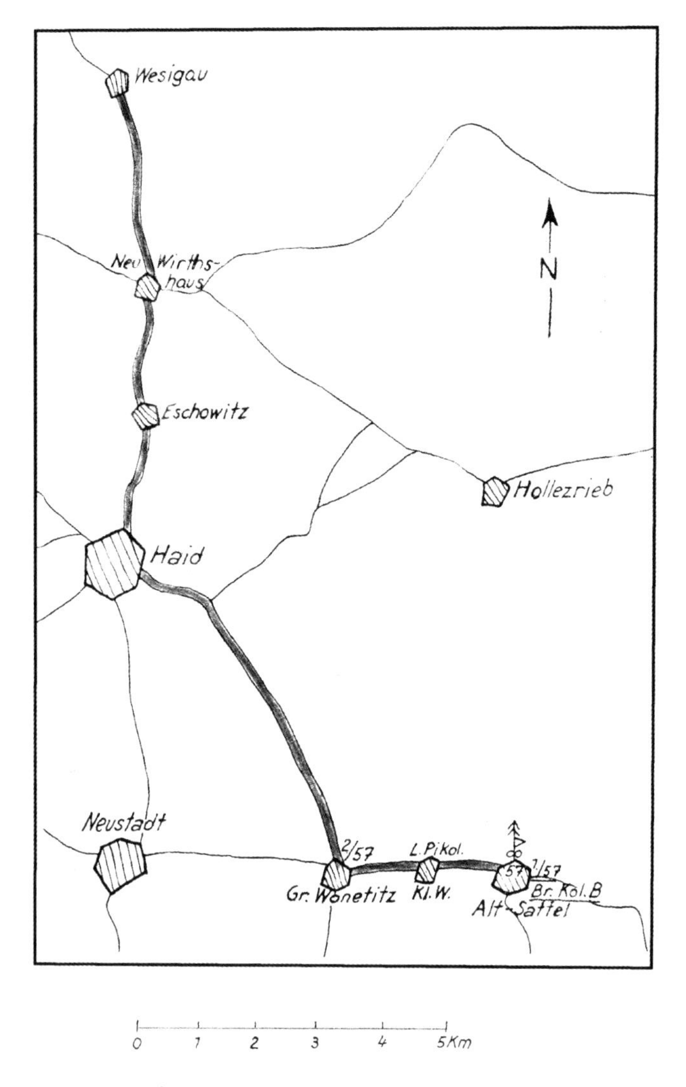

Postup ženijního praporu 57 během 5. října 1938 a rozmístění ubytování jednotlivých částí praporu.

Po těchto dvou dnech pochodu byla plánována krátká odpočinková přestávka. Další postup byl očekáván až 7. října. V mezičase obdržely jednotky divize rozkaz, aby zajistily předběžnou hranici a zabránily nepovolenému překračování. Demarkační linie probíhala asi 2 km východně od našeho ubytovacího prostoru a bylo nutné, aby Wehrmacht vyloučila jakékoliv překročení hranic. Protože druhá strana demarkační linie byla obsazena českým vojskem, mohlo by při překračování docházet k vážným incidentům, kterých jsme se museli bezpodmínečně vyvarovat.

Velitel ženijního praporu 57 Major Walter Lehnert při rozhovoru s velitelem 1. lehké divize Gen. Lt. Erichem Hoepnerem během obsazování Sudet v říjnu 1938.

Na silnicích vedoucích do Československa byly zřízeny pomocné závory a rozestavěné hlídky podél demarkační linie zajistily obsazený prostor proti zásahům ozbrojených Čechů.

S pomocí obyvatel a pozorováním z obsazených kót jsme mohli zkoumat a zjišťovat činnosti Čechů na druhé straně demarkační linie. Obranná opatření Čechů se nám zdála nepochopitelná. Na protilehlých kopcích stále horečně budovali zákopy a polní postavení, přestože se jednalo zatím jen o předběžně stanovenou hranici a očekávali jsme v následující době další obsazování. Během našeho pobytu ve Starém Sedle a Bonětících stále přicházeli obyvatelé obcí v těsné blízkosti obou stran demarkační linie. Zpravovali nás o násilnostech Čechů a hledali u nás pomoc a ochranu. V očekávání příchodu německých jednotek provedlo obyvatelstvo všechny přípravy na vstup včetně vlajkové výzdoby a girland. Češi proti tomu zakročili a částečně silou zabránili přípravám a strhali vlajky. Na základě mezinárodních dohod a z výslovného rozkazu z nadřízených míst nám nebylo dovoleno předčasně překročit stanovenou demarkační linii, takže jsme proti Čechům nemohli zasáhnout, a těžce zkoušenému obyvatelstvu tak přinést toužebné osvobození.

Další postup divize byl podle nového rozkazu očekáván až 9. října, nastala proto po označení demarkační linie odpočinková přestávka. K zajištění linie byla využívána jen malá část jednotek a větší část zůstávala v ubytovacích prostorech. Díky vstřícnému postoji obyvatelstva nám byly často nabízeny lovecké a rybářské příležitosti, takže jsme měli vždy postaráno o příjemnou a pestrou zábavu. Na chutného bažanta nebo kapra vzpomíná mnohý voják ještě dnes!

8. října přišel k praporu rozkaz k obsazení další zóny. Byl přijat s velkou radostí a očekáváním i přes příjemný život v dosavadním ubytování:

V průběhu 9. a 10. října budou obsazena území, která jsou z části silněji obývána českým obyvatelstvem. Je počítáno s komplikacemi, že česká Rudá obrana[9] nebo jednotlivé části českých jednotek budou klást odpor navzdory nařízení české vlády. Odpor zlomte zbraněmi!

Divize měla 9. října překročit původně nejsilnější linii českých opevnění a zmocnit se území, která představovala životní centrum Československa.

Jednotka postupuje ve válečné sestavě!

Po příchodu těchto rozkazů jsme očekávali se zvláštním napětím průběh dalšího postupu. Dosud jsme nenarazili na žádný odpor Čechů. Mělo teď dojít k nějaké srážce, když jsme za sebou měli více než 20 km od bývalé říšské hranice? Očekávali jsme, že brzy musíme přijít na území bez tak výrazné převahy německého obyvatelstva, jak tomu bylo doposud. Obsazování se ale také rozšířilo na uzavírací pásmo českého opevnění a bylo možno předpokládat, že tu a tam se vytvoří hnízda odporu sestavená z komunistických hord a povstaleckých částí českých jednotek.

V souladu s taktickým použitím jednotek divize byla sestavena pochodová skupina a v poledních hodinách neděle 9. října stál také ženijní prapor 57 připravený k dalšímu postupu včetně potřebného jištění.

Ve 12 hodin v poledne se daly kolony do pohybu ve směru Stříbro. Neuběhl jediný kilometr bez toho, abychom všude nezažívali stejný obraz jako v prvních dnech postupu. Všechny obce byly bohatě ozdobeny a ověšeny vlajkami, na silnicích a cestách jsme byli nejsrdečněji zdraveni. Ani jednou jsme se nemohli přesvědčit o tom, že zde bydlí nebo bydleli Češi. Cíle jsme dosáhli bez přestávky a jakýchkoliv incidentů. Prapor dosáhl cíle v uzavřené sestavě i přes mimořádně špatné dopravní

[9] V německém originále Rote Wehr, oficiální název Republikanische Wehr – pořádková složka německé sociálně demokratické strany práce (DSAP). V roce 1938 bojovali příslušníci Rote Wehr na straně čs. jednotek SOS.

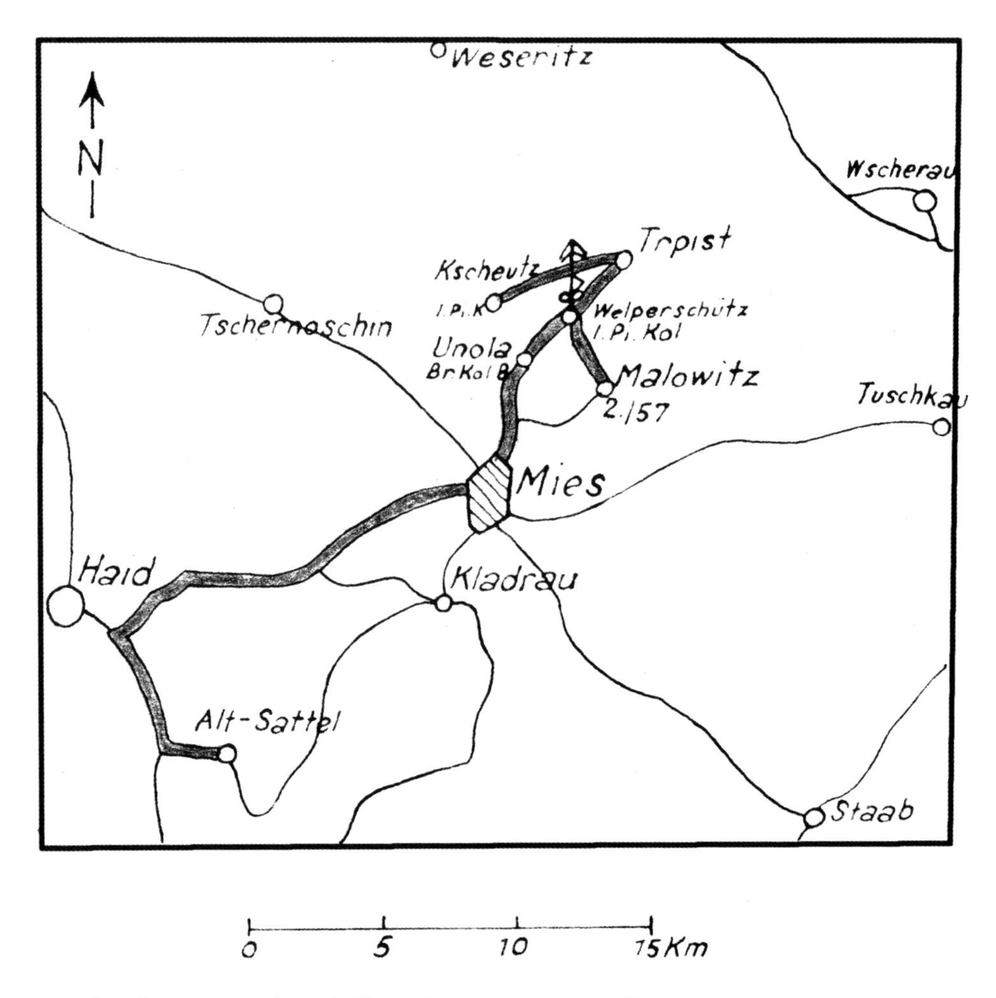

Mapa denního postupu a ubytování ženijního praporu 57 pro 9. říjen 1938.

podmínky, kdy se cesty kvůli dešti zhoršily do stavu, který byl na říšskoněmecké poměry až neobvyklý. Cestou jsme navíc překonávali i velká stoupání.

Město Stříbro, nacházející se uprostřed opevněné zóny, se od teď stalo středobodem veškerého dění. Přesunul se sem štáb divize a v následujících dnech se město proměnilo v obrovský armádní tábor. Ani v tomto městě nebyly zjištěny stopy českého obyvatelstva. Pouze obchody českých Židů, které však už majitelé opustili, tvořily poslední vzpomínku na přetrvávající tyranii.

Jednotky ženijního praporu 57 byly ubytovány v pěti různých a částečně opravdu chudých vesničkách severozápadně od Stříbra. Také zde jsme zažili stejný obraz nadšení, na jaký jsme byli zvyklí z předchozích dnů.

Ústup ze Stříbra připraveného na přivítání německé Wehrmacht musel být pro čs. bezpečnostní síly obklopené davy hajlujících sudetských Němců velmi nepříjemným zážitkem. V osobním automobilu sedí s největší pravděpodobností major Václav Diviš, velitel praporu SOS Stříbro (9. října 1938).

Následující den 10. října přinesl nové rozšíření obsazovaného území. Pochodovým jednotkám divize byly podřízeny jen části ženijního praporu 57, které se pak po obsazení všech odstoupených území večer vrátily zpět do ubytovacích prostorů, kam přišly v neděli.

Obsazení Sudet tak bylo u konce. Pochod do poslední zóny mohl být proveden s vlajícími standartami a vlajkami, protože nikde nebyl zaznamenán náznak jakéhokoliv odporu. Po dohodě s českým styčným důstojníkem byla stanovena nová hranice a vymezena vlaječkami s hákovým křížem.

Obsazení prostoru přiděleného divizi bylo provedeno v pořádku bez incidentů a nepředvídatelných událostí. Překážky představující především značně zanedbané a špatné silniční sítě, které byly dokonce částečně nepoužitelné kvůli nevhodným povětrnostním podmínkám, jsme zvládli bez zvláštních obtíží.

Včasný průzkum spolu se spoluprací obyvatelstva umožnil lokalizaci zátarasů na cestách i připravených odstřelů staveb, a mohli jsme tak provést jejich odstranění ještě před vstupem jednotek a bez časových i materiálových ztrát. Jen tak bylo možné dosáhnout toho, že každý den pochodu byly dosaženy stanovené cíle bez přerušení postupu a nepředvídaného nasazení ženistů.

Nově vytvořená říšská hranice byla během příštího dne vyznačena řetězcem strážních stanovišť a byla vyloučena možnost nepovoleného přechodu hranice.

Pohled na historické jádro města Stříbra přes dvouřadou protipěchotní překážku na dřevěných kůlech, která byla vybudována mezi prvním sledem LO a řekou Mží (říjen 1938).

Pro následující dny obdržel ženijní prapor 57 rozkaz zatarasit všechny cesty vedoucí do Československa a zajistit tak obsazené území proti vozidlům. Tím jsme dostali po dlouhé době příležitost předvést práci německých ženistů.

Nejzajímavější úkol, právě pro nás ženisty, byl průzkum, zmapování a kontrola českých opevnění. Hluboce zaříznuté údolí Mže Češi s výhodou využili při výstavbě opevněné linie. Strmě stoupající svah po obou stranách říčního toku by už sám o sobě představoval při útoku těžkou překážku, navíc zesílenou výstavbou stálé opevněné linie. Její úspěšné překonání by vyžadovalo dlouho trvající dělostřeleckou přípravu a nasazení značných sil. U obranných zařízení se jednalo z velké části o kulometná stanoviště s jednou až dvěma střílnami, z kterých bylo dosaženo křížové palby při spolupůsobení více bunkrů, čímž ovládaly celé předpolí. Přístup k bunkrům byl ztížen, nebo alespoň zpočátku znemožněn, širokým pásem drátěné překážky. V případě boje o opevněnou linii by však tyto překážky nemohly být použity, protože zůstaly pouze v raném stadiu výstavby. Pás opevnění byl ve své podobě nevhodně koncipovaný, protože Češi téměř všude rezignovali na výstavbu opevnění do hloubky. Malé hloubkové členění opevněné zóny bylo zjištěno pouze podél hlavních silnic. I když na břehu bylo umístěno v malých intervalech velké množství bunkrů, mohl útočník pokračovat v útoku do týlu po překonání první linie, aniž by ho Češi mohli účinně zastavit dalšími objekty opevnění.

Příslušníci ženijního praporu 57 při průzkumu a mapování linie lehkého opevnění. Tento snímek zachycuje jeden z řopíků stavebního úseku E-22 u Kladrub. Kromě dobře patrného maskovacího nátěru a krycí masky je zachována i krycí mřížka na větracím otvoru, což není pro tuto oblast zcela typické. Z mnoha objektů v prostoru Stříbra odvezli mřížky patrně čs. vojáci při ústupu z opevnění (říjen 1938).

Němečtí ženisté z praporu 57 zachycení na střeše objektu LO z roku 1936 VII.a/4/A během mapování linie opevnění. Za objektem je dobře patrné hluboce zaříznuté údolí řeky Mže, jejíž hladina je v současnosti v těchto místech vzedmuta vodní nádrží Hracholusky (říjen 1938).

Pokud jde o dobu účinnosti jednotlivých bunkrů při eventuálním útoku, byla podle nás velmi rozdílná, protože velká část bunkrů byla vybudována provizorně. V těchto úsecích by tomu odpovídal i menší požadavek na nasazení zbraní, které by objekty v krátké době vyřadily z boje.

Češi při svém ústupu vzali s sebou veškeré zbraně a použitelné zařízení z bunkrů. Pak zapálili vnitřní bednění, takže jsme při našem příchodu nacházeli jen černým dýmem zakouřené betonové bloky. Z toho důvodu jsme ani nezískali žádný hodnotný kořistní materiál a nacházeli stále jen prázdné bunkry. Přesto bylo toto zkoumání pro nás zajímavé, protože jsme tímto způsobem získali obraz o průběžné obranné linii, proti které bychom byli nasazeni v případě války. Měli jsme tak příležitost sbírat cenné zkušenosti pro další výcvik v boji proti stálému opevnění.

Zjištění odolnosti jednotlivých bunkrů proti účinkům našich zbraní a náloží nám nebylo umožněno, odpovídající zkoušky provedly až v pozdější době jednotky, které nás vystřídaly. Mohli jsme provést pouze několik vrtných zkoušek kvůli zjištění stupně vyztužení železobetonu.

Další z pevnůstek lehkého opevnění ve Stříbře – řopík E-22/55/A-160N šikmý vlevo u bývalého mostu přes Úhlavku na silnici do Kladrub. Na fotografii je pěkně patrná blízkost intervalové překážky od samotného objektu, pod krycí maskou je částečně zřetelná i inundační šachta malého typu (říjen 1938).

Poněkud nezvyklý pohled na pevnůstku E-22/57/A-220Z na louce v prvním sledu u Stříbra, objekt je z důvodu blízkosti řeky Mže opatřen velkou inundační šachtou. Na snímku je dobře patrný i průběh protipěchotní překážky na dřevěných kůlech, která zasahuje až těsně k objektu a prochází mezi ním a tokem řeky Mže. Lomený přístupový zákop je podobně jako řopík maskován přiloženými větvemi proti leteckému pozorování (říjen 1938).

Objekty čs. lehkého opevnění představovaly pro německé vojáky vždy lákavý motiv k pořízení skupinové fotografie. Nejinak tomu bylo i ve Stříbře, kde bylo v polovině října 1938 soustředěno velké množství jednotek (říjen 1938).

Ve svazku 1. lehké divize byl začleněn i Panzerregiment 11 (tankový pluk 11), jehož příslušníci si také neopomněli dovézt domů do Říše fotografie na památku z obsazování Sudet. Kromě pevnůstky lehkého opevnění z roku 1936 (VII.a/23/B) u Kladrub pak německé tankisty zaujal i jeden z mnoha improvizovaných zátarasů na silnicích (říjen 1938).

Snímky zachycující vojenskou přehlídku konanou 12. října 1938 na náměstí ve Stříbře u příležitosti návštěvy vrchního velitele pozemní armády Gen. Obersta von Brauchitsche.

Při odstřelu železobetonových zídek, které sloužily jako uzávěry na cestě u Rozvadova, jsme došli ke zjištění, že armování bylo provedeno bez zakotvení do hloubky a bylo tvořeno převážně železnými kolejnicemi a kusy drátů. Navíc byly provedeny pouze z podřadného betonu, který byl tvořen jen pískem a maltou se špatnou pojivostí. Při vrtných zkouškách na bunkrech jsme ovšem museli konstatovat, že beton kladl vrtákům daleko větší odpor a také byl znatelně silněji vyztužen.

Přítomnost vrchního velitele pozemního vojska způsobila, že se 12. říjen stal zvláštním čestným dnem 1. lehké divize. Veškeré jednotky byly pro tuto příležitost shromážděny do města Stříbra. Na náměstí, na kterém zaujala formaci čestná jednotka, se konalo přivítání velitelem divize za nadšeného jásotu obyvatelstva. Návštěvu zakončila prohlídková jízda vrchního velitele úsekem opevnění.

U příležitosti návštěvy vrchního velitele se konalo večer 13. října za velké účasti obyvatelstva první velké čepobití na náměstí ve Stříbře, které bylo slavnostně osvětleno světlomety protiletadlové jednotky a provázeno čtyřmi hudebními sbory divize.

Zvláštní události se tak chýlily ke konci a nastal čas odpočinku, během kterého jsme opět postupně přešli k mírovému výcviku. Jako hlavní úkol platilo i nadále mapování a vyhodnocování opevňovacích objektů, především co do velikosti a směru paleb. Kromě toho bylo všude provedeno značení cest podle zvyklostí v Říši. Tím byly naše úkoly vyčerpány a znovu se konala obecná porada, co bude nařízeno v příštích dnech. Nyní, když už zaměstnání nebylo tak různorodé a když už nás ženisty neočekávaly tak významné úkoly jako v prvních říjnových dnech, byla čím dál více znatelná touha po vlasti. „Chceme domů do Říše!“ znělo nyní motto. Po ukončení obsazení Sudet jsme všichni nyní toužili po regulérní službě ve vlasti. Všude se objevovala uvedená hesla, každý chtěl slyšet něco o odchodu divize. Mnozí mluvili ještě o dlouhé pobytové době, jiní zase chtěli slyšet o opravdu rychlém odchodu. Jednotkou se šířily i ty nejnemožnější zvěsti až do 14. října, kdy byl učiněn konec všem dohadům a fámám:

`Jednotky budou k 16. 10. drženy v připravenosti k odchodu!`

Tak zněl divizní rozkaz. Tento brzký termín pro nás znamenal určité překvapení, protože jsme s tak rychlým odchodem nepočítali. Správně jsme předpokládali, že by mělo být počítáno s odchodem do 24. 10., neboť k tomuto datu měla být podle rozkazů z léta ukončena podzimní cvičení. Když tato podzimní cvičení minimálně ve druhé části přešla do formy válečného nasazení, existovalo všeobecné rozpoložení, zda už válečné nasazení neukončit. Podobně jako 3. října při přijetí rozkazu k pochodu do Sudet byla nyní stejná nálada při vydání předběžného rozkazu k návratu do domovských posádek. Byli jsme šťastní, že jsme mohli bezprostředně prožít velké události posledních dnů, ale stejně tak jsme byli šťastní, že jsme směli provádět přípravy k návratu.

Návrat se měl uskutečnit rychleji, než jsme si připouštěli. Divize byla 15. října vystřídána částmi 10. divize a část ženijního praporu 57 musela ještě týž den změnit ubytování, aby uvolnila prostor střídajícím jednotkám. Štáb, druhá rota a mostní kolona provedly v poledne 15. 10. poslední změnu ubytování a přesunuly se do okolí Konstantinových Lázní, do Okrouhlého Hradiště a Cebivi, asi 15 km severovýchodně od Stříbra. Zbylé jednotky zůstaly do konečného odchodu v dosavadních ubytovacích prostorech.

Snímek zachycující důstojníky ženijního praporu 57 během vydávání rozkazů v Erpružicích severně od Stříbra (říjen 1938).

Jeden z vyšších důstojníků ženijního praporu 57 pózuje u řopíku E-21/8/D2Z, který se nachází v údolí Úterského potoka nedaleko Šipína. Prapor se do těchto míst přesunul v závěrečné fázi pobytu na odstoupeném území (říjen 1938).

Jednotky se drží v připravenosti tak, aby odchod mohl být uskutečněn ráno 16. 10.

Tak zněl předběžný rozkaz pro neděli. S řádnou pečlivostí byly prováděny přípravy na dlouhý přesun, který měl ještě jednou klást vysoké a ne zcela každodenní požadavky na jednotlivé jednotky. Podle prvních předpokladů jsme měli domovské posádky dosáhnout dvoudenním pochodem. Pro ženijní prapor 57 to byla pochodová trasa délky kolem 500 kilometrů!

V ranních hodinách 16. října byly jednotky 1. lehké divize shromážděny u Plané a Tachova a opětovně v několika pochodových skupinách vyrazily směr Tirschenreut.

Ve 12 hodin v poledne překračoval ženijní prapor 57 bývalou říšskou hranici u Bärnau. Ještě jednou jsme zažili srdečné nadšení, když jsme při návratu jeli hraniční oblastí, která s vlajkovou a girlandovou výzdobou nabízela přátelský obraz. Jako při našem vstupu 4. října, i když ne v dešti, ale za slunečního svitu, stálo obyvatelstvo u cest s květinami v rukách, aby nám vyjádřili dík.

Pozornosti německých ženistů neunikly ani protipěchotní překážky vybudované v linii lehkého opevnění v lesích u obce Krsov, která se nacházela v severní části úseku obsazovaného 1. lehkou divizí (říjen 1938).

Rozkaz divize byl změněn a 17. říjen byl určen jako odpočinkový den k opravám a natankování vozidel, takže zvládnutí trasy do Höxteru nevyžadovalo dva po sobě jdoucí dny.

První část trasy byla 16. 10. provedena v uzavřené pochodové skupině divize. Bez zastavení postupoval prapor přes Tirschenreut, Wunsiedel, Gefrees, Kulmbach a první prostor delšího odpočinku byl určen v okolí Burgkunstadt. Tam byla vydávána strava, dotankováno a kontrolována vozidla. Tím jsme také zvládli velkou část určené denní trasy – asi 170 km, které nám trvaly necelých devět hodin. Během cesty nebylo možno dosáhnout vyšší průměrné rychlosti. Příčina tkvěla především v tom, že byl prapor nucen k častějším zastávkám kvůli zácpám na silnici v prostoru od shromaždiště u Plané až k bývalé říšské hranici. Trasa Planá – říšská hranice dlouhá 25 km vyžadovala dvě hodiny jízdy.

Po ukončení odpočinku začala podstatně obtížnější část cesty, protože druhá část trasy musela být zvládnuta v noci. Řidiči si zasloužili zvláštní pochvalu, protože se podařilo celou cestu délky 120–130 km zvládnout za 6 hodin bez nehod. Nepřerušovaná

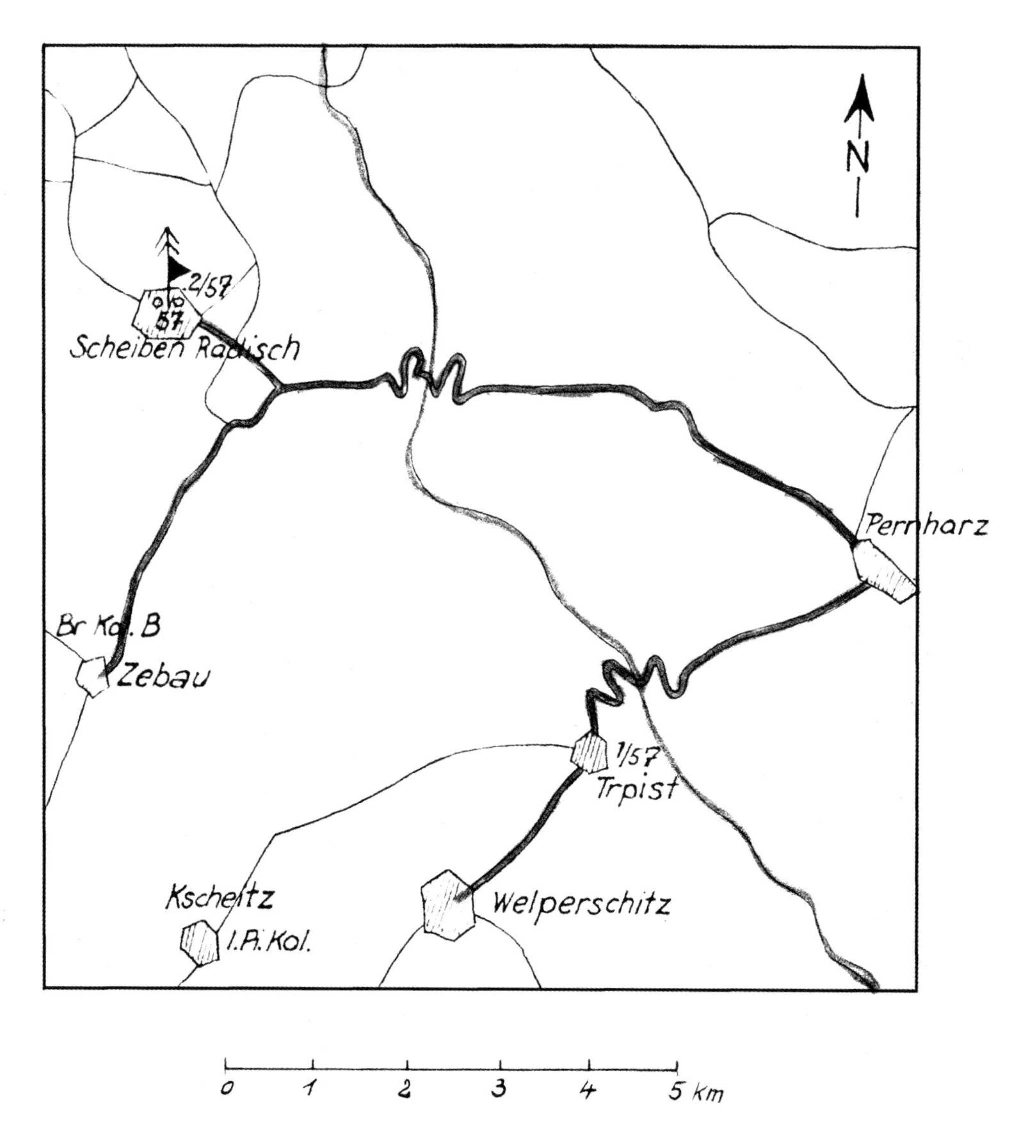

Ubytování ženijního praporu 57 během 16. října 1938.

jízda vedla dále přes Kronach, Sonneberg a Hildburghausen. Asi ve dvě hodiny v noci bylo dosaženo ubytovacího prostoru u Meiningenu a podle rozkazu divize se prapor i se štábem ubytoval ve městě Helba.

Po zaslouženém dni odpočinku stál prapor 18. října jako samostatná jednotka u Wasungen na cestě do Eisenachu, aby vykonal poslední část cesty. Zrychlená jízda pokračovala přes Creuzburg, Eschwege, Witzenhausen a Hann. Münden.

Za 8 hodin včetně krátké stravovací přestávky bylo zvládnuto posledních 200 km jízdy. I přes nevhodné povětrnostní podmínky a rozdílné kvality silnic nehlásila žádná jednotka praporu nějaké nehody nebo výpadky. Právě tato trasa, která se v nárocích a výkonech vyrovnala úseku Zwickau – Viechtach, ukázala, že prapor dosáhl v motorizované technice takového stupně výcviku, že v případě válečné sestavy splnil všechny požadavky kladené na lehce motorizovaný ženijní prapor. Zvláštní potíže byly způsobovány stále různorodou pohyblivostí jednotlivých jednotek. Přímo v samotných jednotkách představovala nedostatek různorodost vozového parku, která se projevovala především při překonávání větších výškových rozdílů ve stoupavosti a tažnosti vozidel. 18. 10. v 17 hodin nastoupil prapor za zvuku Egerländer Marsch a s rozvinutou standartou k poslední přehlídce a průjezdu před velitelem praporu. Ještě jednou zažilo obyvatelstvo Höxteru, které nám připravilo srdečné přijetí, pochod praporu v celé jeho bojové síle. Asi po 40 minutách projelo poslední vozidlo a tím mohla být uzavřena poslední etapa podzimních cvičení.

Kromě velkého osobního zážitku, který nám všem svým významem zůstane vzpomínkou v našem životě, byla tato cvičení velmi hodnotná z vojenského pohledu. V sedmitýdenním různorodém nasazení, nejprve mírovém a následně předpokládaném válečném, byly sbírány cenné zkušenosti. Právě u různorodě pohyblivé jednotky, jakou je ženijní prapor 57, bylo vyžadováno přesné předávání rozkazů, aby bylo možno dosáhnout bezproblémového nasazení.

Ženijní prapor 57 byl po celou dobu nasazení schopný a plně použitelný, i přes absolutně chybějící ženijně-technický výcvik povolaných záloh, které částečně bez zvláštních zkušeností úspěšně zvládly i řízení nákladních vozidel v rámci uzavřeného útvaru. Během sedmitýdenního velmi náročného nasazení se nevyskytly žádné trvalé výpadky cenných a životně důležitých dílů. Absolutně nízký počet nehod v rámci praporu dokázal technické zvládnutí automobilové techniky. Nehody byly hlášeny jednotkami jen zcela ojediněle, zpravidla byly způsobeny kluzkou namoklou vozovkou a měly za následek jen malé materiální škody. Nehody s vážnějšími zraněními, která si vyžádala nutné předání do nemocnice, se vyskytly jen velmi zřídka a jednalo se většinou o jednotlivě jedoucí vozidla. V uzavřené jízdní sestavě praporu nebyly zaznamenány žádné hromadné srážky nebo jiné nehody!

Ženijní prapor 57 byl sedm týdnů vystaven nejvyšším nárokům a námaze a útrapám. Právě období před vstupem do Sudet a během něj již dokázalo důležitost ženijního vojska, jehož práce již při přípravách zahrnovala širokou a mnohostrannou činnost. V každém případě prapor vždy překonal všechny těžkosti, ačkoliv byl tento mladý útvar poprvé na delší dobu ve válečném nasazení.

Ženijní prapor 57 splnil během podzimních cvičení 1938 stanovené úkoly a tím dokázal svoji válečnou použitelnost.

Přehled místopisných názvů

Alt Sattel – Staré Sedlo
Alt Zedlisch – Staré Sedliště
Bischofteinitz – Horšovský Týn
Eisendorf – Železná
Eschowitz – Čečkovice
Groß Wonetitz – Bonětice
Haid – Bor u Tachova
Hollezrieb – Holostřevy
Hostau – Hostouň
Cherchov – kóta Čerchov, něm. název Schwarzkopf
Kladrau – Kladruby
Klein Wonetitz – Bonětičky
Konstantinbad – Konstantinovy Lázně
Kscheutz – Kšice
Malowitz – Malovice
Mies – Stříbro, též řeka Mže
Neustadt – Stráž
Neu Wirthshaus – Nová Hospoda
Pernharz – Pernárec
Plan – Planá
Pfraumberg – Přimda
Ronsperg – Poběžovice
Rosshaupt – Rozvadov
Scheiben Radisch – Okrouhlé Hradiště
Taus – Domažlice
Trpist – Trpísty
Tschernoschin – Černošín
Unola – Únehle
Weissensulz – Bělá nad Radbuzou
Welperschitz – Erpružice
Wesigau – Bezděkov
Zebau – Cebiv

Vysvětlivky k mapám

1/57 – 1. rota ženijního praporu 57
2/57 – 2. rota ženijního praporu 57
l. Pi. Kol., l.Pi.K. – lehká ženijní kolona
Br. Kol. B – mostní kolona B
Poznámka: V mapách jsou zakresleny i taktické značky označující umístění velitelství motorizovaných jednotek.

Komentář

Zpráva Leutnanta Woitschecka na rozdíl od předchozího textu Leutnanta Mogschara velmi dobře dokumentuje pohyb a činnost jednotky v jednotlivých dnech, často s přesností na hodiny, a umožňuje získat velmi dobrou představu o postupu praporu na odstoupeném území. V podobném duchu probíhala organizace a postup rovněž u dalších jednotek Wehrmacht nasazených při obsazování Sudet. Originální německá zpráva nazvaná **Der Verlauf der Herbstübungen und die Besetzung sudetendeutsches Gebietes im September und Oktober 1938** obsahuje 35 stran strojopisného textu, 13 ručně kreslených map na samostatných přílohách z tvrdšího papíru a 38 fotografií formátu 6 x 9 cm nalepených na 14 stranách – to vše sešité v tvrdých kartonových deskách opatřených německou orlicí a číslicí 57. Zpráva byla vydána zřejmě ve velmi omezeném rozsahu, protože text i mapy byly diazograficky kopírovány a použity byly „echt" fotografie vyvolané na lesklém fotopapíru. Text je přeložen v plném rozsahu, použita je však jen část grafických a obrazových příloh, které jsou součástí původní německé zprávy.

O samotném autorovi textu toho příliš nevíme, v roce 1938 zastával funkci velitele čety 2. roty, od 1. 2. 1943 již byl velitelem ženijního praporu 282 v hodnosti Hauptmann, jednotka byla zničena v srpnu 1944 v rámci skupiny armád Südukraine. Ženijní prapor 57 (Pioneer-Bataillon 57) byl v roce 1940 přejmenován na Panzer-Pionier-Bataillon 57 a podřízen 6. tankové divizi. Přinejmenším části tohoto praporu skončily válku v roce 1945 na území Československa, neboť vraky vozidel s označením této jednotky jsou fotograficky zdokumentovány v prostoru Kamenice u Jihlavy.

Motorizovaný ženijní prapor 57 (velitel Major Walter Lehnert) byl v září 1938 začleněn do sestavy 1. lehké divize (velitel Generalleutnant Erich Hoepner). Ve svazku divize byly dále tyto plně motorizované pluky – Kavallerieschützenregiment 4, Panzerregiment 11 a Artillerieregiment 76, se kterými nacvičoval ženijní prapor svoji součinnost. Divize byla přímo podřízena velitelství XVI. armádního sboru, jehož velitelem byl Generalleutnant Heinz Guderian a funkci náčelníka štábu sboru zastával Oberst i. G. Friedrich Paulus, jehož jméno je známo především v souvislosti s kapitulací německé armády u Stalingradu. Právě Guderianův XVI. sbor, coby hlavní úderná síla 10. armády, měl podle německého velení sehrát významnou roli při útoku proti ČSR a podle soustředění jemu podřízených jednotek v období těsně před podepsáním Mnichovské dohody lze odhadnout, kudy by byl veden hlavní nápor ve směru Plzeň – Praha. Odpověď na tuto otázku pokládá Leutnant Woitscheck ve svém textu, když definuje první útočný cíl divize – kótu Čerchov. Lze se tedy oprávněně domnívat, že Němci plánovali vést hlavní útok XVI. sboru ve směru Domažlice – Plzeň. Soustředění ženijního praporu 57 během podzimního cvičení v prostoru Krušných hor bylo s největší pravděpodobností pouze klamný manévr, který měl zmást čs. zpravodajskou službu a odvést pozornost od hlavního směru náporu. V textu popisované mobilizační cvičení představovalo ve skutečnosti skrytou mobilizaci jednotek německé Wehrmacht.

Ukázka způsobu zpracování a popisu fotografií přiložených ke zprávě Lt. Woitschecka. Snímky nalepené na tuto stranu zachycují město Stříbro (Mies) po příjezdu německých jednotek v první polovině října 1938.

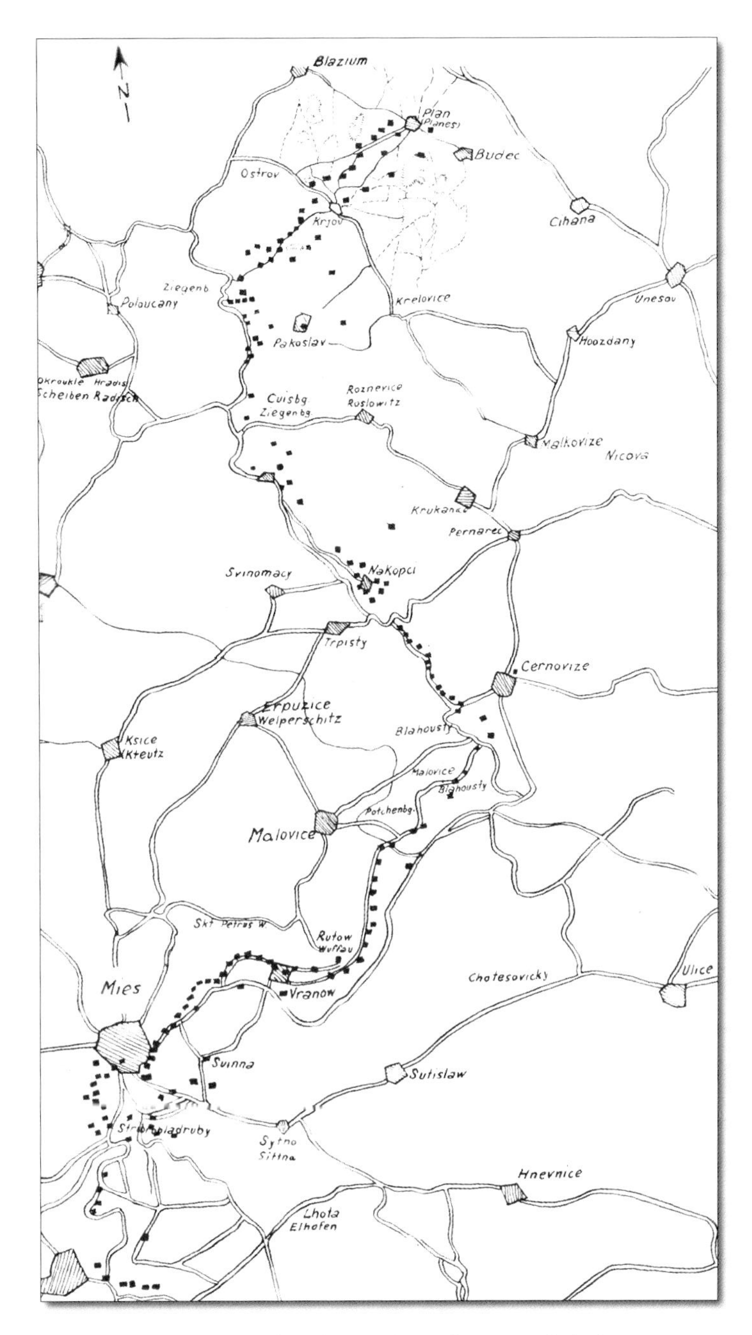

Schematická mapa rozmístění objektů lehkého opevnění v úseku nasazení 1. lehké divize – zachycuje linii opevnění od Kladrub po Pláň, kde prováděli rekognoskaci a zaměřování právě příslušníci ženijního praporu 57.

Příslušníci ženijního praporu 57 během kontroly jednoho z objektů LO v prvním sledu ve Stříbře. Po provedené kontrole byly řopíky signovány nápisem 2./Pí57 označujícím druhou rotu ženijního praporu 57. Na snímku je společně s vojáky i jeden z velitelů čety, s 50% pravděpodobností se může jednat o autora této zprávy.

Poměrně zajímavé je i autorovo hodnocení čs. obranných zařízení. Objekty zvláštních zařízení kritizuje pro jejich nízkou kvalitu, avšak neuvědomil si, že v případě skutečného konfliktu by byl zátaras postřelován čs. jednotkami a jeho zničení by nebylo až tak úplně snadné jako v mírových podmínkách. Z přiložené mapy je zřejmé, že ženijní prapor 57 provedl průzkum a zmapování lehkého opevnění v prostoru Kladruby – Pláň u Štipoklas a důstojníci zde měli dostatek času na dokonalé seznámení se systémem čs. opevnění. Zkontrolované objekty signovali ženisté označením jednotky 2/PI 57 nebo 2/Pí 57 (druhá rota ženijního praporu 57).

Detail výsledku vrtných zkoušek řopíku E-22/50/EN v druhém sledu u Stříbra, pod které se podepsali příslušníci 2. roty za účelem zjištění stupně vyztužení a kvality železobetonu. Na stěně jsou ještě patrné křídou nakreslené pomocné rozměřovací čáry, německé slovo gebohrt znamená vrtáno (říjen 1938).

Ze zprávy vyplývá, že Němci kladně hodnotili drátěné překážky, z popisu však není zcela jasné, zda se jednalo o rozpracované překážky přímé ochrany, nebo o intervalové překážky. Naopak negativně je hodnocena hloubka obranného pásma lehkého opevnění, které bylo ve zkoumaném úseku tvořeno z velké části jedním sledem objektů LO nového typu doplněných palbami z objektů LO z roku 1936. Kvalita železobetonového zdiva opevnění byla vyzkoušena příslušníky 2. roty ženijního praporu 57 na čelní stěně objektu E-22/50/EN. V prvním vydání knihy Souboj bez vítěze jsou otvory ve stěně mylně přisuzovány poškození po postřelování protitankovým kanonem ráže 37 mm, ve skutečnosti se jednalo o vrtné zkoušky. Zajímavé je, že v rámci celého opevnění na odstoupeném území se jedná o jediný známý a potvrzený případ vrtných zkoušek na objektu LO. Postřelovací zkoušky s použitím zbraní různých ráží a náloží provedené jednotkami 10. divize, které vystřídaly jednotky 1. lehké divize rozmístěné u Stříbra, se uskutečnily v druhé polovině října v údolí Úterského potoka u Trpíst.

Časté zmínky o útrapách a útlaku sudetských Němců či o českých a komunistických bandách přepadávajících bezbranné německé obyvatelstvo svědčí o tom, že pisatel zcela podlehl a uvěřil německé propagandě a falešným nebo překrouceným zprávám z německého tisku. Paradoxně však neuvádí jediný důkaz o tom, že by tomu tak skutečně bylo na jejich postupové trase. Jediný předložený důkaz o českém teroru je strhaná výzdoba obce uchystané na přivítání německé armády.

Pozornému čtenáři jistě neunikla ani zmínka o špatné kvalitě české silniční sítě ve srovnání s německou (říšskou), která Němcům ztěžovala postup motorizovaných jednotek. V případě války by sice tento fakt znamenal plus pro naši obranu, avšak nezbývá než konstatovat, že rozdíl v kvalitě českých a německých silnic je snadno rozeznatelný i po 75 letech od sepsání této zprávy o obsazování Sudet.

Voják prožívá pochod do Sudet

zpracoval Graf Kielmansegg, Hauptmann a. d. Kriegsakademie

Je 28. září. Tanková divize odbývající si své podzimní cvičení se navečer přesunuje do ubytovacích prostorů stanovených pro tento den a ležících v Bavorském lese. Za úplné tmy přicházím do malé obce, která je plánována pro štáb divize. Všude je zatemněno, Luftschutz se poprvé uvedl do činnosti. Politická situace je tak napjatá, že i ten poslední ví, že v příštích dvou dnech do 1. října musí padnout rozhodnutí. Už se počítá s tím, že jednou z možností je i válečné řešení. Nyní se na svých místech nacházejí všichni Němci a především němečtí vojáci, aby provedli rozkaz Vůdce.

Když jsem po troše hledání přicházel do malého hotelu, uvítal mne ubytovací důstojník zprávou o plánovaném setkání v Mnichově. Nejprve se sotva odvažuji věřit, ale pak rychle nabývám pocitu: tímto je boj sudetských Němců doveden do vítězného konce.

29. září je odpočinkový den zasloužený po náročných cvičeních. S vojenskými odpočinkovými dny to ale není tak lehké, zasluhují si toto označení nejvýše z jedné poloviny, protože musí být neodkladně využity k údržbě a péči o zbraně a zařízení. Toto ještě více platí pro štáby, které práci nemohou vlastně nikdy přerušit. Sotva se ubytujeme, musí být opět vydávány rozkazy a podklady pro příští den, aby je jednotka včas obdržela. Toto není často tak úplně možné a kvůli tomu je nutné počínat si prozíravě a vypracovávat přípravu na všechny možné případy. A nyní, 29. září, je člověk u toho ve štábu tankové divize a uvažuje, jaké možnosti mohou vyvstat z nové politické situace. Samotné události, tak silné a napínavé, je možno sledovat jen útržkovitě, neboť stále platí připravenost na jakýkoliv příští vývoj. Protože zpočátku je zatím vše příliš nejasné, nemůže se udělat víc, než připravit se na odchod jakýmkoliv směrem. U tankové divize s jejími tisíci vozidly je to tvrdý oříšek. Takové pochodové rozkazy vypadají do značné míry skoro jako jízdní plány, zahrnují odchodové a příchodové časy, postupové cesty, pobyty, křižovatky apod.

Když byl druhého dne již znám výsledek Mnichovské dohody, bylo již jasné, že válečný akt už nepřipadá v úvahu a může se v každém případě počítat s mírovým obsazením. Ale kam bude divize postupovat a bude vůbec nasazena? To je velká otázka, která hýbe s každou myslí. Pohled do odkudsi vykouzlené národnostní mapy obyvatelstva Česko-Slovenska ukazuje, že by divize při přímém postupu narazila na jediné místo, kde se dostává oblast s českým obyvatelstvem až těsně k říšské hranici. Byly ale již stanoveny nám dosud neznámé čtyři okupační zóny v čistě německých oblastech, přichází proto v úvahu přesun na sever, protože na jih to z různých důvodů není možné.

Ještě dříve, než se dovídáme něco přesnějšího, je vydán předběžný rozkaz, aby jednotky divize byly od 16 hodin v poplachové pohotovosti. Potom přichází první rozkaz z velitelství armádního sboru:

Připravit k odchodu na sever, vstup do Sudet nepředpokládán před 3. říjnem.

Napětí je vystřídáno radostí, budeme tedy u toho a asi u vstupu do třetí zóny. Ale teprve až 3. října? Pak se snad nejde pryč už dnes? Má se zrušit poplachová pohotovost? Asi nás osvítil nějaký dobrý duch, když jsme vyhlásili poplachovou pohotovost na 16 hodin, protože v 15:15 přišel další rozkaz:

Divize se ještě dnes přesune do prostoru Grafenwöhr!

A nyní jde všechno v rychlém spěchu, rozkazy se dokončují, jednotka vyhlašuje poplach... Tento nepořádek je pouze zdánlivý, každý má svůj určitý cíl nebo stanovený úkol, a tak se daří, že v 17 hodin skutečně nastupují první části divize. Protože je stanovena pouze jedna postupová trasa, uplyne noc, než se celá divize přesune do stanoveného prostoru u Grafenwöhru[10] vzdáleného asi 160 km.

Zde se dovídáme bližší podrobnosti. Divize patří k jednotkám, které mají od 3. října obsazovat přes Krušné hory – zónu 3. V noci se jde ještě dále, tentokrát po dvou trasách a dálnici, aby se pohyb urychlil. Cílem je prostor mezi městy Auerbach im Vogtland a Schneeberg.

Štáb divize se přesunuje do Auerbachu. Jedu napřed a musím asi 150 km dlouhou trasu neustále předjíždět. Všechny silnice jsou nahuštěné přesunujícími se vozidly divize, za kterými se hned přesunují další – motorizovaná pěchota, která půjde jižně od nás ve směru na Cheb. Žádné zastavení není možné, aby se silnice neucpala, takže nelze dělat odpočinkové přestávky. Nikdo ale nemyslí na únavu, každého „chytil" velký cíl a je naplněn radostí, že smí být u toho a patřit k těm, kteří navždy přinesou svobodu týraným sudetským Němcům.

V Auerbachu, stejně jako na celé cestě tam jsou přátelsky naladění lidé, vlajky a ozdobené domy. Člověk by skoro zapomněl, že by i jinak v tento den byly také ozdobeny kvůli svátku žní. Ale tento svátek žní se stal děkovným dnem německého národa, nejenom kvůli sklizni na polích, ale také kvůli velké mocné úrodě, kterou zajistil Vůdce.

Nyní se vydávají rozkazy pro další pochod, je prováděno spojení s Grenzwacht a sudetoněmeckým Freikorpsem, od nichž přicházejí důležité zprávy o stavu na obou stranách hranice. Zdá se, že je stále ještě mnoho zátarasů, na jejichž odstranění obyvatelstvo horlivě pracuje. Na různých místech se zase Češi nemají k tomu, aby vyklidili území. Ale to nás nezastaví.

---

[10] Německý vojenský výcvikový prostor přibližně 50 km západně od Tachova.

Ein Soldat erlebt den Einmarsch

Prz. Es ist der 28. September. Die Panzerdivision, die ihre Herbstübungen abhält, marschiert gegen Abend in die Quartiere dieses Tages, die im Bayerischen Wald liegen. Bei völliger Dunkelheit komme ich in den kleinen Ort, der für den Divisionsstab vorgesehen ist. Alles ist dunkel, der Luftschutz ist erstmalig in Tätigkeit getreten. Die politische Lage ist so gespannt, daß auch der Letzte weiß: In den nächsten zwei Tagen bis zum 1. Oktober muß eine Entscheidung kommen. Man ist darauf eingestellt, daß eine kriegerische Lösung sehr in den Bereich des Möglichen gerückt ist. Nun, sie wird alle Deutschen und besonders alle deutschen Soldaten auf ihren Posten finden, um dem Befehl des Führers, sei er wie er wolle, zu folgen.

Als ich nach einigem Suchen in das kleine Hotel hereinkomme, werde ich von dem quartiermachenden Offizier mit der Nachricht der geplanten Münchener Zusammenkunft empfangen. Zuerst wage ich es kaum zu glauben, aber dann sehr rasch habe ich das Gefühl: Damit ist die Schlacht um die Sudetendeutschen endgültig gewonnen.

Am 29. ist Ruhetag, verdient nach anstrengenden Übungen. Doch militärische Ruhetage haben es leicht an sich, höchstens nur zur Hälfte diesen Namen zu verdienen, denn sie müssen zur Instandsetzung und Pflege von Waffen und Gerät dringend ausgenutzt werden. Noch mehr gilt dies aber für die Stäbe, deren Arbeit ja eigentlich nie abreißt. Kaum im Quartier, müssen schon wieder die Befehle und Unterlagen für den nächsten Tag geschaffen werden, damit die Truppe sie frühzeitig erhält. Oft ist dies nicht ganz möglich, und deswegen ist es notwendig, vorausschauend zu arbeiten, Vorbereitungen für alle Fälle zu treffen. Und nun, am 29. September, ist man im Stabe der Panzerdivision dabei, zu überlegen, was für Möglichkeiten sich aus der neuen politischen Lage ergeben könnten. Die Ereignisse selbst, so gewaltig und spannend sie sind, können nur bruchstückweise verfolgt werden, denn es gilt, sich für die künftigen vorzubereiten. Da zunächst alles ungewiß ist, kann man nicht viel mehr tun, als einen reibungslosen Abmarsch nach allen Richtungen vorzubereiten. Dies ist bei einer Panzerdivision mit ihren vielen tausend Fahrzeugen ein schwieriges Rechenkunststück. Solche Marschbefehle gleichen bis zu einem gewissen Grade schon fast Fahrplänen mit Abmarsch- und Ankunftszeit, mit Marschstraßen, Aufenthalten, Kreuzungen und was dergleichen Begriffe mehr sind.

Als das Münchener Abkommen am Morgen bekannt wird, ist es klar, ein kriegerischer Akt kommt nicht mehr in Frage, man kann sich auf einen jedenfalls im wesentlichen friedlichen Einmarsch einstellen. Aber wo wird die Division einmarschieren, wird sie überhaupt einmarschieren? Das ist die große Frage, die alle Gemüter heftig bewegt. Ein Blick auf die rasch irgend-

Panzerspähwagen erreichen an der Spitze der deutschen Truppen sudetendeutschen Boden. Strahlende Gesichter, dankbare Hände begrüßen die deutschen Befreier, die endlich den langersehnten Frieden bringen

Aufnahmen: „Die Wehrmacht" Günther Pilz (2), Hilmar Pabel und Associated Press

Begeistert schmückt die Jugend des Ortes Schluckenau (Zone II) die Fahne eines Regiments

Ukázky dvou stran časopisu Die Wehrmacht s částmi textu, který sepsal Hptm. Graf von Kielmansegg. Časopis je bohatě ilustrován a fotografie zachycují zajímavé momentky především z obsazování Chebska a Karlovarska. Za povšimnutí stojí i snímky z karlovarského letiště, které čs. armáda znefunkčnila rozkopáním přistávací plochy. Po příchodu Wehrmacht ji dávají sudetští Němci zpět do původního stavu. Fotografie zachycuje i první německé letadlo, které v Karlových Varech přistálo v říjnu 1938.

In den Schreckenstagen der Tschechenherrschaft schlossen sich die Männer der Heimat im Freikorps zusammen und machten von ihrem Recht der Notwehr Gebrauch. Jetzt erleben sie die glückhafte Stunde der Befreiung

Der erste Einkauf für daheim: Karlsbader Oblaten!

Fotos: Sonderaufnahmen für „Die Wehrmacht" Günther Pilz (2) Hilmar Pabel (2) — Associated Press (1)

An den Wagen unserer Sonderberichterstatter kam dieser Bauer und erzählte, wie er sich 3 Tage und Nächte auf freiem Felde vor den Tschechen eingraben mußte. Die Erinnerung an schwere Stunden treibt ihm die Tränen in die Augen

Immer wieder umbrandet der Jubel der Befreiten die deutschen Truppen

Aber je weiter wir in das Innere kommen, desto mehr Menschen sind auf den Beinen, es muß sich mit Windeseile herumgesprochen haben. Die Spitze erreicht gegen 10 Uhr Karlsbad, in dessen engem Tal alle Straßen zusammenkommen. Zunächst rücken nur die zur Sicherung am Ostrand, dem heutigen Tagesziel, bestimmten Truppen ein und durch und der Divisionsstab, der sofort die weiteren Befehle und die Verteilung des Unterkunftsraums bearbeiten muß. Die Masse der Truppen wird im Halbkreis um Karlsbad vorläufig angehalten, denn sonst würde es ungeheure Verstopfungen in dem engen Ort geben. Und die können wir heute weniger gebrauchen als je, denn heute will der Führer zu uns kommen und inmitten der Panzerdivision eine kurze Mittagsrast halten, ehe er in Karlsbad selber einzieht.

Dort kommt man kaum zur Besinnung. Wir müssen ganz langsam fahren, die jubelnden und glücklichen Menschen versperren einem den Weg. Die Fahrzeuge sind mit Blumen völlig bedeckt, eigentlich kann es in der ganzen Gegend keine Blume mehr geben. Immer mehr Menschen strömen zusammen, man wird mit allem möglichen überschüttet, alles lacht, weint und schreit durcheinander. Als wir vorm Hotel zur Post halten, welches als vorläufiger Sammelpunkt bestimmt ist, kann man kaum auf die andere Straßenseite hinüberkommen. Die Hände nach beiden Seiten ausgestreckt, schnell auf die verschiedensten Fragen antwortend, gelingt es mir endlich, den schützenden Hafen der Hotelhalle zu erreichen. Wie gerne bliebe ich noch draußen stehen, um die Begeisterung und Freude mitzuerleben, aber die Arbeit drängt. Während ich die Befehle für den weiteren Vormarsch am nächsten Tage bearbeite, fahren der Divisionskommandeur mit dem ersten Generalstabsoffizier sofort weiter in Richtung auf Elbogen, wo in der Nähe des kleinen Dorfes Horn ein Platz ausgesucht wird, wo der Führer sein Frühstück einnehmen soll.

Als ich nach Erledigung der nötigsten Arbeiten gegen Mittag auch dort hinausfahren wollte, ist ein Durchkommen kaum mehr möglich. Jetzt ist wirklich ganz Karlsbald auf den Beinen, es sind inzwischen mehr Truppen eingerückt. Die Ehrenpforten, mit denen bei unserer Einfahrt gerade begonnen wurde, sind fertig geworden, ebenso die Ausschmückung der Häuser. Überall sieht man Spruchbänder, die im verschiedensten Wortlaut der Freude und dem Dank des Sudetenlandes an den Führer Ausdruck geben. Immer noch wird jedes einzelne Wehrmachtfahrzeug mit Heilrufen begrüßt, unermüdlich stehen die Leute und warten, denn mittlerweile ist es bekannt geworden, daß der Führer nach Karlsbad kommen will. Allmählich wird die Einzugsstraße freigemacht, die Truppen beginnen mit der Spalierbildung, die Ehrenkompanien der Wehrmacht und der Leibstandarte rücken heran, schwere Tanks, besonders bewundert und begrüßt, dröhnen durch die Straßen zum Platz vor dem Theater, wo der Führer sprechen will.

Ich selbst bekomme mit meinem Wagen langsam freiere Bahn. Leider ist das Wetter schlechter geworden. Im Grunde ist es empfindlich kühl; es hat inzwischen angefangen zu regnen. Wenn man auch am Morgen durch die innere Erregung und Spannung nicht viel davon gemerkt hat, jetzt wird es doch etwas ungemütlich, und man bedauert es vor allem im Hinblick auf den Führerbesuch. Als ich auf die Wiese dicht neben der Straße komme, ist ein großes Zelt aufgebaut, darin eine einfache Tafel für das Frühstück. Dicht dahinter steht die dampfende Küche des Artillerieregiments, welches die Ehre hat, diesen Teil des Führerempfanges übernehmen zu dürfen. Die unmittelbaren Teilnehmer des Frühstücks sammeln sich, der Kommandierende General und der Divisionskommandeur mit einigen Herren ihrer Stäbe. Die Truppe selbst rastet, soweit sie noch nicht in Karlsbad eingerückt ist, entlang der Straße, welche der Führer kommen wird. Kurz vor 13 Uhr werden die beiden dicht vor dem Führer fahrenden Panzerspähwagen sichtbar, bald danach biegt die Wagenkolonne vor der Elboger Straße auf die Wiese. Das Trompeterkorps der Artillerie spielt, die Generale melden, dann geht der Führer schnell zu dem Zelt, begleitet von dem Oberbefehlshaber der Gruppe, General der Artillerie v. Reichenau, und seiner Umgebung. Vorher hat ihm noch ein sudetendeutsches Mädel Blumen übergeben dürfen, die er freundlich lächelnd und dankend entgegennimmt.

Seine Züge sind ernst, er spricht nicht sehr viel, aber in seinen Augen sieht man das tiefe Glück darüber, daß diese große Schlacht gewonnen wurde, gewonnen ohne einen scharfen Schuß. Er spricht dies auch aus, ich sitze ihm schräg gegenüber und kann so unmittelbar hören, was er sagt. Das einfache Mahl, Erbsensuppe, köstlich heiß und belebend, Brot und etwas Obst, geht für mich zu schnell vorüber, denn wer säße nicht gern möglichst lange an einem Tisch mit dem Führer. Zweimal vorher habe ich ihn schon aus unmittelbarer Nähe erleben dürfen, aber so doch noch nicht. Es wird aufgebrochen. Ich fahre als erster, um die Ankunft anzukündigen. Dann kommen die Generale, die nachher mit in der Front stehen, und dann, nach einer kleinen Pause, die eigentliche Kolonne des Führers.

Diese, für mich die zweite, Einfahrt in Karlsbad übertraf alles, was vorher gewesen war. Solche Erlebnisse kann man nicht beschreiben, man kann sie nur hören, sehen und für sein ganzes Leben im Innern bewahren.

Auf dem Platz vor dem Theater drängt sich ebenso wie auf der Anfahrtstraße alles Kopf an Kopf. Der

Klingenthal v Krušných horách – zde překračovala 4. října 1938 bývalé čs. hranice 1. tanková divize a postupovala dále na Karlovy Vary. Pohlednice z léta 1938 zachycuje ještě mírový život na hraničním přechodu. Vpravo dole je patrný hraniční sloup, cedulka s nápisem JEĎTE VLEVO a na silnici samotné pak objekt zvláštního zařízení s ocelovou závorou Ippen. Závora je doplněna ochrannými a výhybnými betonovými zídkami doplněnými zabetonovanými kolejnicemi v místě chodníku (dobová pohlednice, 1938).

Němečtí vojáci zachycení při likvidaci jednoho z objektů zvláštních zařízení na Karlovarsku. Za betonovou zídkou jsou dobře patrné reklamy na ubytovací a lázeňské zařízení v Karlových Varech (říjen 1938).

Divize překročí hranici v Krušných horách na třech cestách. Přes hranici se půjde v Klingenthalu, jižně od Eibenstocku a u Johanngeorgenstadtu, přičemž první denní cíle jsou Chodov, Karlovy Vary a Ostrov nad Ohří. Zdá se, že organizace u Čechů asi moc neklape, pro vyklizení území potřebují delší čas a 3. 10. jsme mohli obsadit jen malé části území u Klingenthalu. Zatímco sousední divize na jihu vstupuje do Chebu a vidí ve svém středu vstupovat Vůdce, musíme ještě den vyčkat, než se jde konečně vpřed.

Kolona štábu divize se dává do pohybu 4. října v 7 hodin ráno a po prostřední postupové trase dosahuje hranice. Jedeme těsně za jištěním nejpřednější jednotky, za obrněnými průzkumnými vozy a motocyklisty. Na hranici stojí ještě český hraniční sloup, vedle něj na říšskoněmeckém území pak hudební sbor. Kromě vojáků tu je sotva někdo další, hraniční přechod leží uprostřed lesů a značně daleko od nejbližší obce. První obce na sudetoněmeckém území se zdají skoro prázdné, skoro všichni muži uprchli, ostatní obyvatelé se odvažují ukázat teprve po zjištění, že přijíždějící vojáci jsou němečtí. S výzdobou se započalo zčásti až nyní, protože Češi odtáhli teprve v noci a předtím ji nepovolili provést. Jak se ale dostáváme více do vnitrozemí, tím více lidí je na nohou, muselo se to rozkřiknout rychlostí větru. Čelní jednotka přijíždí v 10 hodin do Karlových Var, kde se v úzkém údolí

Pohlednice kolonády v Karlových Varech vydaná u příležitosti obsazení města německou armádou. Komentář k dodatečně vložené svastice asi není potřeba (říjen 1938).

sbíhají všechny cesty. Nejprve vstoupily určité jednotky jako zajištění na východní okraj města – dnešní denní cíl pochodu. Spolu s nimi pak i štáb divize, který okamžitě zpracovává další rozkazy a přiděluje ubytovací prostory. Masa jednotek byla předběžně zastavena v půlkruhu kolem Karlových Var, jinak by došlo k hroznému ucpání úzkého města. A to dnes nemůžeme potřebovat, protože dnes za námi přijede Vůdce, který před svým vstupem do Karlových Var stráví polední odpočinek uprostřed tankové divize.

Musíme jet pomalu, jásající a šťastní lidé zatarasují cestu. Vozidla jsou zcela pokryta květinami, vlastně v celém okolí už nemůžou být žádné květiny. Stále více lidí se společně shlukuje, člověk je zasypáván vším možným, všechno se směje, pláče a křičí jeden přes druhého. Když zastavujeme před hotelem u pošty, který je určen jako předběžné shromažďovací místo, dá se jen stěží přejít na druhou stranu ulice. Ruce natáhnout na obě strany, rychle odpovědět na různé otázky a konečně se mi podařilo dostat do chráněného přístavu – hotelové haly. Jak rád bych ještě zůstal stát venku, abych mohl prožívat nadšení a radost, ale práce nepočká. Zatímco zpracovávám rozkazy pro další pochod na příští den, jedou velitel divize s první důstojníkem

Kolona lehkých německých tanků 1. tankové divize vyrovnaných podél jedné z ulic v Karlových Varech u příležitosti návštěvy Adolfa Hitlera dne 4. října 1938. V popředí jsou na snímku patrné dvě lehké čety, které byly v roce 1938 tvořeny jedním velitelským tankem PzKpfW II Ausf. C a čtveřicí tanků PzKpfW I.

štábu okamžitě ve směru na Loket, kde se vyhledává v blízkosti obce Hory místo, na kterém bude Vůdce obědvat[11].

Když jsem tam po vyřízení nutných prací kolem poledne chtěl také vyrazit, byl průjezd města možný už jen stěží. Nyní jsou skutečně celé Karlovy Vary na nohou, mezitím dorazily i další jednotky. Čestné brány, se kterými se započalo právě při našem příjezdu, se dokončují, stejně jako výzdoba domů. Všude jsou vidět transparenty s nápisy, které v různém znění tlumočí Vůdci radost a díky Sudet. Stále znovu a znovu je každé vozidlo Wehrmacht zdraveno voláním heil. Lidé neúnavně stojí a čekají, protože se mezitím rozhlásilo, že Vůdce přijede do Karlových Var. Postupně se uvolňuje přístupová cesta, jednotky začínají s vytvářením špalíru, přisunují se čestné roty Wehrmacht a Leibstandarte a zvláště obdivované a pozdravované těžké tanky duní ulicemi k náměstí před divadlem, kde bude Vůdce mluvit.

---

[11] V tomto originálním textu i ve vzpomínkách Heinze Guderiana je uvedeno, že byla pro Vůdce připravena snídaně (Frühstück). Vzhledem k době konzumace po 13. hodině je slovo oběd asi více na místě, i když Hitler pojedl skutečně jen velmi střídmě a pokrm se podobal spíše snídani než obědu.

Já sám se svým vozem získávám volnější cestu jen pomalu. Počasí se bohužel zhoršilo. Je to citelně znát – mezitím začalo totiž pršet. Ráno jsme to moc nevnímali kvůli vnitřnímu rozrušení a napětí, ale nyní je to už trochu nepříjemné a člověk toho lituje především s ohledem na Vůdcovu návštěvu. Když přijíždím na louku těsně u silnice, je již postaven velký stan a v něm jednoduchá tabule pro oběd. Těsně za ní stojí kouřící polní kuchyně dělostřeleckého pluku, který měl tu čest a směl převzít tuto část Vůdcova přivítání. Přímí účastníci tohoto oběda se scházejí, velící generál a velitel divize s několika pány z jejich štábů. Samotné jednotky divize, pokud již nevstoupily do Karlových Var, odpočívají podél silnice, po které bude přijíždět Vůdce. Krátce po 13. hodině jsou vidět oba obrněné průzkumné vozy jedoucí těsně před Vůdcem, brzy potom odbočuje kolona vozů ze silnice na louku. Sbor trumpetistů dělostřelectva hraje, generálové podávají hlášení, potom jde Vůdce rychle ke stanu doprovázen vrchním velitelem skupiny General der Artilerie von Reichneauem a jeho doprovodem. Předtím mu smělo sudetoněmecké děvče předat květiny, které převzal přátelsky, s úsměvem a poděkováním.

Jeho výraz v obličeji je vážný, příliš nemluví, ale v jeho očích je vidět hluboká radost z toho, že byla vyhrána tato velká bitva, navíc bez jediného ostrého výstřelu. Toto také pronesl, sedím k němu šikmo naproti a mohu tak přímo poslouchat, co říká. Jednoduché jídlo, horká hrachová polévka, chutná a povzbuzující, chléb a trocha ovoce. Uteče to hrozně rychle, kdo by ale nechtěl pokud možno co nejdéle sedět u jednoho stolu s Vůdcem. Už dvakrát předtím jsem ho směl zažít z bezprostřední blízkosti, ale takto ještě ne. Vyráží se. Jedu jako první, abych prozkoumal příjezdové podmínky. Pak jedou generálové, kteří se mnou stáli ve frontě, a nakonec vlastní kolona Vůdce.

Tento, pro mne již druhý, vjezd do Karlových Var překonal vše, co bylo předtím. Takový zážitek se nedá popsat, člověk ho může jen slyšet, vidět a uchovat uvnitř na celý svůj život.

Na náměstí před divadlem stejně jako na příjezdových cestách se tlačí hlava na hlavě. Déšť skutečně přestal, a za tmavými mračny už je tušit a prosvítá slunce. Zatímco se vracím s hlášením, hlásí tlampače, že Vůdce přijel do Karlových Var. Čestné roty se formují, naproti nim stojí vyrovnaná přímá ocelová zeď z tanků.

Vozovka je doslova přeměněna v květinový koberec, přes který jde Vůdce, když prochází kolem zástupu. Potom se Vůdce objevuje na balkóně divadla. Po pozdravu proneseném místním skupinovým vedoucím trvalo dlouho, než mohl konečně začít mluvit. Není potřeba zde opakovat, co řekl, jak vše bylo, ale prožití těchto okamžiků představuje nepomíjivou radost.

Když je Vůdce pryč – jede přes Jáchymov do Německa, ne do Německa, protože to je zde již také, jede tedy zpět přes starou říšskou hranici – přicházím pomalu k rozumu.

Ačkoliv byl tento snímek pořízen již 3. října 1938 při Hitlerově návštěvě Chebska, velmi dobře zachycuje oblíbené Hitlerovo vegetariánské menu a atmosféru, která panovala jistě i u oběda nedaleko obce Hory. Po Hitlerově pravici si právě nalévá polévku General der Artillerie Walther von Reichenau, vedle něj pak taktéž s talířem v ruce Reichsführer SS Heinrich Himmler. Po Hitlerově levici sedí Konrad Henlein a vedle něj General der Artillerie Wilhelm Keitel (velitel OKW). Naproti přes stůl se usmívá Generalleutnant Heinz Guderian. Důvod, proč je Vůdce bez polévky, je prostý – zjistil totiž, že je v ní maso, a proto ji odmítl.

Pohled z Hitlerovy kolony během jeho cesty po Karlovarsku – po stranách silnice stojí vzorně vyrovnané německé tanky a salutující příslušníci 1. tankové divize (4. října 1938).

Hitlerův průjezd Loktem při návštěvě Karlovarska. Při svých cestách v Sudetech projížděl vždy v otevřeném automobilu vystaven nepřízni počasí, jako v tomto případě. Jak je možno dočíst se v dobovém německém tisku, kromě deště ho ohrožovaly i květiny:

Říšský vedoucí Martin Borman dává na rozkaz Vůdce následující nařízení. I přes četná vydaná zveřejnění, která bezpodmínečně zakazují házení květin a jiných předmětů do vozů Vůdce nebo jeho doprovodu, byly v minulých dnech opět vícekrát hozeny květiny do Vůdcova vozu. Vůdce byl dnes lehce zraněn v obličeji kyticí květin. Aby bylo do budoucna znemožněno házení květin, jsou všichni vedoucí a členové strany povinni před průjezdem Vůdce odebrat květiny osobám, které je budou držet v ruce. Místní skupinoví vedoucí a vedoucí místních organizací jsou osobně odpovědni za dodržování tohoto nařízení.

Ve světle tohoto nařízení otištěného 8. října po návštěvě Bruntálu pak získává německé slovo Blumenkrieg (květinová válka), používané pro mírové obsazení Sudet a Rakouska, zcela jiný rozměr.

Přicházejí hlášení částí jednotek o dosažených cílech a o provedeném ubytování. Žádné incidenty se nestaly až na jeden, který zůstal málem nezpozorován. Krátce po příjezdu Vůdce na náměstí u divadla se objevuje český vyjednávací důstojník s prosbou, aby se dále nepostupovalo. Těsně za Karlovými Vary zůstal jeden český pluk, protože mu došly pohonné hmoty. Příklad organizace na druhé straně! Je uklidněn, že denní cíle jsou dnes již dosaženy. Protože nemohl být doprovozen ihned zpět, je svědkem příjezdu Vůdce – a pokud to byl uvědomělý Čech, musela to pro něj být hořká hodina.

Hlášení oddílů se shromáždí na večerní hlášení sboru, vydávají se rozkazy na 5. říjen a pak se konečně můžu postarat o vlastní ubytování. Stmívá se, celé Karlovy Vary jsou stále ještě na nohou a lidé proudí sem a tam po obou březích řeky Teplá. Vojenská kapela hraje úchvatné melodie německých pochodů, všechno zpívá, tleská do rytmu, všechna děvčata v Karlových Varech se zdají již rozdělena mezi vojáky, napínavý zážitek tohoto dne přechází ve všeobecnou překypující radost.

Příjezd a přivítání Hitlera v Karlových Varech 4. října 1938.

Do Karlových Var zavítal 4. října 1938 společně s Hitlerem i Hermann Göring.

Z vojenské služby propuštění sudetští Němci dosud ještě v čs. vojenských uniformách pózují v Karlových Varech s německými vojáky (říjen 1938).

Tento snímek z obsazování Karlovarska ze začátku října 1938 dokazuje, jak rychle se uměl tento policista (ještě v čs. uniformě) přizpůsobit nové vojensko-politické situaci!

Příští den 5. října se obsazuje zbývající část zóny 3. Postupují jen části divize, protože jednotky musí zůstat i v již obsazeném území. Denní cíle – Velký Hlavákov, Bukovany a Mašťov jsou dosaženy opět po třech pochodových trasách. Malé a chudé obce v krásné krajině. Zatímco včera bylo přivítání ve větších obcích a městech povznášející, dnešní přijetí bylo otřesné. Obyvatelé nejprve sedí ustrašeně za okny, včera večer se tudy vraceli Češi a strhali výzdobu domů. Pak ale přicházejí, zahalení jen v nějakých cárech látky, utrápení, ale se zářícíma očima a přinášejí nám všechno, co mají – jablka, chléb a máslo. Tito lidé, ačkoliv tak chudokrevní, chtějí dát vše vojákům, kteří jim přinesli osvobození. Muži se skrývali týdny v lesích, sklepích a kanalizačních rourách, aby nemuseli do české armády. Byli biti, honěni psy a bylo na ně stříleno.

Jeden muž se ptá velitele divize: „Promiňte, vy jste skutečně německý generál?" a potom zůstává stát v němém úžasu. Jedna paní zvedá své dítě nahoru: „Podívej se na něj, on osvobodil naše území!" Uvádí nás to vnitřně do rozpaků, protože provádíme pouze to, co zařídil Vůdce. Poručík, který vstoupil do jedné světnice, byl zlíbán jedním vousatým mužem, českým záložníkem, který se musel dlouho schovávat.

Ne tak hlasité, ale o to hlubší se zdá štěstí a radost všech těchto lidí.

Do Mašťova jsme dorazili právě v okamžiku, kdy se poprvé dostali do kontaktu němečtí a čeští vojáci a financové. Je to asi 100 vojáků se dvěma důstojníky. Když do obce dorazilo čelo německé jednotky, ještě leželi a spali. Velícímu poddůstojníkovi čelní jednotky je nejprve odepřeno vydání zbraní. Když pak přijel obrněný vůz a pomalu otáčí věž proti Čechům, jde už vše velmi rychle! Když přijíždíme, stojí všichni dohromady v jedné malé zahradě, důstojníci vyjednávají – plynule mluví německy – o odchodu. Musí se jim nechat, jsou zdvořilí a vojáci se drží zpátky, ostatně nic jiného jim ani nezbývá před ústím německého kulometu! Vyjednávání jdou rychle a hladce, na základě odpovídajícího ustanovení Mnichovské dohody mají zajištěn volný odchod se zbraněmi a vybavením. Jsou doprovozeni přes demarkační linii a jsou opravdu rádi, že to takto dopadlo.

Jsou rozestavěny hlídky, asi dva kilometry naproti českým polním strážím. Zóna 3 je s konečnou platností obsazena, první část obsazování je za námi – 6. října má tanková divize den odpočinku, aby se připravila na pochod do dalšího území, které bude stanoveno mezinárodní komisí.

Přehled místopisných názvů

Bukwa – Bukovany
Chodau – Chodov
Eger – Cheb
Elbogen – Loket
Horn – Hory
Joachimsthal – Jáchymov
Karlsbad – Karlovy Vary
Lubigau – Velký Hlavákov
Maschau – Mašťov
Schlackenwerth – Ostrov nad Ohří

Komentář

Tento článek vyšel v druhém říjnovém čísle časopisu Wehrmacht pod názvem **Ein Soldat erblebt den Einmarsch**. Text vznikl ještě před obsazením V. okupačního pásma, a nezachycuje tedy poslední fázi obsazování čs. pohraničí. Autor článku **Johann Adolf Graf von Kielmansegg** (1906–2006) studoval v letech 1937–1939 na válečné akademii a na podzim 1938 sloužil ve funkci důstojníka štábu 1. tankové divize. Své působení u tankové divize v následných taženích do Polska a na západní frontě popsal v knize Panzer zwischen Warschau und Atlantik, která vyšla v Berlíně v roce 1941. V letech 1942–1944 sloužil na operačním oddělení OKW a po krátkém zadržení gestapem převzal již jako Oberst i. G. velení nad 111. plukem pancéřových granátníků (Panzergrenadierregiment 111), kterému velel až do kapitulace v dubnu 1945. Pro zajímavost je možno uvést, že tento pluk byl v dubnu 1945 dislokován na Šumavě a zbytky jednotky kladly ještě na začátku května odpor postupující americké armádě v prostoru Soumarského Mostu. Z amerického zajetí byl propuštěn v roce 1946, v roce 1955 převzal velení divize v hodnosti brigádního generála nově vytvořeného Bundeswehru. Vojenskou kariéru skončil v roce 1968 funkci vrchního velitele spojeneckých sil NATO ve střední Evropě. Dožil se úctyhodného věku 100 let.

Je zajímavé, že autor v článku jen mlhavě naznačuje prostor soustředění divize na konci září 1938, tedy v době, kdy hrozilo vypuknutí války s Československem, zatímco postup divize v Krušných horách je popsán z geografického hlediska velmi podrobně. 1. tanková divize představovala hlavní údernou sílu Guderianova XVI. sboru. Napovědět může zmínka o soustředění divize v prostoru Bavorského lesa, výběžku území s českým obyvatelstvem a následném přesunu divize do 160 km vzdáleného Grafenwöhru. Lze se tedy domnívat, že divize byla dislokována na konci září podobně jako 1. lehká divize v německém příhraničí proti Domažlicku. Naopak postup divize přes Krušné hory a údolím Ohře až do Chomutova nebyl naplánován v rámci Fall Grün, ale až následně po Mnichovu, kdy Němci přesouvali motorizované jednotky na sever k zajištění obsazení odstoupených oblastí.

Text velmi pěkně popisuje nejen samotné vojenské obsazení Karlových Var, ale i návštěvu Hitlera a jeho oběd na louce u obce Hory, kterého se autor článku také osobně účastnil. Zajímavé je, že z tohoto oběda ve stanu nebyla k článku přiřazena jediná fotografie, doprovodné snímky zachycují oběd z předešlého dne u 13. divize. Pozornému čtenáři jistě neunikly narážky na čs. armádu – kromě nedostatku pohonných hmot k ústupu z Karlovarska se Graf von Kielmansegg zmiňuje také o problémech s vyklizením čs. území v Krušných horách, které byly podle něj důvodem k odložení vstupu německých vojsk o jeden den. Skutečnost je však taková, že čs. armáda vyklízela území přesně podle stanoveného itineráře územních změn domluveného na jednáních v Berlíně a v tomto úseku nežádala o odložení vyklízecí lhůty. Na druhou stranu Kielmansegg vyzdvihl schopnost čs. důstojníků vyjednávat plynulou němčinou při zadržení v Mašťově. Zřejmě záměrně se ale již nezmínil o tom, že byl v Mašťově při příjezdu okupačních jednotek smrtelně postřelen čs. příslušník státní policie, který na následky zranění zemřel v nemocnici v Karlových Varech.

Bylo by zajímavé zjistit, zda autor textu popsal v některém z dalších čísel časopisu Wehrmacht pokračování obsazování zbytku odstoupeného území. Jednotky 1. tankové divize postupovaly 8. října dále východním směrem podél údolí Ohře a obsadily Kadaň, kde provedly rozsáhlé zkoušky odolnosti čs. opevnění. Domněnka, že tyto testy se konaly v místech, kde měla divize prorazit linii opevnění v případě skutečné války, se ve světle informací z tohoto článku ukazuje jako mylná. Jednotky 1. tankové divize se zúčastnily i vojenské přehlídky v Chomutově, odkud pochází i snímek použitý na přední straně obálky této knihy.

Přehlídka bojových vozidel 1. tankové divize, která se konala 9. října v Chomutově. Snímek zachycuje tanky PzKpfW III Ausf. D s čelním pancířem tl. 14,5 mm, u dalších sériových kusů byla tloušťka zvětšena na 30 mm.

Těžká tanková četa s tanky PzKpfW IV Ausf. B během přehlídky v Chomutově 9. října 1938.

Nadšení obyvatelstva shromážděného během přehlídky před chomutovskou spořitelnou neznalo mezí. Vlaječek s hákovým křížem měli Němci v Chomutově dostatek, dostalo se na všechny včetně malých dětí (9. října 1938).

KOMOTAUER SPARKASSE

Spolu s českým obyvatelstvem museli odejít z odstoupeného pohraničí i Židé, jejichž opuštěné obchody v Chomutově se staly v lepším případě pouze terčem hanlivých nápisů a karikatur (říjen 1938).

Jeden z mnoha transparentů, který vítal příslušníky 1. tankové divize v Chomutově. Kromě obvyklého hesla Jeden národ – jedna říše – jeden Vůdce je doplněn i nápisy práce – mír – blahobyt a narážkou na nápis na čs. státní vlajce: Die Wahrheit hat doch gesiegt (pravda přece jen zvítězila). Jak ukázaly následující roky, autor transparentu nebyl příliš dobrý prognostik (říjen 1938).

Nedaleko Kadaně byly také provedeny ostré postřelovací zkoušky objektů lehkého opevnění, které uskutečnily jednotky 1. tankové divize. Na snímku pózují příslušníci této jednotky před levou kasematou objektu K-50/4/A-180N zničenou náloží (říjen 1938).

Příslušníci 1. tankové divize si se zájmem prohlížejí opuštěné opevnění nedaleko Kadaně. Kromě pevnůstek lehkého opevnění (na snímku řopík K-50/6a/A-180Z) přitahoval jejich pozornost i protitankový příkop, který byl vybudován právě proti nájezdu jejich obrněných vozidel (říjen 1938).

Jako záložník na postupu s třiatřicátými

zpracoval R. D. Irmer, motorizovaný pěší pluk 33
(kráceno)

Nikdy nezapomeneme ten den, kdy jsme před zraky našeho nejvyššího velitele, Vůdce Adolfa Hitlera, směli vpochodovat do osvobozeného Chebska. Plni srdečných díků vzpomínáme na nádherné dny v Sudetech a pohostinné obyvatele této krásné staroněmecké země.

Oberst von Sommerfeld, velitel motorizovaného pěšího pluku 33

Pluk na špici divize

Velký den v Chebu

Nastal nevlídný podzimní den 3. října. Po slunci ani památka, obloha zcela zatažená a mrholilo. Pluk byl na nohou od časného rána, v 5 hodin se všechno tísnilo i v těch nejmenších místech podél hranice. Z velké části jsme také byli rádi, že se noc chýlí ke konci, protože táboření v mokré slámě ve studených kůlnách a v tomto ročním období není žádné potěšení. Na všechno jsme ale zapomněli kvůli velkému napětí, protože jsme mohli konečně překročit hranici a podívat se, co nás tam čeká. Na obsazení zóny 3, ke které patřilo i Chebsko, jsme se ale netěšili jenom my.

Naší největší radostí byla skutečnost, že s námi bude přítomen i Vůdce. Mezi pátou a osmou hodinou ranní začal postup pluku po úzké silnici, která vede na Chebsko. Byla to nejužší silnice, kterou jsme kdy jeli. Šířka vozovky dosahovala sotva čtyř metrů a bylo nutno dávat pozor při nashromáždění vozidel a silném provozu v protisměru, kde se pohybovaly spojky na motocyklech a vracející se vozidla.

Přesně v 7:50 hodin byl postup ukončen. Podle rozkazu se má překročení hranice provést s rozvinutou standartou. Protože se počítalo i s incidenty ze strany lůzy, měli jsme ostře nabito. České jednotky se ukázaly před 24 hodinami v Jesenici východně od Chebu, což vzaly jednotky jako upozornění. U Jesenice byl navíc odstřelen velký most, takže náznaky varování se ještě znásobily.

Pluk vpřed!

Velitel pěšího pluku 33 Oberst von Sommerfeld zvedl přesně v 8 hodin ruku k rozkazu:

Pěší pluk 33 vstupuje do Chebska! Pluk vpřed!

Německá válečná vlajka se vztyčuje na sloupu u celnice, standarty se rozvinují a vojáci nasazují bajonety. Hranice je překročena. Bezprostředně za oba obrněné průzkumné oddíly se zařadil velitel divize Generalleutnant Otto. Jeho následoval na čele svého pluku velitel třiatřicátých Oberst von Sommerfeld.

Do Chebska se jede s vlajícími standartami, motory duní svojí monotónní písní, kolony vozidel jedou v dokonale vyrovnané řadě v předpisové disciplíně. Na postupové cestě není až do Chebu žádná obec, pouze jedno hospodářské stavení.

Průjezd hraničním zátarasem musel být proveden hadovitě, protože hranice byla na obou stranách opatřena tlustými betonovými silničními uzávěrami. V noci na 3. říjen, kdy jsme spali ve slámě spánkem spravedlivých, byli ženisté již na místě a odstřelili střední část zátarasu.

Pěší pluk 33 vstupuje do Chebska! Pluk vpřed! Oberst von Sommerfeld dává 3. října v 8:00 rozkaz k překročení hranic (převzato z publikace Mit Dessauer Regimentern ins Sudetenland).

O půl deváté ráno jsme dosáhli prvních domů v Chebu. Zde se Čechům povedl ještě jeden špatný žert. Nashromáždili všechny zemědělské vozy, které mohli sehnat, každému odmontovali jedno kolo a vozy položili napříč přes silnici. Na celé věci však bylo směšné to, že tyto vozové zátarasy pro nás neznamenaly žádné zdržení. Ještě v noci odtáhli vozy ze silnice sudetští Němci a jejich majitelé si dali námahu je dohledat a opravit.

Objevují se zde první vlajky a girlandy, slavnostní atmosféra se stupňuje, lidé jásají na krajích silnice, pláčou radostí, ale jednotka nemá čas, aby zastavila a pozdravila se s nimi. Do vozů létají květiny, stále se ozývá volání heil.

Motorizované jednotky 13. divize projíždějí částečně odbouraným objektem zvláštního zařízení na cestě do Chebu (3. října 1938, 8:05).

Zbytek zátarasu z vozů s odmontovaným kolem, který zřídily čs. jednotky před Chebem (3. října 1938, 8:30).

Pluk postupující na Cheb se dělí na západním okraji města. Oba obrněné průzkumné oddíly, motocyklistická četa, četa 14. roty jako protitanková obrana a 2. rota pěšího pluku 33 pokračují do středu města. Hlavní část pluku zůstává na západním okraji. Obrněné průzkumné vozy, motocyklistická četa, protitanková obrana a 2. rota jsou shromážděny k pochodovému zajištění. Toto pochodové zajištění, které jako první z německých jednotek projíždí Chebem, má za úkol obsadit východní okraj Chebu a zabránit jakémukoliv nepřátelskému pokusu o přiblížení. V 9 hodin, hodinu po překročení hranice, zaujalo pochodové zajištění své pozice a 2. rota staví polní stráže.

Jednotky 13. divize postupují ulicemi Chebu (dopoledne 3. října 1938).

Příjezd Hitlera a jeho doprovodu na oběd zajišťovaný polní kuchyní jedné z jednotek 13. divize. Oběd byl připraven na 13 hodin na louce poblíž obce Střížov severně od Chebu. Snímky pořídil jeden z příslušníků 13. divize.

Celkový pohled na jídelní stoly připravené pro Hitlera a jeho doprovod. Vůdce sedí ve středu řady zády k fotografovi, General der Artilerie von Reichenau si za něj odložil svoji přilbu.

Hitler jde ještě pozdravit své vojáky, kteří zajišťovali ochranu během oběda.

Znovushledání s Reichsautozug „Deutschland"

Vůdce Adolf Hitler vstupuje do Chebu pod silnou ochranou našeho 33. pluku, který drží věrnou stráž s pohledem na východ, podpořenou navíc průzkumnými letadly.

Na chebském náměstí mezitím proběhlo: Už během postupu dorazily šedé kolosy Reichsautozug „Deutschland"[12]. Jim byl svěřen úkol, aby přichystali námětí v Chebu na přijetí Vůdce. Během dopoledních hodin, kdy 2. rota se zbývajícími částmi jednotek obstarávala pochodové zajištění na východním kraji Chebu, začali čiperní mladíci z Reischsautozug svoji obvyklou práci. Jedni staví tribunu, jiní zase plochu za ní, která se potahuje vlajkami Třetí Říše, barvami města Cheb a znaky Sudetoněmecké strany. Další zase pokládají kabely pro přenos přivítání, na místech v Chebu jsou rozvěšovány šedé tlampače. Každý má plné ruce práce a obyvatelé Chebu nevychází z údivu. Pokud jsou kolony a skupiny zasypávány srdečností osvobozeného lidu, pak je každý jednotlivec brzy obstoupen, musí tisíckrát potřást rukou, tisíckrát se nechat obejmout. Rozumíme radosti tohoto trýzněného lidu, avšak úkoly každého jednotlivce musí být také splněny do posledního puntíku a všichni mají plné ruce práce. Tak proběhne celé dopoledne. Reichsautozug má brzy svou hlavní práci hotovou, několik šedých kolosů zase odjíždí zpět. Na jedné zastávce si můžeme s mladíky v krátkosti popovídat. Jsou to ti stejní, kteří stavěli u nás v Dessau při svěcení divadla za účasti Vůdce v našem domovském městě. Radost z opětovného shledání je veliká.

Uběhla polední hodina. Z 33. pluku jsou vyčleněny 1. a 4. rota. Pochodují nyní pěšky na náměstí, aby zajistily prostor pro projev Vůdce. Začal nástup. Náměstí se uvolňuje, před tribunou zaujímá pozice čestná rota 66. pluku s jejich plukovní hudbou. Vedle stojí Leibstandarte SS „Adolf Hitler". Zboku zleva je tribuna obsazena skupinou dětí v pestrobarevných chebských krojích.

[12] Lze přeložit jako Říšská autočeta „Německo" – součást nacistické NSDAP, která byla zodpovědná především za zajišťování audiovizuální techniky při projevech Hitlera.

Hitlerův triumfální příjezd do Chebu (3. října 1938, 14:00).

Vůdce přijíždí

Doléhá sem volání heil, Vůdce přijíždí. Přijel do Sudet od Aše, mezi Aší a Chebem pojedl se svými vojáky z polní kuchyně jako kdysi za velké světové války, když byl ještě neznámý voják. Tehdejší kamarádství platí u něj dnes ještě silněji, když stojí na špici velkého Německa. Vůdcovo auto přijíždí zleva zespoda, Vůdce přijíždí mezi tribunu a radnici k uvítání městskou samosprávou.

Tribuna, kterou postavili v Chebu příslušníci Reichsautozug „Deutschland", zachycená na fotografii i s osazenstvem, pro které byla určena. Jak je patrné ze snímku, Hitler obyvatele Chebu řádně „rozvášnil" k nacistickému pozdravu zdviženou pravicí (3. října 1938, cca 14:30).

Jeho rysy jsou velmi vážné. Když ale spatří pestrobarevnou dětskou skupinu, rozjasní se mu výraz tváře do radostného úsměvu. Jednotka podává hlášení, Vůdce jde k dětské skupině a tráví u ní docela hodně času. Potom se začne s uvítáním. Konrad Henlein mluví a zdraví Vůdce stojícího v čele svých vojáků v Chebsku navráceném zpět do vlasti. A potom mluví Vůdce. Nad Chebem se převalují tmavá mračna, málem by si člověk myslel, že začne lít jak z konve. Když se ale Vůdce objeví na náměstí, usměje se jako vždy slunce. Hrdá slova Vůdce se rozléhají náměstím: „Nad tímto leží německý ochranný štít a chrání to německý meč!“ Nekončící jásot obklopuje Vůdce, když po proslovu nastupuje do auta a jede směrem k nádraží, aby provedl návštěvu stranického domu SdP před nádražím, který jsme si mohli prohlédnout již večer.

Velké přijetí skončilo, Vůdce je uprostřed Němců, kteří se vrátili do zpět do vlasti. Náměstím se rozléhají rozkazy, Oberst von Sommerfeld se baví ještě jednou s velitelem Leibstandarte SS-Obergruppenführerem Seppem Dietrichem. Jednotky pochodují pryč, nadšení přesto nebere konce.

Z našeho třicátého třetího pluku zůstává v Chebu prapor z Dessau, zatímco druhý a třetí prapor plní denní úkoly a postupují východním směrem k demarkační linii. Druhá rota se stahuje ze strážního zajištění, splnila svůj úkol, takže večer v Chebu patří jim – první večer v osvobozených Sudetech.

První noc v osvobozené zemi

Když se podíváme na mapu na splněné denní penzum prvního dne po překročení hranice, pak se jeví úsek, který obsazoval 3. října pěší pluk 33 až k demarkační linii východně od Chebu, jako poměrně velký. Současná demarkační linie tohoto dne, tedy nová východní linie v jednotlivých okupačních úsecích, byla nařízena seshora. Jednotka samozřejmě počítala s tím, že na každý pád bude do večera stanoveného cíle dosaženo.

II. prapor se nemohl účastnit přijetí Vůdce v Chebu, protože musel plnit jiné úkoly, a prožil první večer na Chebsku v Kynšperku nad Ohří východně od Chebu. Zde byl na náměstí srdečně pozdraven starostou města a obyvatelstvem. Večer uspořádala Sudetoněmecká strana velký pochodňový průvod jako poděkování praporu za osvobození.

„Sommerfeldův most“

III. prapor měl v první postupový den svým způsobem zvláštní zážitek. Večer se nacházel v prostoru Jesenice. Během dne byl v okolí proveden průzkum, protože zde byl zničený most. Pochodová trasa vedla blízko řeky a v každém případě musel prapor řeku překročit. Nebyl čas na budování nouzového mostu, což znamenalo okamžité rozhodnutí o vyhledání vhodného brodu, který by praporu umožnil

Velitel 13. divize Oberst von Sommerfeld a Obergruppenführer Sepp Dietrich, velitel Leibstandarte SS Adolf Hitler SS, při rozhovoru během Hitlerova projevu v Chebu dne 3. října 1938 (převzato z publikace Mit Dessauer Regimentern ins Sudetenland).

Chebská děvčata nadšeně vítají Hitlera (3. října 1938).

průjezd všech obrněných vozidel. Místo se našlo 700 m nad zničeným mostem, kde nabízel jeden brod sice nepohodlnou, ale sjízdnou cestu. Volant pevně chytnout do ruky a jde se do říčního proudu. Voda potoka není hluboká, přechod praporu se zdařil a žádné vozidlo nezůstalo v řece uvězněno. Všichni se dostali na druhý břeh a postup pak může okamžitě pokračovat. Husarský kousek našich třiatřicátých se povedl!

Celé události dodává na pikantnosti informace, kvůli které jsme se hodně nasmáli. Most byl z nějakých nejasných důvodů odstřelen příliš brzy. Vyletěl do vzduchu, ale na západním břehu bylo ještě české vojsko. Při ústupu našly české oddíly stejný brod. Protože je velmi tlačil čas a ústup musel být uskutečněn k určité hodině, nezbylo jim nic jiného, než projet brodem. Vozidla však na druhý břeh už nedojela (jednalo se také o motorizovanou jednotku) a již první auta zůstala stát uprostřed vodního toku. Co dělat, když mají v patách okupační jednotky? Tak byli urychleně dovedeni a zapřaženi koně. Musel to být asi docela nevojenský pohled, když vozkové s koňmi našich sudetoněmeckých bratrů tahali česká vojenská auta přes potok u Jesenice. Následující den 4. října postavili naši ženisté nouzový most. Od té doby nese jméno našeho velitele pluku: „Sommerfeldův most". III. prapor pak již počkal do noci v okolí Jesenice. Když jsme pak s I. praporem další ráno pokračovali v pochodu, museli jsme udělat objížďku přes hory doly, protože „Sommerfeldův most" nebyl ještě hotov. Při tom naši řidiči složili první výkonostní zkoušku na sudetoněmeckých cestách a my všichni jsme získali ochutnávku toho, co Češi zanedbali a my nyní do Sudet přinášíme. Podobných výkonnostních zkoušek nás ještě čekala celá řada...

Pohled na zničený most u Jesenice, který odstřelila ustupující čs. armáda (říjen 1938).

Odstřelený most u Jesenice z jiného úhlu (říjen 1938).

Německé jednotky brodí říčku Odravu u Jesenice kvůli zničenému mostu. Zde se údajně také zastavila vozidla ustupující čs. armády (3. října 1938).

Němečtí ženisté z motorizovaného pěšího pluku 33 během budování „Sommerfeldova mostu“ u Jesenice (4. října 1938).

První chebský strážní pluk

Předtím, než se I. prapor uložil k odpočinku v Chebu, bylo potřeba splnit řadu úkolů. První den byli posbíráni početní přívrženci Rote Wehr. Vzhledem ke skutečnosti, že měli před sebou německé jednotky, jejich sovětské hrdinství náhle zmizelo. Tito chlapíci museli být vzati do bezpečné vazby. Jeden důstojník štábu pluku vytvořil skupinu z polních stráží druhé roty. Tato skupina vytvořila na jeden den tzv. první „strážní pluk" na Chebsku. Zatčení rudí byli uvěznění v chebském městském vězení, brzy k nim přišli ještě další, včera ještě velmi „důležité" osobnosti. Skupina z 2. roty dostala za úkol hlídat uvězněné v městském vězení – ve stavbě, která viděla mnoho trýzně během hrůzného panování. Brzy po příchodu prvních jednotek se dostavilo na místo i naše Gestapo, aby provedlo převzetí vězňů.

Pivo a děvčata

Už se stmívalo, když I. prapor odstavil všechna svá vozidla na dvoře kasáren v Chebu. Tady jsme stáli nyní poprvé v českých kasárnách. Náhoda tomu chtěla, že kasárna dříve patřila pluku, který nesl stejné plukovní číslo. I. prapor pěšího pluku 33 v kasárnách českého pěšího pluku 33 v Chebu! Jak často hraje náhoda velkou roli v životě. Byla to ale jen číslicová hříčka osudu, že jsme mohli získat porovnání mezi českými kasárnami 33 a německými Hindenburgovými kasárnami v Dessau! Jediné, co měly kromě čísla 33 společné, byly kamenné zdi. Všechno ostatní, počínaje chodbami, vstupy, světnicemi a konče nejmenšími zákoutími, bylo neoddiskutovatelně rozdílné. Byla nám nasypána sláma a do řidičského kabátu opatřeného nepravou ovčí kožešinou jsme se zabalili tak, že nám koukala jen špička nosu a vlasy na vrchu hlavy. To vše se nám zdálo jako správné oblečení na první noc v osvobozené zemi. Poté jsme si podrobněji prohlédli kasárna v neobsazených místech, o výsledku škoda mluvit, a uvítali jsme příští ráno…

Předtím nám ale patřil večer v Chebu. První večer ve svobodném německém městě! Mohlo by se o tom dlouhé hodiny povídat, byli jsme plni dojmů a zážitků.

Město plné světel mělo takovou slavnostní výzdobu, že si člověk nepřipadal jako na ulici, ale jako v slavnostním sále. Napříč hlavními ulicemi byly nataženy girlandy a vlajkové řetězy, skoro nebyla vidět ani obloha. Každé viditelné okno bylo slavnostně ozdobeno zelení a obrazy Vůdce a Konrada Henleina. V hostincích panoval vražedný provoz, vojáci si nechali natočit první půllitry nejlepším pivem z chebského měšťanského pivovaru. Můj kamarád Ernst k tomu zpíval: „Chutná to jako švestkový koláč a je to bez bacilů." Vlastně tato pěkná píseň pokračuje: „Po každém kilometru je takováto lahůdka." To ale při dalším pochodu vždy neplatilo.

Samozřejmě zvláštní zájem jsme měli o vizitky Čechů, které zde v Chebu zanechali. Místní průvodci tu byli rychle, všude na ulicích se tlačí obyvatelé Chebu,

Pohled do jedné z místností opuštěných kasáren čs. pěšího pluku 33 v Chebu (4. října 1938).

aby nám mohli večer hodně ukázat. Vedle mnoha pozůstatků Schreckenregimentu[13] v Nádražní ulici ve formě vytlučených průčelí domů byl vyhledáván především Sudetoněmecký dům, který se nachází kousek před nádražím. Je to velký rohový dům. Zde byla fasáda totálně zničena, všude byly vidět zásahy od kulek. S našimi řidičskými svítilnami jsme svítili dovnitř a viděli strašný nepořádek.

Druhým cílem bylo náměstí před Špalíčkem. Během dne zde byl Vůdce a nyní na tomto památném místě stojí ti, kteří se tohoto zážitku nemohli zúčastnit. Stále nové pluky a oddíly pochodují ještě večer do Chebu. Z tribuny, na které stál Vůdce během jeho projevu k osvobozené zemi, byl nádherný výhled na slavnostně ozdobené a slavnostně osvětlené město s jeho tlačícími se a jásajícími davy lidí, na nazdobená chebská děvčata v chebských krojích. Tento večer sotva zůstal nějaký voják bez děvčete, protože takové shromáždění dívek kasárna třiatřicátých před čepobitím ve 22 hodin ještě neviděla. Na kutě do slámy se jde s Egerländer Marsch na rtech, den byl dlouhý, ale také připravil nesmazatelný zážitek.

S ranním svítáním to zase ožilo, neboť každý postupový den měl své postačující penzum pochodu. Zase hučely motory, sbohem Chebe a chebská děvčata, šlo se dále do vnitrozemí. Cheb ležel skoro na hranici staré Říše, nyní jsme měli jít hlouběji do Sudet. Zase jsme byli na špici, a tak nebylo divu, že každý postupový den byl naplněn stále novými a často překvapujícími zážitky.

[13] Lze volně přeložit jako pluk hrůzy.

Němečtí vojáci v družném rozhovoru s děvčaty v chebských krojích (říjen 1938).

Pěkná momentka zachycující příslušníka 13. divize s malým chlapcem během osvobozovacího tažení do Sudet (říjen 1938).

Z válečné akce se stal mírový pochod

Z práce speciálních jednotek – zásobování fungovalo
Něco pro staré vojáky

Druhý postupový den přivedl pluk na druhou demarkační linii, která se táhla asi 40 km vzdušnou čarou od staré říšské hranice. Denní výkon měřený na kilometry byl nepatrný, přesto měla jednotka cestou plné ruce práce, aby denní úkol splnila. Pro staré vojáky mezi čtenáři našich vzpomínek na hrdé osvobozovací tažení pěšího pluku 33 do Sudet je třeba udělat malou vsuvku, neboť postupová taktika oproti světové válce doznala značných změn, alespoň pokud jde o motorizovanou jednotku. Ve světové válce nebyly žádné motorizované jednotky v dnešním slova smyslu. Byli jsme postaveni jako 13. motorizovaná pěší divize, jejíž jádro tvořily zesílené pěší pluky 33, 66 a 93 a jejíž výjimečnost jsme také mohli dokázat ve velkém v praxi.

Neobyčejný výkon nejvyššího armádního velení

Spolu s námi bylo nasazeno do Sudet dohromady 10 armádních sborů v jednotlivých okupačních úsecích. Pohybovaly se podle přesně stanoveného plánu od staré říšské hranice směrem do českého vnitrozemí, aby se zastavily tam, kde německá jazyková hranice naráží na českou. Tento postup byl původně naplánován jako válečná operace. Major von Wedel z Oberkommando der Wehrmacht dodatečně jasně vysvětlil v tisku a rozhlasovém vysílání: „Na poslední chvíli bylo ještě nutno přepracovat předpokládanou válečnou operaci na mírové obsazení a tím změnit cíle, cesty atd. V několika málo hodinách se to vše stihlo, aniž by došlo k nějakým problémům." Mezi původním záměrem a skutečným provedením je vidět obrovské množství práce generálního štábu, což svědčí o tom, s jakou pružností může naše nejvyšší armádní velení provádět operace. Rozkazy shora byly rozdíleny s přesností, takže když teď nad celou akcí doma v klidu přemýšlím, je až s podivem, že si nějaký rozkaz neprotiřečil. Ani jednou jsme cestou nezažili žádné nahromadění v kolonách, žádné váznutí na silnicích ani v zásobování. Ano, je až překvapující, jak rychle fungovalo zásobování věcmi, které rozzáří srdce každého vojáka. Práce spojovacích jednotek byla oprávněně připomenuta z nejvyšších míst. Celý postup by nemohl být bezchybně proveden bez samozřejmého zásobení jednotky budovanými spojovacími prostředky. Spojovací oddíly, které nás trvale doprovázely, pokládaly kabely téměř vedle nejpřednější jednotky. Dříve než jsme se po ukončení postupu 10. října vzpamatovali, byly kabely nataženy až k nejpřednější polní stráži.

K tomu zvláštní pochvala našim motospojkám na jejich motocyklech. Sudetští Němci brzy pochopili, proč si u mladíků vysloužili takové označení: „Vaše motospojky

Jak dokumentují tyto záběry, ani postup jednotek 13. divize se neobešel zcela bez nehod. Nepříliš ostrý snímek zachytil autohavárii u železničního přejezdu nedaleko Měcholup na Žatecku, druhý snímek detailně dokumentuje poškození jednoho z nákladních vozů jednotek Wehrmacht na neurčeném místě v Sudetech (říjen 1938).

jezdí jako čerti.“ Ať den či noc, za deště i v slunečním jasu, v prachu nebo blátě až do druhého patra, německá spojka vždy přesně doveze rozkaz tam, kam má.

A pak nesmíme zapomenout: naše tankovací vozy! Pod tímto výrazem se nerozumějí bojová vozidla nazývaná také zkráceně tanky, ale ochranná vozidla, která jsou postavena jako obyčejná auta, ale je v nich umístěn celý náklad kanystrů s benzinem. Zásobování benzinovými kolonami se dělo vždy včas na předem určených místech. Každá kapka benzinu musela být dovezena z Německa, neboť tankovací stanice v Sudetech neměly již žádné palivo. Soukromá auta našich německých bratrů byla ve velkém zabavena Čechy, přičemž bylo jedno, zda se jednalo o osobní, nebo nákladní vůz. Mnoho jsme jich viděli odstavených u cest, neboť jim došlo palivo.

Podobnou noční funkci jako u tankovacích vozů musely plnit i zásobovací vozy. Protože byly cestou potřeba polní kuchyně, byly pro tento účel většinou nasazeny naše civilní nákladní vozy. Přes noc zmizely a z týlových zásobovacích míst přivážely zásoby na další dny. Toto také klapalo, vždy brzy ráno byly naložené zásobovací vozy zpět.

Bylo tedy nutné, aby určitá část vozidel byla na cestě přes noc a mohly být tak uspokojeny požadavky jednotky na další den. Brzy se stalo samozřejmostí, že vše potřebné bylo již v týlu připravené na místě. A brzy zde byl i tabák. Jen první dny to vázlo a proti českým cigaretám Zora státního tabákového monopolu byly naše předválečné „Honora flach“ (za jeden groš 15ks cigaret včetně návodu na použití, špičky, papíru a vázacího vlákna) kulinářským požitkem. V prvních dnech postupu nám tedy kromě tabáku nic nechybělo.

Dvojnásobné překážky

O vojenské stránce našeho postupu vyčerpávajícím způsobem referoval Major Martin z Oberkommando der Wehrmacht v jednom novinovém článku a vše naprosto stručně a jasně vysvětlil. Major Martin píše a my jeho slova potvrzujeme:

„Postup do Sudet byl něčím mezi mírovým pochodem osvobozeným územím, jehož obyvatelstvo bylo radostí bez sebe, a vojenskou nutností být připraveni na každé překvapení a jakýkoliv odpor zlomit co nejrychleji. Tak jela vpřed obrněná auta zasypaná květinami, ale s nabitými zbraněmi. Německá pěchota tak pochodovala ozdobená květinami, ale jištěná průzkumnými jednotkami. Zdržení, kterými postup částečně trpěl (avšak nezabránila splnění denních cílů), byla dvojího druhu. Stále opakovaně byly jednotky zastavovány jásajícím obyvatelstvem, aby si mohly a musely ve vesnicích, městečkách a městech vyměnit pozdravy. Za druhé byly odstraňovány ženijními jednotkami zátarasy cest všeho druhu, odstřely mostů, lesní záseky, minová pole tak, aby byl zajištěn plynulý postup.“

Momentka zachycující průjezd vozidel jednou z mnoha malých obcí na postupové trase 13. divize (říjen 1938).

Náš zesílený 33. pluk se pohyboval vpřed zpočátku na dvou a později na třech postupových trasách. Sestava byla skoro vždy stejná. Nad námi létala vždy jedno nebo dvě průzkumná letadla. Vpředu jely obrněné průzkumné vozy, je následovala protitanková obrana a motocyklisté (to jsou motorizovaní vojáci, kteří mají na přívěsném vozíku motocyklu lehký kulomet). Pak následovaly ochranné vozy, mezi nimi byli zamíchaní i radisté, ženisté a spojovací čety. Konec pak tvořil pěšímu pluku přidělený dělostřelecký oddíl s lehkou pěchotní kolonou, která vezla munici. Nás doprovázeli většinou naši dělostřelci z Dessau nebo z Magdeburgu. Pokud se po cestě zastavilo k odpočinku, pak bylo samozřejmé, že se vlevo a vpravo do silnice rozestavěly hlídky, které pozorovaly kolonu a její okolí.

Po této vojenské vsuvce, která zajímá každého starého vojáka, vyrazme vstříc novým zážitkům. Druhý postupový den nás přivedl do nádherné krajiny. Projížděli jsme přes Slavkovský les, který se vrchem Rozhledy zvedá až do nadmořské výšky 856 m. Naše postupová trasa vedla právě těsně kolem vrchu Rozhledy. Druhý den se ukázala jako přínosná spolupráce s našimi sudetoněmeckými bratry. Bylo docela samozřejmé, že jsme se museli často opřít o zprávy od obyvatelstva. Ordneři SdP nám dali důležitá upozornění na mnohé závažné věci, neboť české vojsko ustupovalo a nejvyšší obezřetnost byla na místě. Byly nám pravidelně předem udávány náložemi podminované mosty, a naši ženisté tak měli čas k odstranění náloží.

Večer jsme přesně dosáhli demarkační linie stanovené pro druhý postupový den. Táhla se od Města Litrbachy na Krásno a přes Bečov podél řeky Teplá. I. prapor se nacházel večer v prostoru Háje, II. prapor v Bečově a III. prapor v prostoru Město Litrbachy – Vranov.

300 ubytování v soukromí – srdce vojáka se směje

V Bečově nad Teplou se konalo slavnostní pozdravení jednotky starostou, který dal na vědomí, že je na přivítanou připraveno 300 ubytovacích prostor pro vojáky u obyvatel města. Tohoto přivítání se účastnil i majitel bečovského zámku vévoda Beaufort[14]. Nic není výstižnějšího o poměrech, které panovaly v Slavkovském lese před naším příchodem, než vyprávění obyvatel. Ženy a děvčata nosily čtrnáct dní jídlo do hustých lesů, v kterých se ukrývali muži, aby do poslední chvíle nemohli být použiti jako vojáci. Vévoda Beaufort výborně organizoval tuto zásobovací službu v lese. V jeho zámecké kuchyni se každý den vařilo velké množství jídla. Když byl vzduch čistý, vydala se skupina žen na cestu s jídlem. Jídlo položily v lese na krmelec. V noci přicházeli muži ze svých skrýší a odnášeli si jídlo. Šlo to tak čtrnáct dní. Nyní nám padli muži i ženy kolem krku, neboť už byl konec s veškerou bídou a otroctvím.

V Krásně, kde jsme byli také velkolepě přijati, jsme museli zase jednou někoho zajmout. Byli to dva čeští železničáři, kteří nestačili ve správný čas odejít se svými jednotkami. Při prohlídce bylo objeveno značné množství munice. Oba měli u sebe také plynové masky. Na celé věci je nejsmutnější to, že tito dva železniční úředníci měli mezi municí i značné množství střel Dum-Dum, tj. střelivo zakázané mezinárodními dohodami. Oba seděli smutně a otupěle na voze celé odpoledne, přísně střeženi dvěma vojáky, než mohl být proveden jejich transport.

V krásném Slavkovském lese jsme zůstali jen jednu noc. Každému ale může být doporučen na letní dovolenou v roce 1939. My jsme tu ale nebyli na podzimní zotavenou ani na sledování jelení říje jako na Sieglitzer Berg, ale museli jsme postupovat dále, stále dále do Chebska!

Pochod třiatřicátých se blíží ke konci

Třetí den postupu se pluk dostal do nového lesního pohoří v Chebsku, do Tepelské vrchoviny. Ta začíná přibližně u Mariánských Lázní a táhne se severovýchodním směrem. Své jméno má od města Teplá, které leží u prameniště stejnojmenného potůčku, který se vlévá do Ohře u Karlových Var. Údolí Teplé leží ve velmi pěkné krajině.

---

[14] Poslední majitel bečovského zámku JUDr. Jindřich, 5. vévoda a kníže Beaufort-Spontini, panoval v Bečově v letech 1916–1945. Po válce byl odsunut právě kvůli kolaboraci s nacisty.

Bečov nad Teplou (německy Petschau) obsadila německá armáda 4. října 1938. Snímek pořízený na začátku října pěkně zachycuje nejen město vyzdobené na přivítání jednotek Wehrmacht, ale i okolní krajinu, o jejíchž půvabech se autor textu několikrát zmiňuje.

Jednotky motorizovaného pluku 33 projíždějí vyzdobeným Bečovem za nadšeného jásotu místního obyvatelstva (4. října 1938).

Eintopf zdarma a pro všechny obyvatele Bečova!

Hluboce se zařezává, museli jsme v Slavkovském lese do nadmořské výšky asi 800 m, pak dolů do údolí Teplé u Bečova ve výšce 400 m nad mořem a pak zase vystoupat do nadmořské výšky 700 m. Protože jsme museli jet po vedlejších cestách kvůli zničeným nebo podminovaným mostům, představoval tento třetí postupový den docela příjemnou jízdu horami a údolím přes málo prostupné území. Každopádně naši „rytíři za volantem“ dokázali, stejně jako naši motocyklisté, své řidičské dovednosti.

Postup k jazykové hranici

Večer tohoto dne postupoval pluk po třech trasách a nacházel se v prostoru Žlutic v severovýchodním výběžku Tepelské vrchoviny. Samotný štáb pluku byl předsunut do Žlutic. V Útvině měli naši ženisté zase jednou pořádnou práci. Jeden most byl podminovaný. Češi zapustili tlusté betonové roury do mostní konstrukce do hloubky až dvou metrů a ty byly až nahoru naplněny trhavinou. S nejvyšší opatrností naši ženisté tyto nálože odstranili. V Toužimi byl celý západní okraj města upraven pro zajištění palebných sektorů. Město bylo dosud ohraničeno nádhernými listnatými lesy. Češi nenechali stát ani jeden strom. Asi v metrové výšce byly stromy podříznuty a jednoduše svaleny do údolí. Nyní ležely příčně přes silnici jako zátaras, který musel být nejprve odstraněn. V samotné Toužimi stáli nastoupeni obyvatelé v řadách, Turneři v jejich bílých košilích, děvčata v pestrých krojích. Vše bylo dobře zorganizováno ke skvělému přijetí. Tepelská vrchovina je bohatá na nerostné suroviny, takže se zde nacházejí továrny na kyselinu sírovou, wolframové šachty a další. Všechno zde ale leží zpustlé. Továrna na hliněné zboží má okna vyházená na silnici. Již dávno donutil hospodářský tlak tyto továrny utichnout. Zde v jedné z malých vesniček se zdá, že se obyvatelé bojí našich průzkumných obrněných vozidel. Takovéto věci zde lidé ještě nikdy neviděli. Protože se zde v tomto koutku Sudet Češi ještě neukázali, mysleli si tito dobří lidé, že jsme Češi. Omyl se rychle vysvětlil a přijetí bylo o to srdečnější.

Ve Žluticích bylo připraveno velkolepé přijetí našeho pluku. Starosta, vedoucí úřadu SdP a vedoucí ženského spolku pozdravili štáb pluku. 9. rota připochodovala s plukovní zástavou do okresního města Žlutice a zde zastavila. Velitel pluku se ujal proslovu a den byl zakončen koncertem na náměstí. Žlutice byly posledním místem těsně před jazykovou hranicí. Ze Zámeckého vrchu zářil obrovský hákový kříž, tento Zámecký vrch ležel ale ještě tehdy na českém území!

Pluk zůstal k odpočinku v prostoru Žlutic tři dny. Úkol obsadit vyznačený úsek až k jazykové hranici byl splněn. Jen se zde poprvé rozšířil pohyb uprchlíků. K tomu přicházeli sudetští Němci, kteří jako vojáci na poslední chvíli utekli od Čechů. Zde jsme poprvé pomáhali obyvatelstvu, polní kuchyně vařily pro místní chudé, vojáci pomáhali rolníkům ve vesnicích. K tomu začalo vytváření první civilní samosprávy. Brzy po nás přišli němečtí četníci jako policisté, vrchní vládní rada řídil obnovení

Zákopový systém vybudovaný čs. armádou na neurčeném místě postupové trasy 13. divize (říjen 1938).

Němečtí ženisté během odstraňování náloží z podminovaného mostu v Útvině (5. října 1938).

Dva snímky pořízené na obranné příčce čs. armády u Toužimi. Na snímku vlevo ukazuje rolník německému důstojníkovi polní kulometný objekt, vpravo si příslušník Wehrmacht prohlíží vykácenou alej na hrázi jednoho z rybníků, která bránila ve výstřelu kulometného objektu (říjen 1938).

Společná fotografie příslušníků Wehrmacht s vojínem čs. armády propuštěným po obsazení pohraničí z vojenské služby (říjen 1938).

Němečtí vojáci zachycení při důkladné prohlídce čs. obranného postavení a řopíků na Žatecku (říjen 1938).

státní správy. Všechny části pluku, které nebyly právě nasazeny na polní stráže, měly tak pořád něco na práci, a tyto tři dny tak nebyly zcela úplně odpočinkové.

Poslední dny postupu třiatřicátých

Přišla neděle a zase pochodujeme. Píše se už 9. říjen, ale prostor Žlutic nemá být naší poslední zastávkou v Sudetech. Pluk dostal rozkaz ke změně směru postupu, je přeskupen na severovýchod, aby ještě obsadil zbývající území. Třiatřicátí pochodovali zase v první linii. Ve dvou pochodových skupinách se šlo vpřed. Sbohem Chebsko, jde se na Žatecko. Někteří věci znalí mezi námi dokazují své vědomosti, že toto sudetoněmecké Holledau[15] dodává, podobně jako okolí Norimberku, chmel pro Plzeň a Žatec. Najednou začali zvedat nos ti, kterým se v okolí Žlutic velmi líbilo – pak Žatec, žatecké pivo, chlapci, chlapci, to je něco!

Všechno šlo vlastně jako v letu, čtvrtý den postupu po třech dnech odpočinku probíhal bez zvláštní události. Večer se pluk nacházel v prostoru, který již poctily návštěvou jiné jednotky. To znamená, že zde už nebyl žádný tabák, o cigaretách ani nemluvě. Pokud ale vojákům chybí kuřivo, pak se říká i navzdory tomu nejkrásnějšímu okolí, že zde dávají lišky dobrou noc. Ubytování bylo nepřijatelné a navíc to vše v neděli! Nikdo z nás nepřivítal pondělí tak, jako my 10. říjen – poslední den postupu.

63 km před Prahou!

Šestý a také poslední den se postupovalo ve třech pochodových skupinách. 2. rota měla zástavu, což znamenalo mít vztyčený bodák tak dlouho, dokud byla zástava rozvinuta. Přišli jsme do poslední oblasti, ale bylo tu mnoho oříšků k rozlousknutí a opatrnost byla na místě. Cestou jsme viděli čerstvě vyhloubené zákopy, vedle nich se táhl ostnatý drát, který vypadal tak bíle, jako by byl právě položen. Skutečně se zde ještě ráno pracovalo na opevnění. Pak jsme poprvé poznali první bunkry z betonu a dělostřelecká postavení, které byly nyní již samozřejmě bezcenné. Na míle daleko byly pokáceny tyče na chmelnicích, aby byly zajištěny palebné sektory. Vznikly tak ale velké škody chmelařům. Postup šel nezastavitelně dál přes města a vesnice, bylo nutno dosáhnout východní demarkační linie – konečné jazykové hranice.

---

[15] Vyhlášená chmelařská oblast v Bavorsku mezi městy Ingolstadt a Landshut.

Němečtí vojáci pózují u jednoho z řopíků vybudovaných na chmelnici na Žatecku. Obvyklý vícebarevný kamuflážní nátěr je doplněn svislými rovnými pruhy imitujícími dřevěné podpěrné tyče na chmelnicích (říjen 1938).

Objekty lehkého opevnění u Blšan. Kvůli zajištění výstřelu a výhledu byly pokáceny podpůrné tyče na tamních chmelnicích, což Němci neopomněli komentovat (říjen 1938).

Naším cílem byla Džbánská vrchovina, lesní pohoří s nadmořskou výškou přes 400 m, které se pomalu táhne k pražské kotlině. Severně od nás ležel v úrodné nížině Žatec v nadmořské výšce 233 m. Večer se pluk rozdělil do tří prostorů, I. prapor byl v Běsně, II. prapor v Blšanech a III. prapor v Mlýncích. Štáb pluku zůstal nejprve v Kryrech, kde pluk pochodoval před svým velitelem, dříve než se rozdělil do jednotlivých vesnic a měst.

V Kryrech jsme vzali do ochranné vazby mnoho komunistů. Obzvláště komunistky se chovaly hrozně. S nutnou dávkou energie jsme je museli přivést k rozumu. Poslední den jsme obsazovali zem s bohatou přírodou, kde pole tvoří do dálky nepřehlédnutelnou červenohnědou plochu – je to nejlepší půda pro pšenici, ječmen a chmel. Úrodnost přispěla k bohatství měst a obcí. Země nyní spočine v hospodářském míru pod národněsocialistickou nadvládou.

Dalším přesunem převzal velení 2. roty Hauptmann Buck. Jí připadl úkol obsadit obec, která nese název Svojetín. Tato obec zasahovala podle obsazovací mapy i se svým čtyřúhelníkovým katastrálním územím hluboko do české země. Jediná přístupová silnice ležela po obsazení také několika kilometry na území pod českou nadvládou. Takže vzhůru na cestu lesem. Pevněji chytnout volant, nadzvednout se ze sedu a s nutnými cviky u volantu sjet dolů obtížnou strmou lesní cestu. První rychlostní stupeň a terénní převod to podle předpokladu zvládly, ale přesto byla potřeba trochu trocha umu, protože naše vozidla měří na šířku více než dřevěné vozy obyvatel Svojetína.

Příjezd do Svojetína byl proto i velkolepý. Tolik chleba, kafe, hrušek, jablek jsme po cestě nedostali jako najednou zde. Nehledě na stisky rukou, obejmutí a mnoho fotek, které následovaly po našem příjezdu. Na velké vojenské silnici z Karlových Var do Prahy u Veclova, našeho následného ubytování, jsme se mohli dočíst, že jsme přesně 63 kilometrů od Prahy – tedy ve vzdálenosti jedné hodiny jízdy autem.

Vatry na kopcích a vzpomínky na hrdiny

Naše přijetí bylo srdečné jako první den. Dříve než jsme sjeli do Svojetína, byli jsme rozmístěni u cesty. Najednou přiběhli obyvatelé z několika vesnic a zoufale nás prosili, abychom obsadili i jejich vesnici. Ukazovali dozadu na jeden kopec, kde si česká celní stráž postavila kulomet. My jsme jejich přání ale nemohli splnit, nepomohly ani přinesené cigarety, neboť jejich vesnice ležely za hranicí okupační zóny. Tato velká obec byla obsazena ještě společně s několika dalšími až později.

10. října ve 24 hodin vzplály na všech horách a kopcích vatry svobody sudetských Němců. Utlačovaný a nyní svobodný lid tím vyjádřil svůj dík. Zažili jsme tak v prvních večerních hodinách srdečnou radost.

Snímky detailně zachycující obyvatele obce Deštnice (určeno podle dobového popisku fotografií) při příjezdu jednotek 13. divize. Obec se nacházela na jazykové hranici asi 6 km severně od mnohokráte zmíněného Svojetína (10. října 1938).

100 km před Prahou! Německý voják se nechal vyfotografovat u státní silnice Praha – Karlovy Vary (říjen 1938).

Štáb pluku se později přemístil z Kryr zpět na zámek Valeč, kde už byl jednou umístěn. Odtud byly řízeny všechny akce, které pluk v následujících dnech uskutečnil. A těch nebylo málo. Na zámku Valeč se konala vzpomínková slavnost na počest hrdinů. Plukovní hudba hrála a Oberst von Sommerfeld promlouval srdečná slova ke shromážděným svazkům sudetských Němců. Slavnostní hodinu v Sudetech pak zakončil pochod těchto svazků před naším velitelem pluku.

V polních strážích na nové hranici

Hned po našem vstupu do posledních obcí před novou hranicí byly postaveny polní stráže a řetězec strážních stanovišť. Polní stráž před Svojetínem byla umístěna v české škole – na tamní poměry v přepychové budově. Mělo to nevýhodu pouze v tom, že v podstatě nemohla dosáhnout potřebné naplněnosti. Zato německá škola byla žáky přeplněná a sudetští Němci vytrvali ve svém němectví.

Nyní bylo nutné si zvyknout na nové poměry. Náš postup byl s konečnou platností ukončen. Dále do nitra Čech se již nešlo. Naše polní hlídky stály podél nové

Čs. parlamentáři při jednom z mnoha vyjednávání s Němci o uspořádání nové německo-československé hranice v prostoru nasazení 13. divize (říjen 1938).

hranice, kterou zde tvořila železniční trať. Pět set metrů před nimi se nacházely české polní hlídky. Muselo se přísně dbát na to, aby při průzkumu nikdo nepřešel přes novou hranici. Brzy nastal přeshraniční provoz, přicházeli uprchlíci, proudili zpět vojáci ještě v českých uniformách. Polní kuchyně jezdila dopředu k polním hlídkám, bleskurychle byly na místě naše spojovací jednotky a položily telefonní kabel až k nejpřednějším polním strážím.

Jednoho rána jsme uviděli Čechy z bezprostřední blízkosti. Jejich poznávacím znamením bylo to, že se žádný muž nepohyboval venku bez bílé vlajky. Ať už odcházely stráže a přicházely nové, nebo přijížděla spojka s rozkazy či důstojníci kontrolovali polní stráže, bez bílé vlajky se nepohyboval nikdo. Těch několik málo vlaků, které jezdily na trati, muselo u naší hlídky zastavit, ta nastoupila a jelo se k dalšímu stanovišti a tam se zase muselo zastavit. Časem se to již nacvičilo tak, že vlaky mohly projíždět bez zastavení po vzájemném srozumění mezi našimi a českými důstojníky. Neustále přijížděli parlamentáři ve vojenských autech s bílými vlajkami, aby domluvili to či ono. Velitelé rot jednotlivých hraničních úseků měli spolu se svými důstojníky plné ruce práce, aby udrželi přeshraniční provoz v nařízených kolejích. Na velitele rot se obracelo s tím či oním i obyvatelstvo a bylo tak uvedeno do pořádku tisíce věcí.

Německá polní stráž vyzbrojená kulometem MG 34 jistí novou hranici s Československem (říjen 1938).

Šťastný návrat domů

Přišla zpráva, že v Sudetech už nedojde k žádné další dohodě. Objevili se celníci a po nich hraniční roty. Bylo rozhodnuto, že po deseti dnech na nejpřednější linii už nebude návrat oddalován. Ještě naposledy se podívaly odcházející hlídky nahoru do lesů na statné stromy, které si vyhlédly na Vánoce. Motto zní: vlast!

Obyvatelé Svojetína plakali, když jsme ráno 19. října připravovali vozidla. Ve všech vesnicích jihovýchodně od Žatce bylo dlouhé mávání šátků, když roty odcházely. Hodinový stroj se dal zase do chodu, ve kterém se podle stanoveného plánu spojovaly kolony do dlouhé řady. Ještě poslední jízda terénem ke kontrole hranic nejpřednější linie a brzy jsme dosáhli vojenské silnice Praha – Karlovy Vary. Po ní se valily kolony nezadržitelně zpět, cestou srdečně zdraveny ponechanými jednotkami a policejními silami, které nyní nastoupily na naše místa.

Poslední zamávání a stisk rukou v městech a vesnicích, rychlou jízdou jsme projeli Karlovy Vary a pak ke kopcům Krušných hor. Starou říšskou hranici překročil pluk u Wildenthalu. 13. divize se vracela přes Eibenstock. Ještě jedna noc v cizím ubytování a pak už mává domovské Dessau. Květinami vyzdobený pluk projel 20. října v dokonale vyrovnané koloně kolem svého velitele, jak se sluší a patří po splněné povinnosti a úkolu.

Přehled místopisných názvů

Asch – Aš
Eger – Cheb, též řeka Ohře
Egerland – Chebsko
Gaßnitz – Jesenice (zaniklá obec z důvodu výstavby vodní nádrže)
Flöhau – Blšany
Frohnau – Vranov (dnes zaniklá obec)
Kaiserwald – Slavkovský les
Königsberg – Kynšperk nad Ohří
Kriegern – Kryry
Lauterbach – Město Litrbachy (po roce 1945 Město Čistá, zánik po roce 1948)
Linz – Mlýnce
Luditz – Žlutice
Petschau – Bečov nad Teplou
Rabensgün – Háje
Saaz – Žatec
Saazer Land – Žatecko
Schönfeld – Krásno
Swojetin – Svojetín
Tepl – Teplá
Tepler Hochland – Tepelská vrchovina
Theusing – Toužim
Uitwa – Útvina
Waltsch – Valeč
Wetzlau – Veclov
Wiessen – Běsno
Zban-Wald – Džbánská vrchovina

Komentář

Tyto vzpomínky záložníka německé armády na obsazování čs. západního pohraničí byly otištěny ve vzpomínkové publikaci **Mit Dessauer Regimentern ins Sudetenland** (S pluky z Dessau do Sudet), která byla vydána v Německu zřejmě ještě v roce 1938 nebo na začátku roku 1939. Rok vydání, náklad ani tiskárna nejsou v publikaci bohužel uvedeny. Knížečka formátu o něco menším než A5 má 54 stran a její součástí je i 16 fotografií. Skládá ze dvou samostatných kapitol, z nichž první popisuje postup motorizovaného pěšího pluku 33 pohledem záložníka Wehrmacht R. D. Irmera a druhá pak postup motorizovaného dělostřeleckého pluku 49 očima Hauptmanna Steinberga. Výše uvedené vzpomínky jsou překladem první části publikace. Překlad nezachycuje celý německý originální text, je zkrácen o nepříliš podstatné a nezajímavé části, především pak o popis cvičení v Německu před zahájením postupu na území ČSR a některé partie, které se více než dění v Sudetech týkají oslavných ód na kamarádství německých vojáků apod. Pozorný čtenář však jistě ocenil poměrně podrobný geografický popis západního pohraničí, především pak pokud jde o geomorfologické členění. Na tomto místě je dobré připomenout, že Egerland (Chebsko) v tehdejším chápání zahrnoval poměrně rozsáhlé území o ploše přibližně 1 000 km^2 a zasahoval částečně i do Českého lesa a Krušných hor.

Jak vyplývá z textu, motorizovaný pěší pluk 33 byl v době tzv. sudetské krize začleněn do sestavy 13. divize, taktéž plně motorizované. Velitelem divize byl v roce 1938

Obálka původní německé knihy Mit Dessauer Regimentern ins Sudetenland.

Überall die gleiche Freude. Wird es jemals möglich sein, einen solchen Grad ursprünglicher Herzlichkeit und Dankbarkeit nochmals zu erleben? Arm und bedürfnislos, wie wir es kaum kennen, waren sie alle, diese deutschen Bauern des Kaiserwaldes. Aber sie gaben uns, was sie herbeitragen konnten. Sie schliefen im Stroh, um unseren Soldaten ihre Betten zu lassen. Es war immer so, daß wir bei den Sudetendeutschen unsere Mahlzeiten einnehmen mußten, und der Inhalt unserer gefüllten Feldküchen an die ärmsten Teile der Sudetendeutschen verteilt wurde. Wehrten wir uns hiergegen, so hörten wir fast immer das gleiche: „Es ist das Wenigste, was wir für euch tun können, die ihr für uns eingetreten seid."

Unauslöschlich bleiben kleine Einzelbegebenheiten: Eine Gruppe Soldaten wird von einer größeren Schar Einwohner begrüßt. Da greift eine von den Frauen nach ihrem SDP.-Amtswalter-Abzeichen, nimmt es, heftet es einem Soldaten an und sagt dazu die Worte: „Es ist das Wertvollste, was ich euch geben kann; ich habe es getragen in schwerer Zeit."

Und ein anderes Ereignis, das uns immer vor Augen stehen wird: Die Schwere-Artillerie-Abteilung rückt auf den Parkplatz einer neuen Ortsunterkunft. Auf einer Anhöhe stehen die Bewohner und verfolgen das Schauspiel. Die Geschütze mit ihren schweren Raupen-Zugmaschinen brausen heran, mustergültig in ihren Bewegungen. Jetzt stehen sie still, in Linie aufmarschiert und schnurgerade ausgerichtet. Da tritt in großer Bewegung ein alter, würdiger Bauer, rüstig und stark noch, vor den Wagen des Kommandeurs, richtet sich straff zum Deutschen Gruß auf, und mit leuchtendem Auge und der Kraft seiner Stimme ruft er: „Es lebe das große Deutsche Reich!" Es war ein kurzer Augenblick, der die Anwesenden erfaßte und ihnen von neuem eine Ahnung von der Größe und Kraft des Geschehens unserer Zeit gab, denn aus diesem impulsiven Ruf sprach mehr als oberflächliche Begeisterung.

Aufbau im Egerland und Heimkehr

Etwa 14 Tage blieb die I./Art.-Regt. 49 im Egerland in verschiedenen Ortschaften in der Nähe von Karlsbad, das wir durch eine Parade vor dem Oberbefehlshaber des Heeres und durch dienstliche Aufträge kennenlernten. Neben dem täglichen Dienst war die Truppe voll in Anspruch genommen durch die ständige Fürsorge für die Bevölkerung, durch Streifen und Hilfsdienste, die sie tief in die Täler, Wälder und auf die Berge des Egerlandes führten. Es galt, die Kunstbauten, Eisen-

52

bahnen, Brücken, lebenswichtigen Betriebe und die wichtigsten Straßen zu sichern.

Die Flucht des von der Tschechei eingesetzten Beamtentums hatte zur Folge, daß das besetzte sudetendeutsche Gebiet ohne jeden Verwaltungsapparat war. Die deutschen Stäbe und Truppen hatten also bei der Besetzung nicht nur für die rein militärischen, sondern fast für alle Verwaltungsbelange Sorge zu tragen. Es lag z. B. jeder Eisenbahn-, Post- und Autobusverkehr still. Fast sämtliche Verwaltungsunterlagen waren mitgenommen oder vernichtet worden; jede Liste fehlte. Infolgedessen hatte die Truppe neben ihrem Dienst eine große

Tschechischer Bunker im Saazer Land

Zahl ziviler Obliegenheiten zu erledigen. Aber überall griff der Soldat mit Lust und Liebe zu, und im Nu waren die Fühlung und das gegenseitige Verständnis, auch in Verwaltungsfragen, hergestellt.

Hilfsdienste und Streifen führten uns von den Südhängen des Erzgebirges bis zum Duppauer Hochland, von der Stadt Eger abwärts bis Klösterle und Kaaden, reizend gelegenen, deutschen Kleinstädten.

Welche weiträumigen Sichten, welche Schönheit der bereits verfärbten Laubwälder! Möge jeder Deutsche das Glück einmal haben, dies Land mit eigenen Augen zu sehen! Wie bereichert an Reiseland ist Deutschland seit Beginn dieses Jahres!

53

Ukázky z knihy Mit Dessauer Regimentern ins Sudetenland.

Der Führer kommt!

Da brausen Heilrufe heran, der Führer kommt. Er war von Asch aus ins Sudetenland eingezogen, zwischen Asch und Eger hat er mit seinen Soldaten aus der Feldküche gegessen wie einst im großen Weltkriege, als er noch der unbekannte Soldat war. Die Kameradschaft von damals gilt heute bei ihm noch stärker, wo er an der Spitze Großdeutschlands steht. Das Führerauto kommt von links hinten, der Führer fährt zwischen der Tribüne und dem Stadthaus vor und geht hinein in das Stadthaus zum Empfang durch die Stadtverwaltung.

Seine Züge sind tiefernst. Als er aber die farbenfrohe Kindergruppe sieht, da hellen sich seine Züge zum freudigen Lächeln auf. Die Truppe wird ihm gemeldet, der Führer geht auf die Kindergruppe zu und verweilt eine ganze Zeit bei ihr. Dann nimmt der Empfang seinen Beginn. Konrad Henlein spricht und begrüßt den Führer an der Spitze seiner Soldaten im heimgekehrten Egerland. Und dann spricht der Führer. Eine dunkle Wolkenwand hatte sich bedenklich über Eger heraufgeschoben, beinahe konnte man denken, daß es mit Mollen gießen würde. Als aber der Führer auf dem Marktplatz erschien, da lachte, wie schon so oft, die Sonne. Die stolzen Worte des Führers hallen über den Markt: „Darüber liegt der deutsche Schild und wacht das deutsche Schwert!" Nicht enden wollender Jubel umbraust den Führer, als er nach der Kundgebung wieder seinen Wagen besteigt und in Richtung Bahnhof fährt, um dem sudetendeutschen Parteihaus kurz vor dem Bahnhof, dessen Verwüstungen wir noch am Abend eingehend besichtigen konnten, einen Besuch abzustatten.

Der große Empfang ist vorüber, der Führer ist inmitten der heimgekehrten Deutschen. Kommandos hallen über den Marktplatz, Oberst von Sommerfeld unterhält sich noch einmal mit dem Führer der Leibstandarte, ϟϟ-Obergruppenführer Sepp Dietrich, dem Getreuen des Führers. Die Truppen marschieren ab, das Gewoge beginnt von neuem, es ist durchsetzt von den Kolonnen unserer Feldgrauen, die Begeisterung will kein Ende nehmen.

Von unserem 33er Regiment bleibt das Dessauer Bataillon in Eger, während das zweite und dritte Bataillon ihre Tagesaufgabe erfüllen und bis zur ostwärtigen Demarkationslinie vordringen. Die 2. Kompanie wird aus der Vorposten-Aufstellung zurückgezogen, sie hat ihre Aufgabe erfüllt, der Abend gehört ihr in Eger als erster Abend im befreiten Sudetenland.

20

Die Ehrenkompanie mit der Regimentsmusik vor dem Führer in Eger

Generalleutnant Paul Otto a tato jednotka byla také začleněna do sestavy Guderianova XVI. armádního sboru. Z textu v knize se bohužel nedá příliš přesně zjistit, kde byla divize dislokována v době podpisu Mnichovské dohody. Zřejmě to souviselo se snahou o nepříliš velké propagování skutečných záměrů v případě vojenského střetnutí. Na s. 14 je však zmínka, že se divize 1. října rozloučila s nádhernými kopci u hranic a přesunula se do údolí Dunaje do prostoru Řezna a odtud následně na sever do prostoru Schirnding (západně od Chebu). Cesta přes Řezno by mohla opět nasvědčovat tomu, že 13. divize byla ke konci září 1938 soustředěna stejně jako 1. tanková divize a 1. lehká divize v prostoru Českého lesa a počítalo se s ní k útoku ve směru Plzeň. Z důvodu mírového obsazování odstoupených území ČSR byla divize přesunuta na Chebsko, kde bylo nutno obsadit poměrně rozsáhlá území až k jazykové hranici před Rakovníkem. K tomuto účelu bylo nutné nasadit motorizované jednotky, zatímco nepříliš hluboký zábor na rozhraní Českého lesa a Šumavy zvládly ve stanovených termínech bez problémů i pěší, tj. nemotorizované, pluky.

Z popisu událostí spojených s obsazováním odstoupených oblastí lze celkem dobře rekonstruovat postupovou trasu pěšího pluku 33, resp. 13. divize. Ze Schirndingu postupovaly jednotky v hlavním směru Cheb – Kynšperk nad Ohří – Krásno – Bečov nad Teplou – Krásné Údolí – Toužim – Žlutice. Odtud se pak jednotky přesunuly do prostoru Blšan a následně na východ na jazykovou hranici, která protínala karlovarskou silnici v prostoru Hořesedel.

Přítomnost Hitlera při obsazování Chebu, nadšení sudetských Němců stejně jako bezmezná důvěra německých vojáků v činy svého Vůdce – text R. D. Irmera už ani nijak nemůže překvapit svým protičeským postojem, jen názorně dokresluje atmosféru, v jaké probíhalo obsazování této části západních Čech. Skvělá německá Wehrmacht opět v roli zachránce světového míru, kdežto lůza čs. armády týrající bezbranné sudetské Němce neumí přebrodit ani Odravu u Jesenice. Ani pan vévoda Beaufort však při vítání německé armády v Bečově nad Teplou jistě netušil, že bude za 7 let ukrývat rodinnou památku – relikviář sv. Maura pod podlahu kaple a nedobrovolně opouštět bečovské panství...

Kromě linie lehkého opevnění v prostoru Blšan se příslušníci 13. divize setkali s čs. postavením v prostoru Toužimi, kde jsou zmiňovány pokácené stromy v údolí. V září 1938 zde zaujala čs. armáda polní obranu přibližně na čáře Útery – Toužim – řeka Ohře, přičemž tuto obrannou příčku obsadil I/18 prapor a hraničářský prapor 5. Právě proto, že toto postavení čs. armády nebylo opřeno o objekty lehkého opevnění a bylo vybudováno pouze polním způsobem z velké části až po mobilizaci, dochovaly se z něj jen nepatrné zbytky. O to zajímavější jsou pak fotografie německých vojáků pořízené právě na této obranné příčce, které byly otištěny v již zmíněném druhém říjnovém vydání časopisu Wehrmacht.

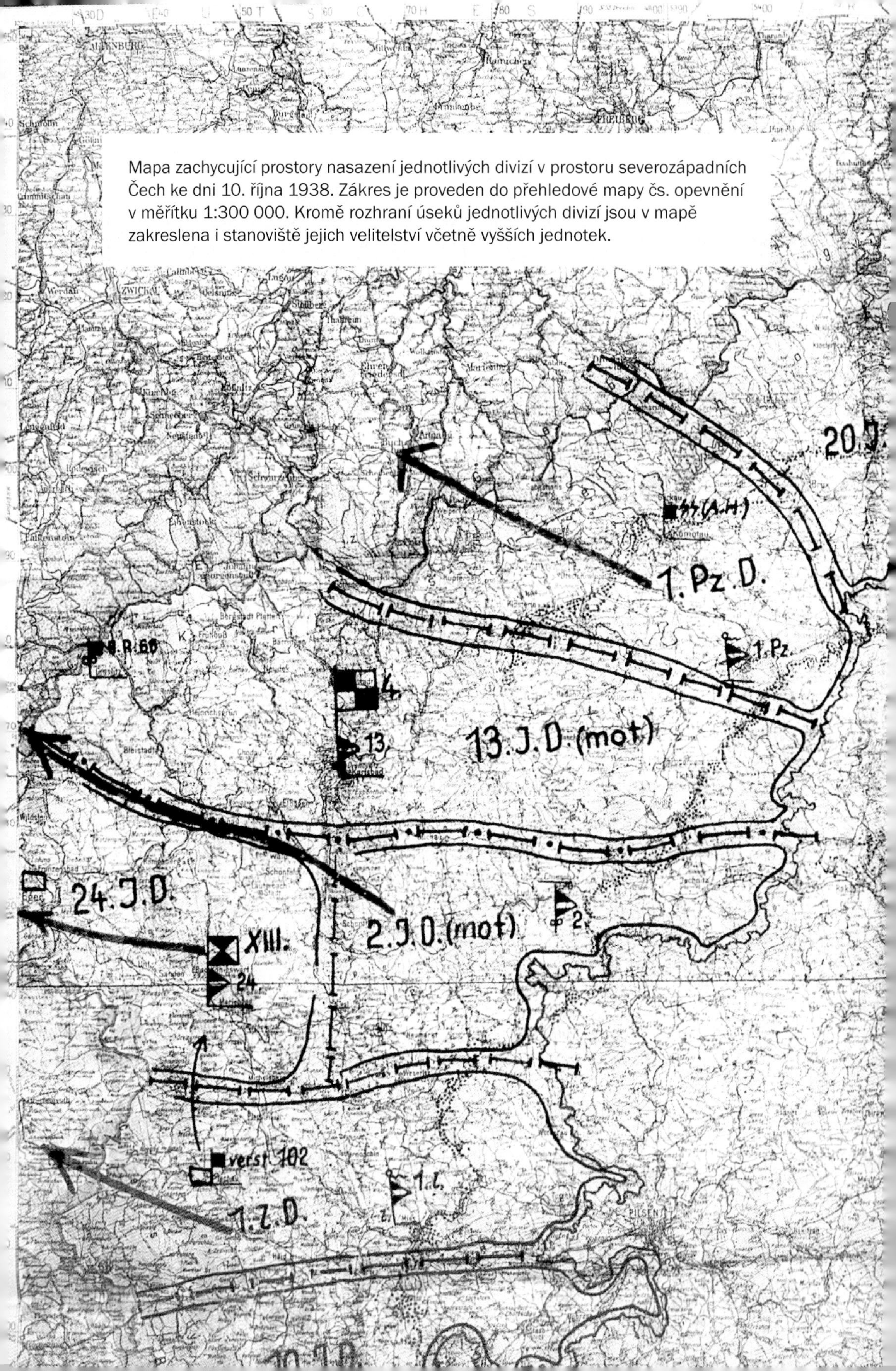

Mapa zachycující prostory nasazení jednotlivých divizí v prostoru severozápadních Čech ke dni 10. října 1938. Zákres je proveden do přehledové mapy čs. opevnění v měřítku 1:300 000. Kromě rozhraní úseků jednotlivých divizí jsou v mapě zakreslena i stanoviště jejich velitelství včetně vyšších jednotek.

Radistou u letecké pěchoty IR 16, Oldenburg (podzim 1938 během nasazení v Sudetech)

vzpomínky neznámého vojáka Wehrmacht

Neuběhlo ani 14 dní od doby, kdy jsem byl odeslán od spojovacího praporu 32 v Greifenbergu v Pomořansku na sklizňové velitelství. Jako čerstvě pečený žňový pracovník zkouším stále ne zcela bezvadné dovednosti. Dnes je u mého rolníka docela provoz. Pod velkým tlakem naváží vůz za vozem drahocenné obilí do stodoly, neboť Bohu počasí nelze zcela věřit a před očekávaným deštěm se má pokud možno ještě vše svézt. Jsem právě u nakládání nové fůry, když se kolem 9. hodiny dopoledne objevuje malý Hanomag z roty a pomalu dohopsává k našemu poli. Co má tato návštěva znamenat? No, snad jsem si něco nevyžral, takže v klidu vyčkávat. Mezitím dorazil vůz s rolníky a jedním svobodníkem z naší jednotky. Důvod: musím okamžitě zpět k rotě, protože jsem převelen do Munsterlageru[16]. Takže nastoupit do vozu, rychle sbalit věci u rolníka, poslední stisk rukou a jede se do kasáren. Hlášení na pisárně:

> Okamžitě si nafasujte věci na pochodovou výstroj a zítra ráno jedete do Munsterlageru k pěšímu pluku 16!

Účel a dobu převelení nikdo nezná. Tajné! Tedy pěkné nadělení. Z výstroje jsem nedostal kromě toho, co mám, žádný kus navíc. Z pisárny ještě dostávám tlustý dopis – poslední peníze od vedoucího účtárny a jsem zde hotový. Večer je ještě přesun s několika kamarády do našeho oblíbeného podniku a potom další ráno na vlak, jízdní směr Munsterlager.

V Berlíně potkávám první kamarády, pokaždé jednoho až dva muže z jednotlivých útvarů. Čím více se blížíme k cíli, tím je naše skupina větší a celá záležitost stále tajemnější. Konečně jsme dorazili do Munsterlageru a zažíváme první zklamání. Kdo doufal v nějaké pěkné ubytování v ještě hezčích kasárnách, musel své představy bezezbytku zahodit. Místo toho jsme se teď valili na výcvikový prostor, na kterém jsme neviděli kromě čistého písku a baráků nic přitažlivého. Úkol: Kde se nachází pěší pluk 16? Konečně. Poté, co jsme některé táborové ulici prošli sem a tam, našli jsme plukovní pisárnu. Špatná adresa. Posílají nás dále ke spojovací četě pluku. Takže kufr ještě jednou do ruky a jde se dál. Konečně jsme se našli správně. První pozdrav, odevzdání lístků na vlak a pak se jde konečně do ubytování – 30 mužů v jedné místnosti. Skříně jsou problémem samy osobě. Jak se tam teď srovnají všechny věci, je pro nás záhadou. Nejprve ukládáme všechno nutné dovnitř a kufr se zbytkem věcí pak zasouváme pod postel. Poté, co přešel první vztek, začínají někteří z nás roztávat. Jak jsem hned mohl zjistit, jsme tady pěkná sebranka. Je slyšet každý dialekt od východního Pruska až po Bavorsko. Brzy padají první vtipy – důkaz toho, že se nálada vrací k normálu.

---

[16] Ubytovací tábor ve vojenském výcvikovém prostoru Munster.

Další den fasování oděvů. Stojíme ve velkém kruhu kolem dozorčího skladu a za všelijakých pěkných poznámek si necháváme házet na hlavu jednotlivé kusy oblečení. Brzy zmizel poslední radista a místo nich se objevují čerstvě pečení pěšáci.

Pozdravení od velitele spojovací čety pluku Herr Oberleutnanta Schradera. Teprve nyní se vlastně dozvídáme účel naší přítomnosti: Pěší pluk 16 je jako letecký pluk přímo podřízen nejvyššímu armádnímu velení a má být v případě války nasazen za nepřátelskou linií. Pro takovýto úkol musí být zajištěno odpovídající spojení, které budou zabezpečovat radiostanice. Z důvodu utajení je ale nemožné převelet sem celou rotu rádiového poslechu nebo případně její polovinu. Proto tedy ta okamžitá cesta a z každého útvaru odebráni jeden až dva muži. Záhada je vyřešena a vzhůru do práce.

Krátce potom první služba. Především dostáváme poprvé naše přístroje, hlavně přenosné rádiové stanice b a d, které jsou naskládány na hromadě v jedné kůlně. První rádiový provoz. Pro nás nic zvláštního, konečně je to náš obor. Brzy k tomu přichází ale další věc, která není už tak příjemná a pro nás, příslušníky motorizovaného oddílu, dává poznat pravý význam našich vozidel. Protože si při nasazení za nepřátelskou frontou nemůžeme vzít s sebou naše vozidla, musí být každý přístroj nesen – to musíme nyní cvičit. Den za dnem pochodujeme v okolí Munsterlageru. Ach, kde je krásná romantika přírody. Pro nás nezbývá nic než věčný písek a křivá záda, která bolí každým ušlým kilometrem čím dál tím více.

Momentka z výcviku německých parašutistů, kteří se měli výsadkové operace také zúčastnit.

Dobová pohlednice vojenského výcvikového prostoru Munsterlager.

Jednoho dne je něco nového. Máme společně provést naše letecké cvičení s rotou parašutistů, která je k nám nyní začleněna. Ve dvě hodiny v noci pochodujeme rychle směrem k lesnímu letišti v blízkosti našeho tábora. Asi po dvou hodinách rozeznáváme z určité vzdálenosti obrysy velkých JU 52. Asi 20 strojů je rozmístěno na kraji letiště. Do začátku cvičení má však uplynout ještě nějaká doba, protože nad zemí leží hustá mlha znemožňující start letadel. Konečně se jde na věc. Parašutistická rota stoupá vzhůru, vyskakuje nad další plochou a uklízí ji. O několik minut později letíme i my. Většina z nás je poprvé v letadle. O to větší je to zážitek, vidět pod námi zemi, po které jsme tak dlouho šlapali, a vznášet se nad ní.

Brzy potom končíme v Munsterlageru. Další cíl: Oldenburg. Vstříc našemu novému cíli nás veze dlouhý nákladní vlak. Při vykládání na oldenburském nádraží nás skrápí silný déšť. Rychle jsme rozděleni do jednotlivých kasáren. Většina z nás se dostala k praporům na kraji města. Ještě se 30 kamarády zůstávám u spojovací čety pluku. Jsme sice ve staré budově, ale má to výhodu v tom, že jsme v centru města. Nová cvičení, nové pochody. Vedle toho výcvik s pistolí a vrhání ručních granátů – věci, které jsou pro nás spojaře ještě nové, a proto i dvojnásobně zajímavé.

První zprávy se šíří kolem: v příštích dnech bychom měli přijít na českou hranici. Do jaké míry je to pravda, však nikdo neví. Možná to už může být, neboť každým okamžikem atmosféra houstne. Tu přichází rozkaz pro dva kamarády a pro mne:

Okamžitě se připravit, dnes v noci odjezd do Chotěbuzi[17] k zajištění ubytování!

Konečně se to dalo do pohybu. Rychle ještě přebíráme nutné věci: munici, obvazové balíčky atd. Ve dvě hodiny v noci sedíme společně s kamarády z jednotlivých praporů v rychlíku a jedeme vstříc novému cíli: my do Chotěbuzi, ostatní z části do Gubenu a Vratislavi (Breslau). Delší pobyt ve Frankfurtu nad Odrou. Zde vidíme první transporty uprchlíků ze Sudet. Současně ale máme smůlu a zmeškali jsme správný přípojný vlak. Výsledek: do místa určení přijíždíme s několikahodinovým zpožděním. Jeden záložní poručík již naštěstí začal se zajišťováním ubytování, takže časová ztráta již žádné další problémy nepůsobí. Za několik hodin jsme s prací hotovi a můžeme jít do vlastního ubytování. O den později za námi následuje pluk.

Naši službu tvoří nyní kromě několika cvičných pochodů vlastně jen čekání na nasazení. Ale právě čekání je to nejhorší, co pro nás může být. Den za dnem sedíme u rádia a slyšíme zprávy: stále nové násilné činy, přepady a teror. A my zde jen nečinně sedíme a nemůžeme se zapojit.

Přišel Mnichovský diktát – obrat, který nikdo z nás už nečekal. Začíná mírové obsazování. Kdy přijdeme na řadu? A zase čekáme. Skoro se zdá, že se na nás zapomnělo. Konečně je tu rozkaz k přesunu. Na letišti pro nás stojí připravených 80 letadel. Plné polní jsou rychle naloženy a potom stroje s hukotem startují k našemu nejkrásnějšímu letu. Do Bruntálu, kde je naše přistávací plocha, je to kolem 400 km. Ne všem ale dělá cesta dobře. Od našeho Feldwebla ještě vím, že celý let strávil s hlavou v sáčku.

Přistání na volném poli u Bruntálu. Je to zvláštní pocit, stát náhle na zemi, která byla před několika dny nepřátelskou, ačkoliv zdejší lidé mají stejnou řeč a stejné cítění. Potom pochodujeme do města. Už si myslíme, že jsme u cíle, ale jak se ukázalo, šli jsme špatně. Pěkné nadělení. Bez vybavení by to pro nás nic neznamenalo, ale takto není pochod zrovna zábavou. Naštěstí dostáváme od protiletadlové jednotky parkující na hlavní silnici do zápůjčky dvě vozidla, která nás dopravují na místo určení. Tam se staráme o polní kuchyni a potom se přesunujeme do našeho předběžného ubytovacího místa v Karlově Studánce. Ubytování je naprosto skvělé. Dostáváme pokoj pro dva až tři muže v prázdných lázeňských domech. Ani jsme si to nemohli přát lepší. Pouze je hloupé to, že tu ještě není naše polní kuchyně, takže v prvních dnech musíme přežívat pouze na našich železných dávkách potravin. Služba je klidná. Kromě strážní služby a trochy rádiového provozu vlastně nic

[17] Cottbus – německé město v Braniborsku ležící na řece Sprévě asi 100 km jižně od Berlína

Formace transportních letadel Junkers 52 během letu do Bruntálu. Jak píše autor textu, ne všichni vojáci snášeli let do Sudet úplně v pohodě (7. října 1938).

Německá letadla Junkers 52 připravená na letišti v Breslau k provedení výsadkové operace v Československu (září 1938).

Pohled z bočního okénka jednoho z transportních letadel letících do Bruntálu (7. října 1938).

Společně s leteckou pěchotou pěšího pluku 16 se výsadkové akce účastnili také příslušníci Luftwaffe, kteří si pořídili fotografii bezprostředně po přistání v Bruntálu (7. října 1938).

Příslušníci pěšího pluku 16 se po přistání 7. října 1938 formují na ploše k pochodu do Bruntálu. Kdo ví, zda je mezi nimi i autor těchto vzpomínek?

zvláštního. Tomu rozumí výborně i náš Oberleutnant a zbylý čas využíváme k prohlídkám. Poznáváme okolí, navštěvujeme české bunkry a především podnikáme výstup na Praděd v Jeseníkách – pro mne jako Tyroláka z nížiny je to vůbec první horská túra.

Čas v Karlově Studánce utíká příliš rychle, pak přichází rozkaz k přesunu zpět do Oldenburgu. Tentokrát nesedíme bohužel v žádném rychlíku nebo letadle, ale v útulném osobáku, který moc nepospíchá s tím, aby nás odvezl zpátky do původních kasáren. Konečně jsme u cíle. Na krátkou dobu se ještě zdržíme v Oldenburgu a pak je naše převelení u konce. Z pěšáka se stal zase radista. Přesto pokaždé rád zpětně vzpomíná na čas strávený u pěšího pluku 16.

Přehled místopisných názvů

Altvater – Praděd
Altvatergebirge – Hrubý Jeseník
Bad Karlsbrunn – Karlova Studánka
Freudenthal – Bruntál

Pohled z otvoru pro střeliště havarovaného letadla Junkers 52 na přistávací plochu u Bruntálu (říjen 1938).

Němečtí vojáci podnikali ve volném čase často výlety do okolí. Tento snímek pořízený severně od Vrbna pod Pradědem zachycuje charakter horského terénu v Jeseníkách. Kromě částečně patrné obranné linie lehkého opevnění jsou na fotografii patrná i zaparkovaná vozidla německé Wehrmacht (říjen 1938).

Němečtí vojáci při prohlídce řopíku XXI/3/B1-80Z lomený vpravo u Mnichova nedaleko Vrbna pod Pradědem (říjen 1938).

Velké pozornosti ze strany vojáků německé armády i civilního obyvatelstva se dočkal tento řopík XXI/4/A-120Z lomený vpravo stojící u samoty Birkhahn severně od Mnichova. Tento objekt totiž navštívil osobně Adolf Hitler odpoledne 7. října 1938 a z pevnůstky nazývané pak Führerbunker se v následujících letech stalo poutní místo. Době poplatné nápisy jsou uvnitř na výdřevě patrné dodnes (říjen 1938).

Führerbunker na dobové pohlednici, která informuje rovněž o věrnosti Mnichova u Vrbna pod Pradědem Adolfu Hitlerovi. Povšimněte si schůdků, které byly vybudovány před objektem pro zajištění lepšího přístupu.

Komentář

Tyto vzpomínky jednoho z příslušníků německé armády byly vypracovány pro propagandistické potřeby velitelství XVIII. armádního sboru v Salzburgu. Po návratu z nasazení v Sudetech a o rok později v protektorátu byli příslušníci podřízených jednotek XVIII. sboru požádáni, aby sepsali eseje o prožitých událostech. Nejlepší příspěvky pak byly otištěny v propagandistických a vzpomínkových publikacích, jejichž vydání zajišťovala velitelství příslušných armádních sborů. V Čechách je známa především kniha **Mit dem VII. Korps ins Sudetenland** o obsazení Šumavy, salcburské velitelství vydalo v roce 1939 obdobnou obrazovou knihu **Wir vom Alpenkorps**, která dokumentuje obsazení Znojemska v říjnu 1938 a Brna v březnu 1939. Texty vojáků Wehrmacht se vzpomínkami na obsazení Sudet byly ale používány i v dalších publikacích, které vydávalo přímo nejvyšší velení německé armády. V archivních fondech XVIII. armádního sboru se dochovaly desítky nejrůznější esejí se vzpomínkami na Sudety a protektorát, avšak tato jediná se netýká obsazení jižní Moravy. Bohužel kromě nečitelného podpisu nejsou vzpomínky nijak signovány, a jméno jejich autora tedy neznáme. Originální německý text je zpracován na 5 stranách strojopisu a nese znaky zásahů korektora. Opravy se však týkají především gramatiky, po obsahové stránce text upravován nebyl. K textu nebyly přímo přiřazeny žádné fotografie, použité doprovodné snímky pocházejí z pozůstalostí jiných příslušníků Wehrmacht a Luftwaffe.

Téma výsadkové operace u Bruntálu bylo v české literatuře již několikrát zpracováno, první informace se objevily v knize M. Johna dokonce již na konci 80. let minulého století. Konfrontací s historickými fakty a dobovými fotografiemi se však podařilo celou řadu informací z knih M. Johna vyvrátit a získané nové poznatky jsme zpracovali v rámci kapitoly Mýtus jménem Operace Bruntál v knize Souboj bez vítěze. Výše uvedené vzpomínky německého radisty nám umožňují nahlédnout ještě trochu více „pod pokličku" této plánované operace, která byla vlastně vůbec první výsadkovou operací na území nepřítele. I když obyčejný radista neznal pozadí a podrobnější plány celé plánované operace, lze mnoho vyčíst i ze samotného popisu výcviku. Je zřejmé, že Němci velmi dbali na důsledné utajení plánované výsadkové akce, když ani sami němečtí vojáci neznali důvod převelení. Důležitá je rovněž zmínka o součinnosti s parašutistickými jednotkami během výcviku. V průběhu mírové operace u Bruntálu sice parašutisté také přistávali v transportních letadlech spolu s leteckou pěchotou, lze ale předpokládat, že v případě reálné válečné akce by byli skutečně vysazeni na padácích u Bruntálu kvůli úpravě potřebných přistávacích ploch a zajištění jejich obrany. Z textu také vyplývá, že by výsadková letadla startovala zřejmě ze tří letišť. Bohužel jsme se však stále nedověděli, zda jediným cílem výsadkové operace byl Bruntál, nebo zda byly vytipovány i nějaké další plochy k přistání.

Eines Tages gibts etwas Neues. Wir sollen zusammen mit der Fallschirmkompanie, die uns angegliedert ist, unsere Flugübung durchführen. Um 2 Uhr nachts marschieren wir los, Marschrichtung ein Waldflugplatz in der Nähe unseres Lagers. Nach ungefähr zwei Stunden erkennen wir in einiger Entfernung die Umrisse der grossen Ju 52. Rund 20 Maschinen sind am Rande des Platzes aufgestellt. Doch bis zum Beginn der Uebung soll noch eine ziemliche Zeit vergehen, denn vorläufig liegt ein so dichter Nebel über dem Erdboden, dass ein Starten der Maschinen unmöglich ist. Endlich geht es los. Die Fallschirmkomp. steigt auf, springt über dem nächsten Platz ab und räumt das Feld. Einige Minuten später fliegen auch wir. Die meisten von uns sind wohl das erste Mal in einem Flugzeug. Um so grösser dafür das Erlebnis, die Erde, auf der wir solange getippelt sind, nun plötzlich unter uns zu sehen und erhaben darüber hinwegzuschaukeln.

Ungefähr 8 Tage danach ist Schluss im Münsterlager. Nächstes Ziel: Oldenburg. In einem langen Güterzug fahren wir unserem neuen Bestimmungsort entgegen. Strömender Regen, als wir auf dem Oldenburger Bahnhof entladen wurden. Rasch sind wir auf die einzelnen Kasernen verteilt. Die meisten von uns kommen zu den Bataillonen am Rande der Stadt. Mit noch 30 Kameraden bleibe ich beim Reg.-Nachrichtenzug. Wir liegen zwar in einem alten Bau, haben dafür aber den Vorzug, im Zentrum der Stadt zu sein. Neue Uebungen, neue Märsche. Daneben Pistolenausbildung und Handgranatenwerfen, Sachen, die für uns von den Nachrichtenabteilungen noch neu und dafür doppelt interessant sind.

Die ersten Parolen gehen herum: In den nächsten Tagen sollen wir an die tschechische Grenze kommen. Inwiefern das wirklich zutrifft, weiss kein Mensch. Möglich kann es schon sein, denn es ist ja augenblicklich ziemlich dicke Luft. Da kommt für zwei andere Kameraden und mich der Befehl: "Sofort fertigmachen, heute nacht Abfahrt als Quartiermacher nach Cottbus!" Also geht's doch endlich los. Rasch werden noch die nötigen Sachen empfangen: Munition, Verbandspäckchen usw. Um zwei Uhr nachts sitzen wir zusammen mit den Kameraden der einzelnen Bataillone im D-Zug und fahren unseren neuen Zielen entgegen: Wir nach Cottbus, die anderen teilweise nach Guben und Breslau. Längerer Aufenthalt in Frankfurt an der Oder. Hier sehen wir die ersten Flüchtlingstransporte aus dem Sudetengebiet. Gleichzeitig haben wir aber auch das Pech, den richtigen Anschlusszug zu versäumen. Erfolg: Wir kommen mit einigen Stunden Verspätung an unserem Bestimmungsort an. Glücklicherweise hat ein Leutnant der Reserve schon mit dem Quartierbesorgen begonnen, sodass sich der Zeitverlust für uns nicht weiter auswirkt. In einigen Stunden sind wir mit unserer Arbeit fertig und können in die eigenen Quartiere gehen. Einen Tag später kommt das Reg.

Ukázka strany původního strojopisu i se zásahy korektora.

Výsadková akce měla být podpořena také útoky bitevního letectva. U Bruntálu nakonec přistála mimo jiné i letadla typu Junkers JU-87 Stuka. Pravděpodobně se jedná o stroje patřící Sturzkampfgeschwader 163 z Chotěbuzi (říjen 1938).

Adolf Hitler a Hermann Göring na náměstí v Bruntále dne 7. října 1938. Zajímavé je, že se pisatel vzpomínek ani slovem nezmínil o přítomnosti Vůdce v Bruntále. Jak je vidět, obyčejného vojáka trápila spíše těžká radiostanice na zádech než blízkost samotného Hitlera.

Byli jsme u toho – pochod do Sudet

zpracoval Leutnant Fechner, Panzerregiment 6

věnováno našemu veliteli pluku, Herr Oberst Crüwellovi, 1. 2. 1938 až 1. 4. 1939

Příprava

Slunce a vítr, ostré střelby na střeleckých dráhách, pohled na nádherné jezero! Šest překrásných dní ve vojenském výcvikovém prostoru Putlos u Lübecké zátoky. Mnozí z nás ještě Ostsee nikdy neviděli, protože dosud měli povolání nebo pracoviště pouze na jednom místě. Před námi tato nekonečná vodní plocha – malá brána do velkého světa!

Pěkné časy jsou nyní za námi. Jen neradi nakládáme naše bojová vozidla zase na železnici, která nás má převézt k dalším cvičením. Od opětovného obsazení Porýní ještě žádný tankový pluk nepřekročil Rýn. Proto nám bylo připraveno srdečné přijetí.

Okolí vojenského prostoru Bergen, horké letní počasí, mnoho nocí prostrážených na cvičení a stísněné ubytování ve stanech vytvářejí atmosféru, která vojákovi v míru přiroste k srdci a jednotce daruje sborového ducha, který ji ve vážném případě podrží.

Po návratu do posádky se pluk účastnil velké přehlídky v Berlíně před Vůdcem a maďarským regentem Horthym. Brzy nato začaly už přípravy na podzimní cvičení, v kterých bylo nařízeno připojit cvičení ve volné krajině.

Během této doby dospěla politická situace k trvalému vyhrocení kvůli rostoucímu terorizování části německého národa v Československu. Záložníci povolaní na cvičení nastoupili a brali zase svoji službu tak, jako by byli na krátké dovolené. Také jsou mezi nimi nevycvičení muži, kteří s nadšením důvěřovali svěřeným úkolům a zbraním.

Kasárna byla rotami vyklizena podle plánu a pluk byl přesunut na cvičení do saského výcvikového prostoru. Politické dění získalo mezitím nezastavitelný průběh.

V kasárnách jsme si často vystačili s rozhlasovými zprávami a nepociťovali nedostatek novinového čtení. Ale nyní se vyprodal novinový kiosek v táboře během několika minut po příchodu nového vydání.

Divákem světových dějin

Už dny se nacházíme ve vojenském výcvikovém prostoru Königsbrück[18] a čekáme na rozkaz k pochodu. Denně se množí zprávy o týrání našich soukmenovců v Československu, které je vzdáleno jen několik kilometrů od nás. Můžeme přímo odtud překročit hranici, nebo budeme nasazeni na jiném místě se zvláštním posláním? Rozkaz k pochodu nám konečně přinesl jasno o dni přesunu.

V podvečer odjezdu jsme s několika kamarády jeli do krásných Drážďan, abychom na vlastní oči viděli proudy uprchlíků a mohli s nimi promluvit. Pozdní večer

---

[18] Vojenský výcvikový prostor Königsbrück se nachází asi 30 km severně od Drážďan.

sedíme společně v jednom drážďanském hotelu a vyměňujeme si názory o tom, co nám přinese nejbližší budoucnost. Kolem dokola hodně hostů, kteří přijeli na zotavení do Drážďan. Žádným způsobem to zde nevypadalo, že by Evropa stála před velkými událostmi.

Civilizovaný klid náhle přerušilo několik číšníků, kteří odemkli malou boční místnost. Personál zneklidněl! Právě usedl básník Gerhart Hauptmann[19] s chotí, oba právě pobývající v Drážďanech, když prošli sálem dva muži v tmavých uniformách s páskami s hákovými kříži. Tu vstupuje najednou do sálu muž v civilu, který je veden dvěma muži doprovodu do malé místnosti. S ohromením poznáváme ten obličej, který je nyní vidět v každých novinách – Konrad Henlein.

V obličejích Henleina i jeho doprovodu leží hluboká závažnost posledních týdnů. Kromě osobního vypětí je zřetelně cítit, v jaké míře se vůdce sudetských Němců cítí zodpovědný za chod dějin. Jedno selhání disciplíny sudetských Němců, kteří musí se samozřejmostí snášet každodenní utrpení, může stačit k tomu, aby vybuchl soudek prachu v Československu. Jaké následky by z toho mohly vzniknout!

V doprovodu Henleina jsou vidět mladí muži patřící k sudetoněmeckému Freikorpsu. Do jejich mladistvých tváří se vepsala závažnost situace a uvědomění si odpovědnosti. To jsou chlapi! Jejich vystupování, které je v naprostém protikladu ke zbývajícím hostům, nás všechny ohromeně umlčelo.

Teprve dnes ráno stálo ve všech novinách, že je Konrad Henlein ve své zemi stíhán. A teď přešel v doprovodu silných chlápků ve tmavé noci na nějakém místě hranici do Říše. Musí stačit jen málo hodin pro důležité domluvy, potom jde zase do Čech za svými sudetskými Němci a tím pádem i do sféry působení české justice. Závidíme těmto mužům, kteří v těchto napjatých dnech smějí vyjednávat a ručí za jejich německou zem.

Tak rychle jak přišli, zase Konrad Henlein a jeho doprovod odešli. V hotelové jídelně se zase všechno vrátilo do starých kolejí. Tuší hosté, pojídající v klidu své menu, jaké enormní politické změny se stanou skutečností? Cítili rozdíl mezi těmito muži a sebou samými? Tiše jsme přemýšleli o tom, jaké štěstí by bylo smět být u toho a s našimi zbraněmi dovést boj těchto mužů do konce.

Jde se do Slezska

Předvoj velitelství pluku vyrazil do nového cíle ve Slezsku, aby pomohl Luftwaffe s bojovou přípravou. Po dálnici Görlitz – Breslau dorazil zajišťovací odřad následujícího dne za začínající tmy do malého městečka Namslau. Zatímco důstojníci

[19] Gerhart Johann Robert Hauptmann (1862–1946) – významný německý dramatik, básník a prozaik, držitel Nobelovy ceny za literaturu v roce 1912.

vyjednávali se zástupci města v jednací místnosti radnice o ubytování, kluci a holky se točili kolem vozidel a jejich otázky na neznámé černé uniformy nebraly konce. Brzy začali chodit ubytovatelé od dveří ke dveřím, aby ubytovali své kamarády. V průběhu další noci dorazil zbytek pluku.

Na hranici Říše si lidé dokážou vážit ochrany silné Wehrmacht. Obyvatelstvo Namslau poskytlo nám tankistům příkladnou přátelskou pohostinnost. Cítili naši přítomnost v těchto napjatých dnech jako uklidňující, zvláště když hranice byla vzdálena několik letových minut.

Tanky byly rozestavěny na propletených cestách v městském parku a v blízkém lesíku a pod kvetoucími keři vypadaly jako vyčkávající nestvůry. Mužstvo čekalo na rozhodující rozkaz i přes veselé hodiny strávené v pivnici Haselbach-Bräu nebo ve veselém kruhu smějících se děvčat. Každý si ve svých volných hodinách trochu odlehčil, jak mu bylo milé, a připravil se splnit svoji povinnost stejně tak, jako to zažili otcové ve velké válce.

Průzkum pohotovostního postavení

Rozkaz pluku:

> Dnes v 11 hodin se shromáždí velitelé oddílů a rot k terénnímu průzkumu plánovaných pohotovostních postavení na jižním okraji Namslau.

Je pozdní letní den a kolona vozidel se dala do pohybu, aby se připojila za rychle jedoucí vůz velitele pluku. Cesta vedla rovně na jih a brzy zůstalo město Oppeln v tetelícím se vzduchu za námi v dalekých rovinách. Čím více se blížíme k hranici, tím pomaleji to jde vpřed. Předjíždíme pochodující jednotky. Podél silnic byly položeny stále početnější tlusté kabely spojující vyšší štáby a polní kabely spojující místa obsazená nižšími jednotkami. Jsou vidět provizorní polní nemocnice. Zdravotní sestry se starají o početné kolony uprchlíků, které zdraví projíždějící vozidla. Uprchlíci mlčky obstoupili jeden vůz, ze kterého vytáhli muže zmláceného pažbami pušek. V jeho očích je vidět němá otázka: „Kdy ukončíte ty hrůzy a umožníte nám volnou cestu zpět do vlasti?“

Při krátkém vydávání rozkazů v jedné malé vesnici přidělil velitel pluku oddílům jejich prostory:

> Jde o to, aby prostory rot byly pečlivě prozkoumány a každé jednotlivé vozidlo bylo v několika málo minutách po nočním navedení zcela zakryto. Musí být zajištěno co nejrychlejší vyhlášení poplachu!

I. oddílu připadlo město Bauerwitz. Protože tu nejsou žádné vhodné lesy, byly každé rotě přiděleny ulice. Každá vjezdová brána a každá stodola přistavěná těsně k hospodářství se zaměřuje a poznamenává. Obyvatelé ochotně otevírají své dvory a nejednou kladou otázku, co se zde zamýšlí.

Za nastupující tmy projíždí městečkem dělostřelecký oddíl. Dělostřelci sesedli a pochodují s vojenskými písněmi na čele jejich baterie. Za nimi jezdci s koňmi a děly.

Odjezd zpět je velitelům rot stanoven volně. Když jsme se blížili k Oppeln, slyšeli jsme z reproduktorů přes otevřená okna Vůdcův hlas. Každý ví, že Vůdce dnes bude ve své řeči ze sportovního paláce v Berlíně otevřeně hovořit o svých záměrech. Jdeme do kavárny poslechnout si jeho projev.

Civilisté sledují přicházející zaprášené vojáky očima, jejich pohled míří na složku map, kterou máme s sebou. Jako by doufali, že se něco dozvědí. Vůdce mluví o povinnosti německého národa se bez jakýchkoliv pochyb zasadit o bratry mimo Říši a žádá všechny Němce, aby za nimi stáli jako jeden muž. Ještě dlouho nám v uších zněla slova, která dav neustále opakoval: "Vůdce přikáže, my následujeme!"

Válka přece nebude

Napětí stoupá ze dne na den. Denně od 12 hodin drží roty poplachovou pohotovost, aby mohly provést rychlý noční přesun. Příjemci rozkazů čekají a pospávají u štábů.

Rozhlasové aparáty jsou ještě vypnuty. Udiveně se dovídáme, že anglický premiér Chamberlain poprvé ve svém v životě nastoupil do letadla, aby se vydal za Vůdcem. Osobní rozhovor obou mužů přesto nepřinesl žádný výsledek. Nové setkání se bude konat v Godesbergu na Rýně. Pokud západní mocnosti okamžitě neprojeví souhlas s německými požadavky, budou muset s ohledem na rostoucí teror v Česku převzít odpovědnost za další dění.

Také godesberské rozhovory vyšly naprázdno a nejistota zůstala. Navíc Češi situaci ještě zvláště vyostřili odmítnutím německého memoranda. 27. 9. 1938 se v Oelsu konala velkolepá bohoslužba pro jednotky soustředěné v okolí. Duchovní při ní poukázal na věrnost naší vojenské přísaze.

Konečně je stanoven jasný požadavek. K 1. 10. 1938 má Česko-Slovensko předat Sudety. Přesto se zdá konflikt nevyhnutelný kvůli pošetilosti jejich státního vedení. Večer 28. 9. 1938 přináší rozhlas zprávu o Vůdcově pozvání státníků Anglie, Francie a Duceho Itálie. 29. 9. 1938 začínají v Mnichově rozhovory mezi státníky. V 1:30 hod. v noci se svět dovídá, že se západní mocnosti nepostavily proti Vůdcovu požadavku na mírové vydání Sudet Německu. Tíživé napětí předcházejících týdnů se snižuje díky pocitu radosti. Vůdce dokázal to, co měly miliony za nemožné!

Překračujeme hranici

Po týdnu, kdy jsme si užívali přátelské pohostinnosti s obyvateli Namslau, byl pluk přesunut přes Odru do prostoru Cosel, aby zde byl k dispozici. Pluk se dočkal zvláštní pocty. Velitel pluku Oberstleutnant Rothenburg – byl s částmi pluku převelen do Ziegenhals jako ozbrojený doprovod Vůdce a vrchního velitele. Vůdce, který se také zde v okupačním úseku IV účastnil pochodu svých vojáků a pozdravil sudetské

Velitel 3. Panzerbrigade Oberst Crüwell předává Oberstleutnantovi Rothenburgovi rozkaz k postupu tankového pluku 6 na území Sudet (převzato z publikace Wir waren dabei, říjen 1938).

Zástupy sudetoněmeckých uprchlíků se vracejí s kolonami tanků zpět do Sudet (převzato z publikace Wir waren dabei, 8. října 1938).

Němce, byl doprovázen částmi pluku přes Krnov a Bruntál. Všichni ostatní v pluku, kteří už dva týdny čekali na překročení hranic, záviděli svým kamarádům, kteří měli štěstí a mohli doprovodit nejvyššího velitele.

Už týden nás svírají nejistota a pochybnosti – budeme u toho, nebo budeme posláni zpět do Neuruppin, aniž bychom směli překročit hranici? Ani na bále, který se konal 6. 10. v jedné vesnici, se nálada nezlepšila. Najednou přišel uprostřed noci divizní rozkaz:

> Pluk se přesune 7. 10. do prostoru Cosel a 8. 10. překročí hranici jižně od Ratiboru.

Kletba je konečně zlomena a všichni mohou lehčeji dýchat a těší se – přece jen budeme u toho!

Přišel toužebně očekávaný den – zamračený, studený a deštivý říjnový den. Pluk se shromažďuje časně ráno 8. 10. jižně od Coselu na velké silnici do Ratiboru. Obličeje nám bičuje studený déšť hnaný větrem. Ani nejodpornější počasí však nemůže pokazit náladu z toho, že jsme dostali rozkaz k nástupu.

Čím více se blížíme k hranici, tím bouřlivěji jsme zdraveni příhraničním obyvatelstvem, tím více přestává pršet a rozjasňuje se obloha. Všichni lidé jsou svátečně oblečeni, jásají, mávají vlajkami a házejí nám květiny.

Dosáhli jsme německé celní hranice a zastavujeme před závorou ozdobenou květinami a čerstvou zelení. Velitel pluku vysílá vpřed několik motocyklistů, aby prozkoumali možnost překročení hranice. Zní to zvláštně, ale Češi nechali zřídit na všech cestách vedoucích přes jejich hranici betonové zátarasy rozmístěné do značné hloubky. Když se motocyklisté přibližují k barikádám, začne jásot množství lidu, které se tam shromáždilo. Hned rychle provést rozkaz nejde, jsou zasypáváni deštěm květin. Někteří sudetští Němci objímají naše kamarády, oči mají plné slz z radosti. Nemůžou ještě pochopit, že mají před sebou opravdové německé vojáky, své osvoboditele.

Slunce se prodralo přes mraky a dosahuje svého poledního vrcholu. Potom přichází čas k překročení hranice. Ozdobená německá závora jde nahoru, motory našich tanků burácejí a pluk se dává do pohybu za jásotu německého pohraničního obyvatelstva.

Vedle povaleného českého hraničního sloupu stojí náš velitel pluku Herr Oberst Crüwell, vedoucí pochodové skupiny, které je náš pluk podřízen. Za zvuku rázné pochodové hudby projíždíme kolem s vlající standartou. Naše tanky kličkují mezi betonovými zátarasy a vstupujeme do nového, ale přece tak starého, většího Německa.

Průjezd vozidel tankového pluku 6 přes objekt zvláštního zařízení u Chuchelné (převzato z publikace Wir waren dabei, 8. října 1938).

Německé tanky projíždějí jednou z vesnic na obsazovaném území (převzato z publikace Wir waren dabei, 8. října 1938).

Obyvatelstvo obce Chuchelná ležící bezprostředně u hranice se shromažďuje v husté tlačenici podél cesty. Každý dům je ozdoben zelení, květinami, obrazy Vůdce a vlajkami. Naši osvobození bratři nás bouřlivě vítají. Každý tank dostává své květiny a každý je zdraven nadšeným hajlováním z ochraptělých hrdel. Zářící oči se plní slzami a životem zkoušené obličeje se rozjasňují ve výrazu vděčnosti a radosti.

Navždy padlou hranici s námi překračuje armáda uprchlíků otužených nouzí a žalem. Pracovním životem sešlí starci táhnou na rozvrzaných vozících svůj majetek zpět do vlasti. Nedospělí utrápení chlapci běží ve svých obnošených šatech vedle našich tanků, aby co nejrychleji dosáhli své vlasti. Jejich jediným majetkem je obraz Vůdce nebo vlajka s hákovým křížem, kterou si připevnili na klacek. Jedna mladá matka má své nejmenší dítě v náručí a větší drží za ruku. Rozrušeně pospíchá do vlasti a hledá své příbuzné. Konečně nalézá svoji babičku a hlasitě vzlyká v jejím náručí. Jsme svědky podobných rozrušených znovushledání.

Náš postup jde dále přes Chuchelnou podél rozbité továrny a vytrhaných železničních kolejí. Pokračujeme dále ještě několik kilometrů a odpoledne přijíždíme do podzimního listnatého lesa, kde odpočíváme. Dlouho ležíme společně v trávě a mluvíme o tomto památném dnu. Klesající podzimní slunce vrhá přes stromy dlouhé paprsky. Jsme nekonečně šťastní, že jsme směli zažít osvobození Sudet.

První ubytování na druhé straně hranice

Navečer se obloha zatahuje. V bouři létají blesky. Hlasitě práskl hrom. Kübelwageny a motorky tvořící zajišťovací odřad naší jednotky bojují s bouří a průtrží mračen a pokoušejí se co nejvyšší rychlostí dojet po špatných a klikatých cestách do Píště, našeho dnešního ubytovacího prostoru. Poručík musí přesně prohlížet nepřesnou českou mapu pouze za svitu kapesní svítilny, aby svoji kolonu v pořádku provedl pohořím. Konečně se otevírá údolí, zajišťovací odřad projíždí kolem polních stanovišť jednotky zabezpečující ochranu hranice a přijíždí do Píště. Obec je tmavá a prázdná, na ulici není vidět živáčka.

Zastavujeme, sesedáme a jdeme k domům. Mnohé jsou vyzdobeny girlandami a vlajkami, ale tmavé a pevně uzamknuté. Jiné jsou zase otevřené, ale mají vytlučená okna a zničené vnitřní zařízení. V jednom statku představuje jedinou živou duši kočka, která se ze strachu schovává v koutě. Vesnice působí strašidelným dojmem, nikde světlo ani život.

Jedeme dále dlouhou, širokou cestou. Vidíme konečně světlo a slyšíme lidské hlasy. Je to vesnická hospoda, kde se už ubytovala jedna četa sestavená ze starých domobranců. Zde se konečně dozvídáme pravdu o zvláštním okolí. Hlučínsko, které je známo svojí otevřeností k němectví, bylo zvláště zasaženo českým terorem. Majetky Němců, kteří bojovali za svůj národní ráz, jsou zcela zničeny. Dobytek je z velké části vyhnán, ukraden nebo pobit. Všichni bojeschopní muži a mnoho matek s dětmi uprchli. Malý zbytek lidí, kteří zůstali v obci, se nyní shromáždil na bohoslužbě v kostele.

Velitel zajišťovacího odřadu ještě jednou projel němou obec a rozhoduje se. Motocyklisti odjíždějí a prozkoumávají kůlny, síně a slámu pro jejich kamarády, neboť za této situace přichází v úvahu jen stísněné ležení. Mezitím hledá poručík ubytování pro štáb útvaru. S pistolí a kapesní svítilnou jde do volně stojící, velké a šedé hospody. Ta mu nabízí zoufalý pohled. Celý dům je prohledaný, všechny zásoby pití a jídla v kuchyni a ve sklepě jsou vyrabovány. Malé zbytky jsou pouze v některých lahvích se šnapsem a pivem. Jak se zdá, bandité museli zmizet náhle. Světla jsou rozbita, obrazy a zařizovací předměty jsou roztlučené. Hromady peří a kaluže krve ukazují na jednání dosavadních majitelů. Hospodářství má více pokojů a jednu velkou síň, zde se ubytuje štáb jednotky.

Jednotka brzy přijíždí a je poučována zajišťovacím odřadem. V krátké době stojí vozidla na svých parkovištích, jsou rozděleny stráže a obsazena zajišťovací stanoviště. Je vydávána strava, o kterou se dělíme i s hladovými sudetoněmeckými dětmi, a pak jdou jednotlivé útvary do svého ubytování.

Dnes se nekoná žádný veselý bál, přesto nikdo nejde do své slámy a nemyslí na spaní. Všude stojí vojáci ve skupinách a v jejich středu starší žena nebo dítě. Všichni vypravují o období útrap, které je již za nimi.

Na vlastní oči vidíme bídu a stopy českého teroru a nyní víme, že Vůdce nemohl čekat už ani den. V hrdém vědomí a jako vykonavatelé jeho vůle a osvoboditelé našich trýzněných bratrů v pozdní hodině uléháme do slámy.

Zřizujeme místní velitelství

Od včerejška jsme v nepřátelské zemi pro nás všechny, v Česko-Slovensku. Denně přinášelo rádio zprávy o radostném přijetí německých jednotek na všech částech hranice. Bohužel jsme se s tak dobrým přijetím nesetkali, neboť jsme vstoupili do malého výběžku s českým obyvatelstvem, který se táhne podél říšské hranice od východu na západ.

Také dnes máme jít dále do českých oblastí oddělených od čistě německých částí. Ty máme obsadit a spravovat do doby, než se vrátí zpět civilní správa. Když kolem poledne překračujeme českou opevněnou linii, napadá nás, jaké politické šikovnosti bylo potřeba, abychom protivníkovi sebrali bez boje takováto opevnění.

Opava se volně vine v lučinatém pásu kilometrové šíře. Za ní stojí v malých rozestupech bunkr na bunkru, vzájemně spojené zákopy. Před nimi husté řady protitankových překážek. Když jsme přijížděli do Háje ve Slezsku, s údivem jsme pozorovali, že odvrácený svah kopce táhnoucího se podél obranné linie obsahuje

Německé tanky PzKpfW I a PzKpfW II si udělaly zastávku u pěchotního srubu MO-S 37 (převzato z publikace Wir waren dabei, 9. října 1938).

jeden z nejmodernějších srubů, o kterém jsme doposud neměli žádné tušení[20]. Celá hora je podkopaná a umožňuje ubytování tisícům vojáků. Dělostřelecká pozorovací stanoviště s dohledem 20 km jsou předsunutá na malý hřeben kopce a jsou spojená s vnitřkem točitým schodištěm. Jejich úkolem je řídit palbu spřaženého dvojčete houfnic umístěných v otočné věži. Mrtvé úhly v kopci jsou zajištěny bunkry, které mají palebné směry do týlu.

Kolik miliard může být ukryto v těchto srubech? S jakou arogancí si mysleli, že tyto stavby budu navždy garantovat hranici, která byla vytyčena svévolně proti rozumu a tisíciletým dějinám?

---

[20] Jedná se o objekty dělostřelecké tvrze Smolkov.

Jednotky 3. tankové divize provedly v říjnu 1938 v systému čs. těžkého opevnění zkoušky průchodnosti tanků přes systém překážek: horní snímek zachycuje tank PzKpfW II před nájezdem do překážky, dolní fotografie pak PzKpfW IV Ausf. A během překonávání zátarasu (říjen 1938).

Pohled ze zvonu tvrzové dělostřelecké pozorovately MO-S 42 Nad Hájem do údolí řeky Opavy. Velká bílá budova s komíny je cukrovar v obci Háj ve Slezsku. Na spodní fotografii je zachycen dělostřelecký srub MO-S 39 U trigonometru tvrze Smolkov. V září 1938 byl provizorně vyzbrojen horskými kanony umístěnými v dřevěných boudách před objektem (říjen 1938).

Společná fotografie pořízená při jedné z mnoha německých exkurzí do podzemí dělostřelecké tvrze Smolkov.

Kromě objektů těžkého opevnění bylo na Hlučínsku vybudováno v letech 1937–1938 také velké množství objektů lehkého opevnění (1938).

Adolf Hitler s početným doprovodem při prohlídce lehkého opevnění u Nových Heřminov během 7. října 1938. Vojenskou ochranu Hitlerovy kolony při cestě do Bruntálu zajišťovala část tankového pluku 6 pod velením Oberstleutnanta Rothenburga.

Jako cíl denního postupu byla pro dnešní den stanovena Velká Polom. Čelo vytvořené ze zpravodajské a operační skupiny štábu získává rychlou jízdou po překročení dosavadní postupové hranice značný odstup od jednotky, aby mohlo prozkoumat místní ubytovací podmínky. Vjíždíme do obce s několika tisíci obyvateli, nacházíme všude jen zatažená okna, za kterými se bázlivě ukazují obličeje. Škola je zavřená, židovský lékař uprchl. Ve všem spěchu jsou některé obchody vyprázdněné. Protože není na silnici vidět živá duše, nechává velitel čelní jednotky bez okolků vyvést z domu jednoho muže a přes něj přivolat starostu. Vyděšeně a vystrašeně se objevuje starý muž v důstojném plášti. Požadavek na okamžité předání obecního domu, ve kterém sídlí místní správa a policejní stanice, splňuje bez dalších řečí. Na dotaz, z jakého důvodu obyvatelstvo nedochází do zaměstnání, vysvětluje, že vesnice počítá s akty pomsty ze strany německého vojska. Bez okolků byl vydán první obecní příkaz s požadavkem okamžitě otevřít obchody a pokračovat v běžném pracovním dni. Češi kvůli svým novinám a agitátorům nabyli dojmu, že každý desátý musí odejít do koncentračního tábora a zbylých devět zažije nejneuvěřitelnější věci.

Jeden starý uniformovaný obecní úředník rozkaz brzy vybubnoval do všech konců obce. Obyvatelé přicházejí podezíravě na ulici, aby viděli přijíždějící jednotky. Jsou ohromeni, že stravování a výstroj jednotky je podstatně lepší než v jejich vlastní armádě. Vozidla zajíždějí do jednoho narychlo vyklizeného statku. Brány jsou obsazeny strážemi a vojáci svým vystupováním ukazují přihlížejícím Čechům, jak vypadá německá vojenská disciplína.

Sotva se na dosavadním obecním úřadě vyvěsila říšská válečná vlajka a byla přinesena cedule „Ortskommandatur“, přicházejí Češi v hloučcích, aby německý úřad uspokojil hodně jejich soukromých přání. Denně musí být vystaveny stovky průkazů pro přechod hranice, aby bylo umožněno mužům docházet na pracoviště v průmyslové oblasti Moravské Ostravy, která zůstala česká. Opravdové kolony propuštěných příslušníků české armády musí být dále směrovány poté, co jsou vzaty do předběžné ochrany na zajišťovacích postaveních na východech z obce. Domovní prohlídky, při kterých byl hledán českou armádou vyhnaný dobytek a odcizené domovní zařízení z německých částí Hlučínska, se střídají s odebíráním zbraní. Náš lékař převzal péči o civilní obyvatelstvo, které bylo tak hanebně necháno ve štychu židovským doktorem. Už v prvních hodinách po jeho příchodu byl pomocníkem u narození malého Čecha.

Spojovací četa se napojuje na místní českou síť. Hlídky vykonávají denně dlouhé trasy jako zajišťovací patroly ve velkém území, v kterém bydleli u sebe v těsné blízkosti Češi a Němci. Je až s údivem, jak rychle si jednotky zvykly na své úkoly, civilní správu a ochranu svého okrsku. Když pak po několika dnech přichází rozkaz o přeložení oddílu dále na jih a nyní už do čistě německých oblastí, pociťujeme téměř smutek. I přes spoustu malých nepříjemností spojených se zostřenou službou, není pro vojáka lepšího uspokojení než opravdové a zodpovědné vykonávání své služby.

Strážní služba ve Svinově

Už dny ležíme v jednom osamoceném statku. Na východ se krajina snižuje a náš pohled směruje ve dne daleko až k Beskydům, předhůří Karpat. Za jasných nocí svítí nespočetné množství světel průmyslových rovin kolem Moravské Ostravy.

> Za hodinu bude rota připravena k odchodu do okolí Moravské Ostravy k podpoře skupiny Schrötter!

Tento rozkaz udeřil na rotu jako bomba. Vojáci již celé dny volají po nějaké činnosti. Ani ne za hodinu hlásí velitelé čet připravenost k odchodu. Rychlou jízdou se dostáváme ještě za tmy do nynějšího hraničního města Svinov. Den co den rozšiřoval tamní vysílač štvavé zprávy proti Německu, dokud ho německé jednotky neobsadily. Komunisté a pobuřující dělníci dělali těžkosti jednotce, která zde dosud vykonávala hraniční službu.

Poté, co se jednotka ještě za tmy ubytovala v jednom statku, zahájily první obrněné vozy strážní službu ve městě a v kolem ležících vesnicích. Na železničním mostě, který tvoří jediný přístup do Moravské Ostravy, stojí proti sobě ve vzdálenosti 50 m na německé i české straně obrněné průzkumné vozy a protitankové kanony. Most je zatarasen drátěnou překážkou, ve které je ponechána úzká ulička pro přeshraniční provoz. Touto uličkou musí denně chodit velké množství pracovníků, kteří bydlí odteď na německém území a mají pracoviště v ostravských železárnách. S těmito dělníky procházejí denně také vzbouřenecké části českých hraničních hlídek a zkoušejí sem nejapným způsobem přinést štvavé noviny. Tento záměr se ale podařilo překazit i těm několika málo německým hlídkám.

Čas od času přicházejí propuštění čeští vojáci, kteří museli být propuštěni kvůli své německé národnosti. Samozřejmě jsou mezi nimi i čeští ulejváci, kteří se chopili příležitosti a předstíráním německé příslušnosti utíkají z vojenské služby.

Na nádraží čekají stovky propuštěných vojáků. V pološeru stojí kolem skupiny dělníků. Troufalí chlapíci se dívají z oken a volají na ně česká slova. Pro zdvojenou hlídku jdoucí kolem se situace nezdá v této noci moc růžová. Vždy, když ulicí projedou obrněné vozy průzkumné jednotky, nastane úplné ticho. Rozšířila se fáma, že se demarkační linie posune zpátky a německé jednotky musí odejít zpět. To je zase voda na mlýn štvavým holomkům. Oni ale ještě neznají nové, lepší Německo!

Hlídka německých tanků (PzKpfW II Ausf. C a dvojice tanků PzKpfW I Ausf. A) na nové hranici ve Svinově (převzato z publikace Wir waren dabei, říjen 1938).

Strážní stanoviště na hranici u Moravské Ostravy (říjen 1938).

Nyní došlo na to, že bude všemi prostředky zajištěn úplný klid. Velitel se proto rozhodl provést zvláštní opatření, neboť je odpovědný za bezpečnost obyvatelstva. Příští ráno se vyhlašuje stav obležení. Od 20 hodin se zastavuje provoz na hranici a od 21 hodin nesmí nikdo vstoupit na ulici. Všechna okna musí být uzavřena. O stavu obležení je obyvatelstvo informováno velkými plakáty a rozkazem je dáno na vědomí, že nikdo nesmí nosit zbraň.

Na ulicích se večer zřizují zátarasy z bojových vozidel. Obrněné průzkumné vozy svítí za jízdy svými světlomety do oken a navzájem se dorozumívají světelnými signály. Najednou proříznou noc výstřely z pistole. Naše obrněné průzkumné vozy jsou postřelovány z jednoho čistě německého domu. Naše kulomety opětují palbu, úderné jednotky prohledávají domy a zatýkají komunisty, přesto se střelce nepodařilo najít. Doufal, že dům zničíme, ale my jsme jeho záměr prohlédli.

Brzy je zase klid. Napjatě sedíme za našimi kulomety a posloucháme padající déšť. Když se ve tmě přibližují kroky, rozsvítíme naše světlomety. Beze slova zmizí nějaký muž ve křoví. Když ho zadržíme, ukazuje se, že se jedná o dělníka, který je v chatrném oblečení denně 3 hodiny na cestě do práce. Podobně jako další dělníci, se kterými jsme se v těchto dnech společně radili, ani on nevěří tomu, co mu říkáme o Německu. Podle jeho názoru zemřeli dělníci v Německu hladem na ulicích. Dovolená a jasné platové poměry jsou mu také neznámé.

Každé ráno v 6 hodin se zátarasy stahují a čeští vyjednávači se hlásí na místních velitelstvích. Žádají německé vojsko o ochranu českého obyvatelstva před komunisty. Rozumné části malých českých národnostních skupin, které nyní přicházejí k Německu, konečně našly cestu k rozumu a věcné práci. Už kolem poledne jsme vystřídáni těžkou rotou našeho pluku. Přítomnost těžkých tanků vezme každému chuť k vyvolávání neklidu.

Hostem u sudetských Němců

Krátký týden, který jsme strávili na českých územích, nám připadá jako celý měsíc. Mnozí z nás ještě nikdy neslyšeli cizí řeč, ale rychle si zvykáme na dorozumívání pomocí znaků a gest. Bylo samozřejmostí, že se ubytování opouštělo pouze se zbraní, že před každou ubytovnou stály zdvojené stráže a že se smělo v noci procházet ulicí jen v doprovodu více kamarádů. Všem těmto zvyklostem byl konec s přeložením pluku do čistě německé oblasti. 14. 10. 1938 převzal pluk ochranu nad územím kolem Bílovce – příjemného malého městečka, z jehož nesčetných pahorků bylo vidět deset až dvanáct malých obcí. Obyvatelé přijali pluk s velkou srdečností a každý muž dostal svoje vlastní ubytování. Je to zvláštní pocit, žít ve městě uprostřed bývalého českého území. Stráže se omezily pouze na místní velitelství a vozový park. Služba se pak vrátila do starých kolejí.

V těchto dnech, které jsme strávili jako hosté u sudetských Němců, jsme díky osobnímu vyprávění poznávali mnohaletý boj Němců za jejich národní identitu a všechno to, o čem nás zpravovaly noviny. My, kteří jsme žili v jistotě Říše, jsme se poprvé dozvěděli o tom, jak nás Němce svět nenávidí a závidí nám naši kulturu.

Nepopsatelná je bída, která panovala u části obyvatelstva. K velkému úžasu Čechů byly z Říše dovezeny potraviny určené pro dělníky, kteří museli denně zvládat dlouhé cesty na svá pracoviště. Podniklo se vše pro to, aby se normální život narušený politickými událostmi vrátil do starých kolejí.

Schützen und helfen (chránit a pomáhat), nejušlechtilejší vlastnosti německé Wehrmacht, nám zase získaly přátele, kteří na nás budou věčně myslet a věřit německým vojákům.

Jde se domů!

Příliš brzy jsme museli naše zaslíbené Sudety zase opustit. Německá policie přebírá civilní správu, kterou jsme dosud vykonávali. Na hranici jsou přesunováni celní úředníci. Rozkaz k odchodu přišel podle nás všech nevhodně. Teprve nyní jsme si

Návrat pluku do domovské posádky v Neuruppinu, v popředí tank PzKpfW II Ausf. C (převzato z publikace Wir waren dabei, říjen 1938).

uměli vážit tohoto velkého zážitku. Rozkaz nám určoval k pochodu stejnou cestu, jakou jsme do Sudet vstoupili.

Starou říšskou hranici překračujeme 20. 10. 1938 v 11:15 hod. Ubytování je opět v prostoru Cosel. Ještě téže noci jsou nakládány tanky k transportu do vlasti. Kolová vozidla se přesunují přes Slezsko zpět do domovských posádek ve třech denních etapách. 24. 10. 1938 pluk vstupuje do vlajkami ozdobeného Neuruppinu, přičemž naše cesta vede kolem válečného pomníku. Vůbec poprvé od doby, kdy byl pluk umístěn do Neuruppinu, opustila jednotka na delší dobu domovskou posádku a podílela se na vykonání politické vůle našeho Vůdce.

Průjezd pluku před jeho velitelem Oberstem Crüwellem vytvořil důstojné zakončení toho událostmi plného týdne. Na tuto dobu prohlížíme zpět s vděkem a hrdostí, neboť

my jsme byli u toho!

Přehled místopisných názvů (území ČSR)

Freiheitsau – Háj ve Slezsku (v originále označován jako Hay)
Freudenthal – Bruntál
Groß Pohlom – Velká Polom (v originále označován jako Velka-Pohlom)
Hultschiner Ländchen – Hlučínsko
Jägerndorf – Krnov
Kuchelna – Chuchelná
Mährisch-Ostrau – Moravská Ostrava
Sandau – Píšť (v originále označován jako Pîst)
Schönbrunn – Svinov (původně samostatné město, od roku 1957 městská čtvrť Ostravy)
Wagstadt – Bílovec

Přehled místopisných názvů (území dnešního Polska)

Bauerwitz – Baborów
Breslau – Wrocław
Cosel – Koźle (část města Kędzierzyn-Koźle)
Namslau – Namysłów
Oppeln – Opole
Ratibor – Racibórz
Ziegenhals – Głuchołazy (správný německý název Bad Ziegenhals)

Komentář

Plánovaná výsadková operace u Bruntálu by ztrácela efekt, pokud by nebyla podpořena současným masivním úderem pozemních jednotek armády proti hlavnímu obrannému postavení čs. armády ve směru od Německa. K tomuto účelu byly vyčleněny jednotky 2. armády pod velením Generalobersta von Runstedta, které byly v září 1938 soustředěny ve Slezsku. Jednou z hlavních úderných sil tohoto uskupení byla bezesporu 3. tanková divize s mírovou posádkou v Berlíně. Divize byla v rámci příprav útoku na ČSR přesunuta do Slezska k podpoře útoku 2. armády proti severní Moravě. Sestavu 3. tankové divize (velitel Generalleutnant Leo Freiherr Geyr von Schweppenburg) tvořily 3. Schützenbrigade (Eberswalde) a 3. Panzerbrigade (Berlín), v které byly začleněny Panzerregiment 5 (velitel Oberst Walther Nehring) a Panzerregiment 6 (velitel Oberst Ludwig Crüwell). Na podzim 1938 převzal Oberst Crüwell velení pochodové skupiny (3. Panzerbrigade) a do funkce velitele Panzerregiment 6 byl dočasně jmenován Oberstleutnant Rothenburg.

Tyto vzpomínky na obsazení Sudet pohledem příslušníků Panzerregiment 6 sestavil Leutnant Fechner a byly otištěny v publikaci **Wir waren dabei**, kterou vydalo v roce 1939 nakladatelství Ludwig Voggenreiter v Postupimi. Kniha formátu přibližně A5 má asi 70 stran a poměrně rozsáhlý obrazový doprovod, který je z velké části převzat i zde. Zajímavé je, že větší část původní německé knihy je věnována vzpomínkám na obsazení Prahy v březnu 1939, kterého se tato jednotka také účastnila.

Pokud se podíváme podrobněji na vzpomínky týkající se nasazení v Sudetech, vyplývá z textu celá řada zajímavých informací. Obdobně jako v předchozích textech i zde si autor dával pozor, aby neprozradil příliš mnoho informací o směru předpokládaného útoku v případě války s Československem. Velmi však může napovědět umístění pohotovostního prostoru, kde němečtí důstojníci prováděli průzkum v době Hitlerovy řeči v Berlíně 26. 9. 1938. Město Bauerwitz, dnešní Baborów, leží asi 25 km severovýchodně od Krnova. Při pohledu na mapu se lze snadno přesvědčit, že se jednalo o vhodný prostor k útoku ve směru Bruntál – Olomouc.

Na celém textu je však nejzajímavější popis obsazování Hlučínska. Tato oblast byla v rámci obsazovaných území velmi specifická. Jako Hlučínsko je označováno území o rozloze něco málo přes 300 km^2 mezi Opavou a Ostravou, jehož přirozeným historickým centrem bylo město Hlučín. Tato oblast byla až do roku 1920 součástí Německa (Pruského Slezska) a k Československu byla připojena na základě Versailleské mírové smlouvy. Obce Píšť a Hať byly připojeny až v roce 1923. Toto území původně patřící k opavskému vévodství se postupně odtrhovalo od moravského markrabství a integrovalo ke Slezsku. Tento přirozený vývoj byl přerušen v roce 1742 vpádem pruských vojsk a připojením oblasti k Prusku. Původní obyvatelstvo (tzv. Moravci) bylo postupně germanizováno pruským vlivem, a to

schaften der deutschen Wehrmacht, haben uns wieder einmal Freunde erworben, die ewig an uns denken werden und an den deutschen Soldaten glauben.

Es geht nach Hause!

Viel zu bald müssen wir das liebgewordene Sudetenland wieder verlassen. Die deutsche Polizei übernimmt die zivile Verwaltung, die wir bislang ausgeübt haben. Zollbeamte werden an die Grenze vorgeschoben. Der Rückmarschbefehl kommt uns allen ungelegen. Jetzt erst wissen wir das große Erlebnis zu schätzen. Der Abmarschbefehl weist uns als Rückmarsch dieselbe Strecke zu, auf der wir das Sudetenland erreichten.

Am 20. 10. 38. um 11.15 Uhr überschreiten wir die alte Reichsgrenze. Wieder wird im Raum um Cosel Quartier bezogen. In derselben Nacht werden die Panzer für den Transport in die Heimat verladen. Die Radfahrzeuge marschieren über Schlesien in drei Tagesetappen in den Standort zurück.

Am 24. 10. 38. hält das Regiment seinen Einzug in das fahnengeschmückte Neuruppin. Wie schon zu Vorkriegszeiten nimmt der Standortälteste den Vorbeimarsch am Kriegerdenkmal ab. Zum ersten Male, seit das Regiment in Neuruppin in Garnison liegt, hat es für längere Zeit den Standort verlassen und an der Vollstreckung des politischen Willens unseres Führers teilgenommen.

Der Vorbeimarsch des Regiments vor seinem Regiments-Kommandeur, Oberst Crüwell, bildete den würdigen Abschluß dieser ereignisreichen Wochen. Dankbar und stolz blicken wir auf diese Zeit zurück, denn

wir waren dabei!

32

Eins der unzähligen Befestigungswerke, die den internationalen Bereitstellungsraum der Tschechei gegen Deutschland schützen sollten

Auch ein Fluß ohne Brücke hält manchmal die Panzerwaffe nicht auf

Ukázka dvoustrany původní německé knihy Wir waren dabei.

včetně potlačování jejich mateřského jazyka (tzv. moravštiny). Při sčítání obyvatel v roce 1905 se přihlásilo 89 % obyvatel k moravské národnosti a 11 % k německé.

Lze předpokládat, že převaha slovanského obyvatelstva (i když německy mluvícího) byla důvodem, proč došlo k nasazení tankové divize právě do této oblasti. Němci si do poslední chvíle nebyli jisti, jakým způsobem se zachová místní obyvatelstvo, a přítomnost tanků měla jistě i psychologický význam. Rozdílu mezi přijetím obyvatelstvem na Hlučínsku a v oblastech s převahou německého obyvatelstva si ostatně všiml i pisatel textu. Popis událostí, které prožívali po obsazení Sudet němečtí vojáci v této oblasti, se velmi liší od předchozích popisů např. ze západních Čech. Je samozřejmě otázka, do jaké míry lze věřit všemu, co je v textu uvedeno. Je sice nepravděpodobné, že by Češi stříleli na obrněné vozy, těžko však takovéto informace ověřit. Jak se ale ukázalo během válečných let, fámy o koncentračních táborech a útlaku českého obyvatelstva nabyly nakonec reálných rozměrů, stejně jako se ukázalo v plné kráse nové lepší Německo.

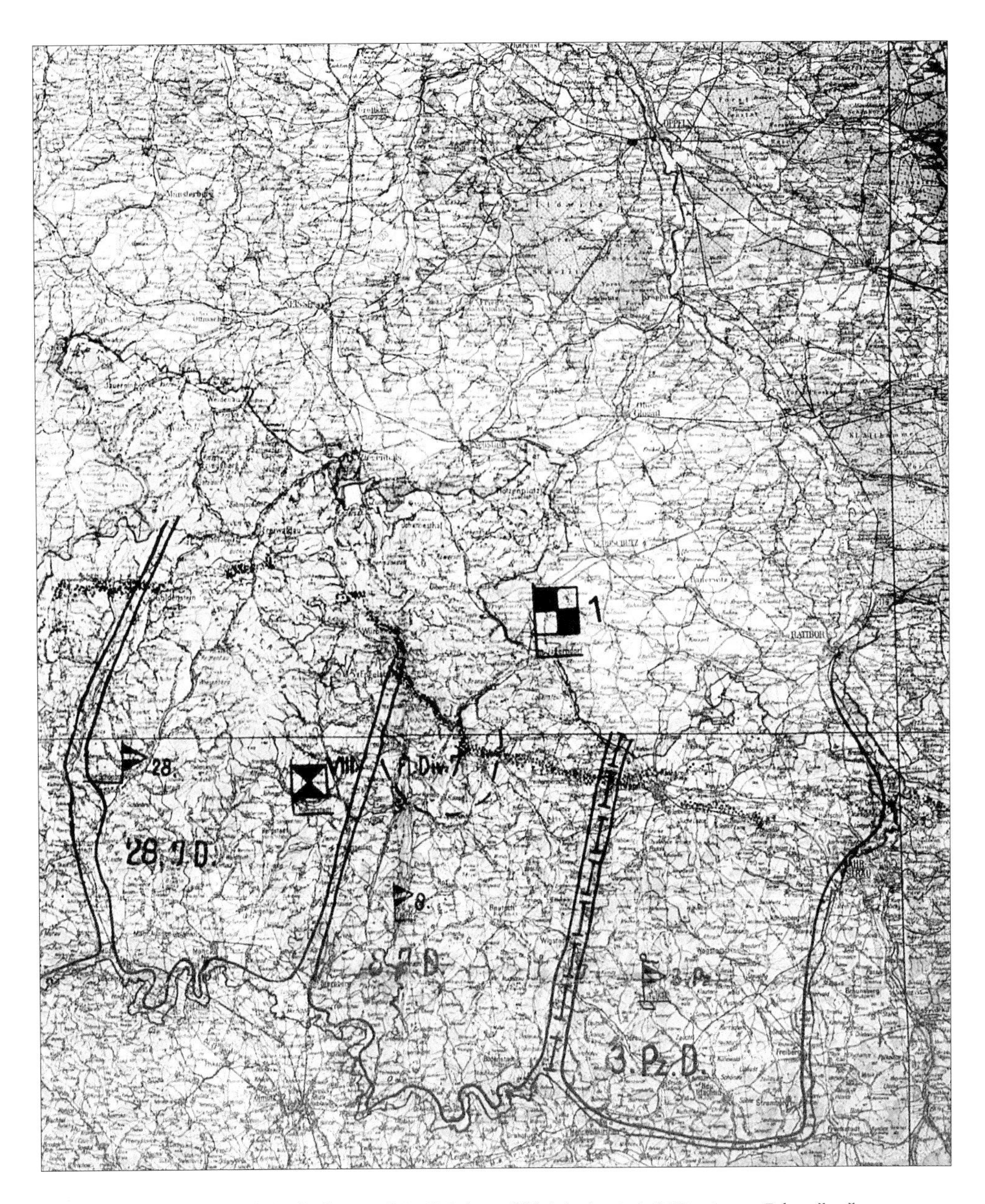

Mapa zachycující rozmístění německých divizí a vyšších jednotek (VIII. sbor v Rýmařově a Heeresgruppe 1 v Krnově) na severní Moravě k 10. říjnu 1938. Dobře patrný je prostor, který obsazovala 3. tanková divize (3. Pz. D. s velitelstvím ve Fulneku). Část území kolem Bruntálu bylo obsazeno jednotkami 7. letecké divize.

Informační válka v režii německé propagandy

Pozornému čtenáři jistě neunikly časté zmínky německých důstojníků o českém teroru na sudetoněmeckém území, o kterém se dovídali během září z novinových a rozhlasových zpráv. Tyto záměrně zkreslené či zcela vymyšlené zprávy byly úmyslně předkládány německé veřejnosti, aby se jimi ospravedlnilo již dlouho plánované vojenské vystoupení vůči Československu. Německá veřejnost i příslušníci Wehrmacht byli během září doslova bombardováni zprávami o běsnění české soldatesky v pohraničí, o útrapách sudetoněmeckého a říšského obyvatelstva a dalšími zprávami. Z novinových článků je dobře patrné, že německá propaganda využívala všech možných prostředků ke zdiskreditování ČSR.

Velmi oblíbené bylo přirovnávání čs. armády k plenícím husitským vojskům v 15. století, na přetřes přišli i plundrující legionáři na Sibiři, stejně jako střelba do dělníků po vzniku Československa. Němci ani neváhali zajít tak daleko, že využívali záběry čs. armády z vojenských cvičení, které vydávali za aktuální snímky působení českých vojenských band v pohraničí. Velmi oblíbeným tématem bylo i spojení Československa se Sovětským svazem, které mělo vyvolat obavy z bolševismu. Zprávy o výpadech čs. armády na říšskoněmecké území a vraždění německých celníků a obyvatel pak měly jediný cíl – získat sympatie německé veřejnosti pro útok proti ČSR. Německá propaganda v tomto směru odvedla velmi dobrou práci a podařilo se jí touto dezinformační kampaní získat na svoji stranu nejen říšské Němce, ale zřejmě i část světové veřejnosti. Československo se bohužel nedokázalo a v podstatě asi ani nebylo schopno této masivní kampani účinně bránit.

Na příkladu skutečných událostí spojených s přepadem celního úřadu v Horní Světlé v Lužických horách lze názorně demonstrovat německou manipulaci s fakty a vědomé předkládání lží, které vycházely v denním tisku v Německu.

Podívejme se nejprve na německou verzi událostí:

Česká celnice naproti Rübezahlbaude u Waltersdorfu nedaleko Žitavy byla ještě odpoledne 22. září obsazena českými celníky a 26 vojáky litoměřického pěšího pluku. Tato osádka v 16 hodin ostentativně odtáhla, aniž by předtím byla jakýmkoliv způsobem ohrožena. Na německé straně tehdy bylo jen několik celníků s karabinami, proti kterým dali Češi do postavení kulomet, který byl k zajištění celnice více než dostatečný.

Když Češi odešli, překročili hranici zcela neozbrojení uprchlíci, kteří se dosud zdržovali ve Waltersdorfu. Zvedli nahoru českou závoru, obsadili opuštěný celní budovu a šli do Dolní Světlé, kterou Češi také opustili, aby zde zřídili pořádkovou službu. Tato sudetoněmecká skupina sestávala pouze z 20 mužů.

Po setmění přešli sudetští Němci z české celnice zpět na říšskoněmecké území, přičemž provedli uvnitř inventuru a objekt pořádně uzamkli.

Ve 23:10 se vydal službu konající celník z celnice Wache do Rübezahlbaude, která leží asi 50 kroků po straně u německé závory. Když byl v polovině cesty, ozvalo se několik po sobě jdoucích detonací. Poté byla z české strany zahájena zuřivá palba z kulometů a pušek na říšskoněmecké území, která byla namířena proti Rübezahlbaude a celnici. Lindner se zhroutil s těžkým zraněním hlavy. Zemřel 10 minut poté, co ho jeho kamarádi odtáhli zpět do celnice. Sudetský Němec Mocker z Dolní Světlé, který spěchal říšskoněmeckým úředníkům na pomoc, byl zasažen, strašlivě roztrhán granátem a zemřel na místě. Češi pak odtáhli jeho téměř neidentifikovatelné tělo na své území a dnes ráno ho s posměchem a radostí ukazovali německým celním úředníkům. V tomto okamžiku leží ještě v zahradě českého celního úřadu.

Stejně tak posměšně vysvětlovali čeští vrazi dnes dopoledne německému celnímu inspektorovi a místnímu skupinovému vedoucímu z Waltersdorfu, že se při tomto vražedném úderu nacházel s plným vědomím na německém území. Přitom nezapírali, že jednali z provokatérských úmyslů a na rozkaz.

Na německém území leží ještě ocelové helmy a další části výstroje mordýřské bandy, které ztratili při tomto přepadu. Několika málo německým úředníkům, kteří svoji službu vykonávají mlčky nebo se skřípěním zubů na bohem zapomenutých stanovištích tváří v tvář vrahům vysílaných Benešem, se již zdají obličeje vystupující z podsvětí: Počkejte, až se setmí.

Osamocené německé předsunuté stanoviště ležící na Luži, lesní kótě nedaleko celnice ve Waltersdorfu, předešlo organizované úkladné vraždě jen tím, že včas stáhli čtyři muže vyslané jako zesílení po přepadu waltersdorfské celnice, když viděli plížit se české vražedné střelce.

V obou případech byly vražedné útoky určeny říšskoněmeckým celním úředníkům a v obou případech byly podniknuty na říšskoněmeckém území. Zavražděný celní asistent Lindner zanechal dítě a mladou ženu, která očekává druhý porod.

Těla granátů s trhavinami, které použili čeští vrazi, byla označena vojenskou značkou „TT – S – 130 – 35".

Situace na tomto německém hraničním úseku je naplněna strašlivým napětím. Nároky kladené na sudetoněmecké, ale i říšskoněmecké obyvatelstvo vystavené bez ochrany a zbraní českým hromadným vraždám dosáhly hranic snesitelnosti.

Věci žádají nyní rozhodnuti.

Češi musí mít katastrofu, kterou si vyvolili. Bude to ovšem katastrofa českého národa, který zažije odplatu, na kterou si již beze zbytku zasloužil.

A nyní – jaká byla skutečnost:

Dne 22. září 1938 kolem poledne hlásilo družstvo Stráže obrany státu (SOS), umístěné na celním úřadě v Horní Světlé, střelbu a výbuchy ze směru od Varnsdorfu. V brzkých odpoledních hodinách bylo hlášeno, že velký počet ozbrojených ordnerů postupuje směrem

Pohled na hraniční přechod Horní Světlá, kde došlo v noci 22. 9. 1938 k boji o čs. celní úřad (na snímku vpravo za stromy ukrytá budova s patrnou valbovou střechou). Naproti čs. celnici stojí restaurace Deutsche Wacht, vlevo pak Rübezahlbaude.

od Luže k celnímu úřadu. Nedlouho nato došlo hlášení, že družstvo SOS před nepřátelskou přesilou opustilo stanoviště a ustoupilo. Ústup byl proveden kolem 15. hodiny. Němečtí teroristé budovu celnice obsadili a začali demolovat její zařízení. Do večera byl celní úřad zdemolován k nepoznání. Byl zničen i státní znak na hraničním sloupu. Hlídka SOS na vrchu Luže spatřila 22. září 1938 na budově celního úřadu prapor s hákovým křížem. Toto ihned nahlásila vojenskému velitelství v Mařenicích.

Ustoupivší příslušníci SOS zburcovali velitelství 4. roty Stráže obrany státu v Dolní Světlé a velitele vojenské posádky v Mařenicích. V Mařenicích bylo velitelství 1. roty Strážního praporu XXIII, které velel kapitán pěchoty Josef Kotyk. Protože se jednalo o důležité bojové stanoviště – celní úřad a otevřená celní cesta – dal velitel roty, inspektor finanční stráže II. třídy Antonín Alinče, okamžitě rozkaz, aby byl celní úřad dobyt zpět za každou cenu a aby se družstvo SOS vrátilo na své původní stanoviště. V té době již ale platil pro armádu zákaz angažovat se před hlavním obranným postavením, a boj o celní úřad byl tedy zcela na bedrech oddílů SOS.

Vydaný rozkaz družstvo plně provedlo. Jako velitel družstva SOS se dobrovolně přihlásil dozorce finanční stráže Josef Kozman. Faktickým velitelem útoku byl četař aspirant Rejchert. V nočních hodinách se tak skrytě přiblížilo družstvo SOS do blízkosti celního úřadu, který byl stále v držení ozbrojených nacistů. Rozpoutala se prudká přestřelka, při které použili příslušníci SOS kulomety a ruční granáty. Boj trval asi půl hodiny. Okolo půlnoci byl celní úřad dobyt zpět do českých rukou.

Po skončení boje bylo u celnice Wache, jak se říkalo celnici v Horní Světlé, nalezeno tělo mrtvého místního nacisty Richarda Mockera z Kunratic u Cvikova. Tělo nacisty Mockera bylo po okupaci exhumováno a nacisté mu uspořádali slavnostní pohřeb. Na čs. straně nebyl nikdo zabit. V literatuře se nejčastěji udává, že dozorci finanční stráže Josef Kozman a Bohumil Kobr byli lehce zraněni, nemocniční ošetření ale odmítli a zůstali u svých družstev.

Přepadení celnice bylo patrně dobře naplánováno. Dne 22. 9. dopoledne bylo totiž zpřetrháno telefonní vedení ve Světlé a tím bylo přerušeno spojení s četnickou stanicí a inspektorátem finanční stráže.

V literatuře i na internetu lze dohledat podrobnější popisy událostí spojených s přepadem celnice. Na připomenutí událostí ze září 1938 byl v blízkosti dnes již neexistující celnice vybudován památník, jehož slavnostní odhalení proběhlo 20. září 2003, tedy k 65. výročí popisovaných událostí.

V německém tisku se objevovaly ale také zprávy, které byly zcela vymyšlené, jako tento příběh o mladících z Lužických hor. Pro úplnost jen dodejme, že linie opevnění se nachází více než 10 km jižně od Krásné Lípy, přičemž Rumburk je vzdálen 6 km severně od Krásné Lípy.

Dvanáct sudetských Němců zastřeleno ve stanném právu

Löbau (Sachsen), 23. září

Do německého pohraničního města Ebersbach dorazili dnes večer čtyři Jungarbeiteři ve zcela vyčerpaném stavu a se značnými střelnými poraněními. Všichni patřili k turnerskému spolku. Vypověděli na skupinovém velitelství, že se spolu s dalšími dvanácti kamarády pokusili projet z Krásné Lípy do Rumburku. Cesta vede přes oblast Schöberu, kde se nachází česká opevněná linie s početnými betonovými bunkry. Byli tam vlákáni do léčky a současně postřelováni ze tří stran.

Protože měli málo střelných zbraní a skoro žádnou munici, museli po krátké době zastavit palbu a vzdát se. Češi v uniformách SOS (Stráž obrany státu) je potom eskortovali do jednoho pevnostního srubu a spoutali dva a dva dohromady. Následně jim bylo vysvětleno, že budou během hodiny zastřeleni v důsledku stanného práva, protože byli přistiženi se zbraní v ruce. Za večerního soumraku byli ve skupinách po čtyřech vyváděni z bunkru na lesní mýtinu, kde stálo české komando se zbraněmi připravenými ke střelbě. Jeden z Jungturnerů líčil, že byl spolu s kamarády vyváděn z bunkru. Předtím než byl vyveden, slyšel zvenku dvě salvy. Po opuštění bunkru se hned vytrhli a dali se na útěk lesem.

Zajímavá pohlednice z roku 1938 zachycující turistický rozcestník u Rumburku. Právě ve Šluknovském výběžku propuklo sudetoněmecké povstání podporované z Německa ve velkém rozsahu a vyžádalo si velké množství obětí na obou stranách.

Své kamarády už neviděli. Okamžitě po nich bylo stříleno a byli zraněni střelami. Podařilo se jim ale probít se k říšské hranici. Mají důvod se domnívat, že jejich dvanáct kamarádů bylo zastřeleno.

Naopak jména padlých příslušníků sudetoněmeckého Freikorpsu nebylo nutno vymýšlet. Ve vyprovokovaných bojích s čs. bezpečnostními složkami jich skutečně padlo velké množství, což Němci opět náležitě propagandisticky využívali jako příklady českého vraždění a řádění. Počty příslušníků čs. bezpečnostních složek byly samozřejmě náležitě zveličeny.

Čtyři sudetští Němci zavražděni

Bautzen, 23. září

Během osvobozeneckého boje došlo k bitvě před obecním úřadem v Brtníkách, ve kterém se střetli sudetoněmečtí Ordneři s třiceti těžce ozbrojenými četníky. Při boji byli usmrceni čtyři sudetoněmečtí ordneři: Ordner Mieth, Karl Büchel, Gustav Weber a Raimund Jentsch.

Tito čtyři obyvatelé byli skutečně zabiti v Brtníkách při střetu s družstvem SOS č. 60 z Velkého Šenova, které se u domu č. p. 190 dostalo pod palbu, která zranila jednoho z příslušníků SOS. Příslušník Finanční stráže Oldřich Novotný vypálil proto v sebeobraně dávku z lehkého kulometu, která zabila čtyři muže a dva zranila.

Neúspěchy Freikorpsu, resp. znovudobytí oblastí čs. armádou, byly novinovými zprávami podávány například takto:

Postup husitů ve Waldenburské pohraniční oblasti

Waldenburg, 23. září

V hraničních oblastech ležící obce Adršpach, Teplice nad Metují, Libná a Untermichelsdorf byly ve čtvrtek obsazeny ordnery Sudetoněmecké strany. V pátek ráno kolem 6. hod. se tam objevil poddůstojník české armády a požádal ordnery SdP, aby obsazené obce vyklidili. Pokud nebude území vyklizeno, budou obce rozstříleny dělostřelectvem. Protože obsazení obcí bylo příliš slabé, aby mohlo úspěšně odolat útoku, ustoupil Freikorps zpět na německé území. Po odchodu sudetských Němců byly obce obsazeny husity.

Příklady dalších článků, které byly otištěny 24. září v německém tisku. Kromě barvitého líčení nasazení čs. tanků proti civilnímu obyvatelstvu měly vyvolat také obavy ze spojenectví Československa a Sovětského svazu.

Zajatí příslušníci SOS z Krásné Lípy jsou ve čtvrtek 22. 9. 1938 odváženi do zajetí nákladním autem pod dozorem příslušníků sudetoněmeckého Freikorpsu s kořistní čs. výzbrojí a výstrojí (pušky vz. 24 a přilby vz. 32).

Pěchota čs. armády podporovaná tanky LT vz. 35 prochází Krásnou Lípou při jedné z akcí na potlačení sudetoněmeckého povstání (23. září 1938).

Sudetští Němci postřelováni tanky

Klingenthal, 23. září

O čtvrté odpolední přinesla spojka zprávu o neuvěřitelném případu. Dva české tanky, které byly na cestě z Jindřichovic v Krušných horách do Kraslic, postřelovaly osobní automobil stojící na silnici a z dálky dva motocyklisty na cestě do Oloví.

Náš zvláštní zpravodaj měl možnost mluvit s motocyklisty. Jedná se o Leopolda Krautheima z Oloví a jeho spolujezdce Gareise. V blízkosti dolního nádraží uviděli přijíždět dva české tanky, které na ně ze vzdálenosti 50 m zahájily kulometnou palbu. Krautheim a jeho kamarád okamžitě uprchli za osobní auto stojící na kraji silnice, které bylo projíždějícím tankem zcela rozstříleno a zničeno najetím. Oba uprchlíci se odtud dostali a zachránili holou kůži. Tanky se vrátily k nádraží Anenské Údolí, poté co postřelovaly motorovou drezínu stojící na kolejích, a odjeli ve směru do Jindřichovic v Krušných horách.

Sovětskoruská letadla na českých letištích

Trutnov, 23. září

Na letišti v Pardubicích přibylo ve čtvrtek 21 sovětskoruských dvoumotorových jednoplošníků. Jedná se o rychlé bombardéry. Mají žlutý nátěr. Ačkoliv bylo označení zamalováno, je stále částečně patrné přes žlutý nátěr. Na pomocném letišti v Bohdanči se objevilo 18 sovětskoruských dvoumotorových jednoplošníků. V Čáslavi v kasárnách a v hotelu je ubytováno 20 sovětskoruských leteckých důstojníků.

Německé novinové články se nesly vesměs v podobném duchu. Pro úplnost se ještě podívejme na titulky dalších článků, které se týkaly popisu událostí v Sudetech.

Krvavá lázeň na moskevský rozkaz
50 vražd sudetských Němců
Krvavá noc na 23. září – pozadí gigantického úderu banditů
Strašlivé krvavé činy české soldatesky v Dolním Podluží – mezi čtyřmi oběťmi je mladý turner
Krvavý český postup k hranici
České tanky rozstřílely osobní auto
Sanitka pod těžkou palbou
Jihoameričané postřelováni českým četnictvem
Nové dodávky ručních granátů pro husitské legionáře
Přepady neberou konce

Kulometná palba na uprchlíky
Oko za oko, zub za zub. Za každého padlého německého občana deset Čechů

Čtenáři znalí němčiny si mohou přečíst některé z těchto článků v původní podobě z ukázek některých stran německých novin Völkischer Beobachter z 24. 9. 1938.

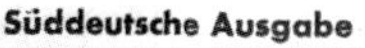

Süddeutsche Ausgabe

267. Ausg. • 51. Jahrg.

„Freiheit und Brot!"

Süddeutsche Ausgabe

München, Samstag, 24. September 1938

VÖLKISCHER BEOBACHTER

Kampfblatt der national-sozialistischen Bewegung Großdeutschlands

Das Blutbad auf Moskaus Befehl

Die erste „Regierungshandlung" des Bolschewistentrabanten Syrovy:

50 Morde an Sudetendeutschen

Die Blutnacht zum 23. September

Hintergründe eines gigantischen Banditenstreiches

Von unserem in das sudetendeutsche Gebiet entsandten Sonderberichterstatter

Warnsdorf, 23. September

Die Hintergründe der Blutnacht zum 23. September, in der der Blutrausch der tschechischen Mörder seinen bisherigen Höhepunkt erreichte, sind nun erhellt. Die zahllosen und noch gar nicht übersehbaren Überfälle auf friedliche deutsche Bürger und Ordner, die den Sicherungsdienst an Stelle der abgezogenen tschechischen Gendarmerie übernommen hatten, stellen keineswegs Einzelaktionen dar, sondern einen teuflisch ersonnenen und zentralgeleiteten Massenmord.

Das ungeheuerliche Spiel, das die Tschechen mit dem Frieden Europas treiben gerade in dem Augenblick, da sich der Führer und Ministerpräsident Chamberlain in Godesberg zur Sicherung dieses Friedens zusammengefunden haben, ist jetzt in völliger Klarheit zu durchschauen. Folgendes ist festzustellen:

1. Die sogenannte bedingungslose Annahme der englisch-französischen Regierungsvorschläge, die — wohlgemerkt — durch die Regierung Hodza und nicht durch Benesch erfolgte, ist nur eine Finte gewesen.

2. Die Ernennung des von Moskau kommandierten Oberbolschewiken Syrovy zum „Ministerpräsidenten" war schon vor dem Rücktritt Hodzas eine abgekartete Sache.

3. Der Zweck dieser Irreführung der europäischen Großmächte war der, daß der nunmehrige „Ministerpräsident" Syrovy vor seinem Volk und seinem sogenannten Gewissen sich in die Lage versetzt fühlen kann, an die Abmachungen und Erklärungen seines Vorgängers nicht mehr gebunden zu sein.

4. Durch die angebliche Annahme der englisch-französischen Vorschläge sollte dem Sudetendeutschtum zunächst der Eindruck erweckt werden, daß die Tschechen sich aus den deutschen Gebieten zurückzögen, die sie ja durch die Erklärung der Prager Regierung dem Sinne nach bereits abgetreten hätten. Tatsächlich haben die Sudetendeutschen diese Erklärung auch so verstanden.

5. In der Nacht zum 22. September erhielten die tschechischen Truppen, die kommunistischen roten Wehren und die Gendarmerie von der noch amtierenden Regierung Hodza den Befehl, sich ins Landesinnere zurückzuziehen. Damit wurde die beabsichtigte Wirkung erzielt, daß die Sudetendeutschen in den durch die Sicherheitsorgane entblößten Städten und Dörfern selbst den Ordnungsdienst übernahmen, ferner, daß die Bevölkerung in ihrer begreiflichen Freude aus den Häusern kam, die sie tagelang nicht hatte verlassen können.

6. Am Abend des 22. September erteilte die nunmehr amtierende „Regierung" Syrovys an die Truppen, die Marxistenhorden und die Gendarmerie den Befehl, die geräumten Städte und Dörfer mit aller Gewalt wieder zu besetzen. Diese Wiederbesetzung wurde im Stil einer Wiedereroberung vollzogen. Das heißt, man schoß aus Panzerwagen mit Maschinengewehren auf die angeblich demonstrierende Bevölkerung und ermordete, wo es möglich war, die deutschen Ordner, weil diese sich angeblich in den Besitz der Staatsgewalt hätten setzen wollen.

Durch diese in der Geschichte wohl einzig dastehende feige Hinterlist gelang es dem tschechischen Mordstaat zunächst die Ermordung und Gefangennahme deutscher Männer, Frauen und Kinder in einer zur Zeit noch gar nicht übersehbaren Zahl. Der Hauptzweck dieses hussitischen Banditenstreichs war aber der, trotz der offenkundigen Bereitschaft der Engländer und Franzosen und trotz der bis zur Neige ausgekosteten Geduld des Deutschen Reiches und trotz der beispiellosen Disziplin der gequälten Sudetendeutschen jene Katastrophe zu erzwingen, die Moskau befiehlt und Herr Benesch sehnlichst herbeiwünscht.

Daß hier ein genau vorbedachtes und kühl errechnetes Verbrechen von noch nie dagewesenem Ausmaß vorliegt, beweist die Tatsache, daß was hier im großen Staatsgebiet geschah, in allen Einzelfällen sein ganz getreues Spiegelbild findet.

Überall nach dem gleichen Plan der gleiche Schurkenstreich

Der Sonderberichterstatter des „V.B.", der sofort nach Eintreffen der ersten Schreckensnachrichten in das am schwersten betroffene sudetendeutsche Gebiet abreiste, hat festgestellt, daß in jedem Einzelfall in räumlich getrennten Orten jeweils nach dem gleichen Plan der gleiche Schurkenstreich vollbracht wurde. Dafür hier im folgenden ein typisches Beispiel:

Das tschechische Zollhaus gegenüber der Rübezahlbaude bei Waltersdorf unweit von Zittau war noch am Nachmittag des 22. September von tschechischen Zollbeamten und 26 Soldaten des Leitmeritzer Infanterieregiments besetzt. Diese Besatzung ist um 16 Uhr ostentativ abgezogen, ohne daß sie vorher in irgendeiner Weise bedroht gewesen wäre. Auf deutscher Seite standen um diese Zeit nur wenige mit Karabinern ausgerüstete Zollbeamte, während die Tschechen bis zu ihrem Abzug ein Maschinengewehr in Stellung hatten, das zur Sicherung ihres Zollhauses mehr als gereicht hätte.

Als die Tschechen abgezogen waren, überschritten völlig unbewaffnete sudetendeutsche Flüchtlinge, die sich in Waltersdorf aufgehalten hatten, die Grenze, hoben den tschechischen Schlagbaum hoch und besetzten das verlassene Zollgebäude, dann gingen sie bis zu ihrem Heimatort Lichtenwalde, den die Tschechen gleichfalls verlassen hatten, und übernahmen dort den Ordnungsdienst. Diese sudetendeutsche Gruppe bestand lediglich aus 20 Männern.

Bei Anbruch der Dunkelheit gingen die Sudetendeutschen, die das tschechische Zollhaus besetzt hatten, wieder auf Reichsgebiet zurück, nachdem sie im Zollhaus die Bestandsaufnahme vorgenommen und dieses dann ordnungsgemäß verschlossen hatten.

Um 23.10 Uhr begab sich der wachhabende Zollassistent Lindner vom Wachlokal in die Rübezahlbaude, die auf Reichsgebiet etwa fünfzig Schritt diesseits des deutschen Schlagbaumes liegt. Als er auf halbem Weg war, erfolgten kurz nacheinander mehrere Detonationen. Zugleich setzte von tschechischer Seite her auf reichsdeutschem Boden ein rasendes MG.- und Gewehrfeuer gegen das Wachlokal und die Rübezahlbaude ein. Lindner lief mit einer schweren Kopfverletzung zusammen. Er starb zehn Minuten später, nachdem ihn seine Kameraden ins Wachlokal getragen hatten. Der Sudetendeutsche [illegible] aus Nieder-Lichtenwalde, der dem [illegible] deutschen Beamten zu Hilfe eilen [illegible], wurde durch eine Handgranate gräßlich zerfetzt und auf der Stelle getötet. Die Tschechen schleppten seine fast unkenntliche Leiche dann auf ihr Gebiet und zeigten sie am heutigen Morgen grinsend und frohlockend den deutschen Zollbeamten. Sie liegt im Augenblick noch im Garten des tschechischen Zollhauses.

Ebenso grinsend erklärten die tschechischen Mörder heute vormittag dem deutschen Zollinspektor und Ortsgruppenleiter von Waltersdorf, daß sie sich bei ihrem Mordanschlag in vollem Bewußtsein auf deutschem Gebiet befunden hätten. Sie gaben sich dabei gar keine Mühe, abzuleugnen, daß sie in provokatorischer Absicht und auf Befehl gehandelt hätten.

Auf deutschem Gebiet liegen jetzt noch die Stahlhelme und andere Ausrüstungsstücke der Mordbanditen umher, die sie bei diesem Überfall verloren haben. Die wenigen deutschen Beamten auf diesem gottverlassenen Posten müssen ihren Dienst zähneknirschend und stillschweigend versehen im Angesicht der von Benesch ausgesandten Mörder, deren höhnische Unterweltsvisagen zu verkünden scheinen: Wartet nur, bis es dunkel wird.

Der einsame deutsche Außenposten in Lauscha, der auf einer Waldeshöhe unweit des Waltersdorfer Zollhauses liegt, entging dem organisierten Meuchelmord nur dadurch, daß er vier Mann Verstärkung, die er nach dem Feuerüberfall zum Waltersdorfer Zollhaus entsandt hatte, rechtzeitig wieder zurückrufen konnte, als er die tschechischen Häuser herausschleichen sah.

In beiden Fällen galten die tschechischen Mordanschläge reichsdeutschen Zollbeamten, und in beiden Fällen wurden sie auf reichsdeutschem Gebiet unternommen. Der ermordete Zollassistent Lindner hinterläßt ein Kind und eine junge Frau, die ihm zum zweiten Male der Niederkunft entgegensieht.

Bei dem von den tschechischen Meuchelmördern verwendeten Sprengkörper sind Wurfminen der militärischen Dienstbezeichnung „TT — S — 130—35".

Die Lage an diesem deutschen Grenzabschnitt ist mit furchtbarer Spannung erfüllt. Die Anforderungen, die an die Disziplin der sudetendeutschen, aber auch der reichsdeutschen Bevölkerung gestellt werden, die sich schutz- und waffenlos dem tschechischen Waffenwort ausgeliefert sieht, haben die Grenze des nicht mehr Erträglichen erreicht. Die Dinge drängen nun zur Entscheidung. Die Tschechen werden die Katastrophe haben müssen, die sie erleben. Es wird allerdings eine Katastrophe des tschechischen Volkes sein, das die Strafe erlebt, die es sich nunmehr restlos verdient hat!

Sudetenland vor der Erlösung!

Die „VB."-Berichterstatter in Front

Sechs Mitglieder der „VB."-Schriftleitung, acht weitere eigene Sonderberichterstatter des „VB." schildern seit Wochen und Tagen in spannenden Erlebnisberichten die erschütternden Vorgänge im Sudetenland, die Begegnungen in Berchtesgaden und Godesberg, die Entwicklung in Prag, wo Moskau seine letzte europäische Karte ausspielt.

Ein ganzes, sorgfältig aufgebautes Nachrichtensystem sorgt dafür, daß der Leser an jedem Morgen ein so lebendiges Bild von den Vorgängen erhält, als ob er selbst mitten im dramatischen Geschehen als Augenzeuge stünde.

Die Bevölkerung Godesbergs umjubelt den Führer

Fortsetzung der Besprechungen in Godesberg

Eigener Bericht des Völkischen Beobachters

Die amtliche Verlautbarung

Godesberg, 23. September

Die Besprechungen des Führers mit dem britischen Premierminister Neville Chamberlain, die am Donnerstag um 16 Uhr begannen, waren um 19.15 Uhr beendet.

Die Besprechungen werden am Freitag in Godesberg fortgesetzt.

*

Nach Abschluß der Besprechungen am Donnerstag verabschiedete sich der Führer in der Hotelhalle von seinem britischen Gast, während Reichsaußenminister von Ribbentrop den britischen Premierminister bis an den mit den deutschen und britischen Flaggen geschmückten Kraftwagen begleitete.

Chamberlain kehrte wieder auf dem gleichen Wege auf den Petersberg zurück. Auf der Rheinpromenade harrten noch Hunderttausende, die den Ausgang der Besprechung abwarteten und die Rückfahrt des britischen Premierministers mit freundlicher Anteilnahme begleiteten. Der britische Staatsmann bestieg wieder die Fähre, die ihn über den Rhein brachte, auf dem nun in der Dunkelheit die grünen und roten Positionslampen vieler Rheinschiffe aufleuchten. Von Oberdollendorf auf dem rechten Rheinufer fuhr Premierminister Chamberlain im Kraftwagen über die herrliche Autostraße auf den Petersberg, wo jetzt die vielen Lichter der zahlreichen Häuser auf den Hängen des Siebengebirges zauberhaft durch die Dunkelheit strahlen.

Um 19.37 Uhr traf Premierminister Chamberlain auf seiner Rückfahrt von Godesberg mit dem britischen Botschafter Henderson und den anderen englischen Herren seiner Begleitung im Kurhotel Petersberg ein. Die Zuschauermenge vor dem Hotel hatte lange geduldig bis zur Rückkehr Chamberlains ausgeharrt und bereitete ihm noch einen herzlicheren Empfang als heute mittag und nachmittag.

Die Hotelgäste in der Hotelhalle, die Journalisten und die vor wenigen Stunden hier im Hotel getraute Braut, die im Brautschleier und Brautkranz am Arm ihres Bräutigams von der Hochzeitsgesellschaft hierher geeilt war, um ebenfalls Chamberlain an diesem bedeutungsvollen Tage zu sehen, das ganze Hotelpublikum bereitete dem britischen Gast einen stürmischen Willkommensgruß.

Im angeregten Gespräch mit einem englischen Journalisten schritt Chamberlain, dankend für die Ovationen, geleitet vom Chef des Protokolls, Gesandten Freiherrn von Dörnberg, durch die Halle zum ersten Stock in seine Zimmer.

Den Abend verbrachten der Führer im Hotel Dreesen und Neville Chamberlain auf dem Petersberg im Kreise ihrer Mitarbeiter. Daß über die heutigen 3¼stündigen Besprechungen nur ein äußerst knappes Kommuniqué ausgegeben wurde, hat die Spannung im Standquartier der ausländischen Presse natürlich noch mehr erhöht. Die Tatsache aber, daß die Verhandlungen morgen fortgesetzt werden, wird in diesen Kreisen als ein günstiges Vorzeichen gebucht.

Scharfe Abwehr der Kritiker Chamberlains

Drahtbericht unseres ständigen Vertreters

dr. th. b. London, 23. September.

Das Fehlen jeglicher authentischer Nachrichten über den bisherigen Verlauf der Besprechungen zwischen dem Führer und Chamberlain in Godesberg hat einen Teil der britischen Presse veranlaßt, aus dem Appell des britischen Premiers zur Ruhe und Ordnung eine kleine Sensation zu machen.

Ward Price meldet aus Godesberg, daß die Hoffnung bestände, daß bis Samstag eine Einigung erreicht werde und daß dementsprechend Chamberlain am Samstag nach London zurückkehren könne. Chamberlain sei entschlossen, seine Besprechungen mit dem Führer so lange fortzusetzen, bis eine zufriedenstellende Lösung der tschechischen Frage zustandegekommen sei.

Das Foreign Office hatte am Donnerstag bis spät in die Nacht hinein mit den Begleitern Chamberlains in Verbindung gestanden. In den späten Abendstunden fanden sich außer dem Außenminister Lord Halifax Schatzkanzler Sir John Simon, Innenminister Sir Samuel Hoare, Verteidigungsminister Sir Thomas Inskip und Kolonialminister Malcolm Macdonald im britischen Außenamt ein.

Die Anwesenheit des Kriegsministers und des Chefs der Admiralität bei der Sitzung des Reichsverteidigungsausschusses am Donnerstag hat in der Presse Anlaß zu einer Vermutung gegeben, daß gewisse militärische Vorsichtsmaßnahmen getroffen seien. Nun befinden sich aber die britischen Streitkräfte zur See, zur Luft und zu Lande seit einigen Wochen schon in einer Art militärischen Bereitschaftszustandes. Die Abberufung einiger Flotteneinheiten aus den türkischen Gewässern, die dieser Tage erfolgt ist, ist also kein Sonderfall.

Die Nachrichten über die Wiederbesetzung sudetendeutschen Gebietes durch tschechische Truppen und über die neuen schweren Zusammenstöße kamen für die Londoner Presse zu spät, um noch in irgendwelchen Stellungnahmen Berücksichtigung zu finden.

Die „Times" wendet sich mit großer Schärfe gegen die Kritiker Chamberlains. Besonders attackiert sie Herrn Churchill, dem sie nachweist, daß er in seinem Buche „Die Weltkrise" selbst geschrieben habe, die Einverleibung der Sudetendeutschen in den tschechischen Staat sei eine Beleidigung des Prinzips der Selbstbestimmung gewesen. Heute wolle er eine unnatürliche Grenze aufrecht-

Das neue Schreckensregiment der tschechischen Soldateska

Berlin, 23. September

Als in den Mittagsstunden des Donnerstag die Freiheitsfahnen in zahlreichen Orten des Sudetenlandes gehißt wurden, als die Büttel des Benesch-Systems fluchtartig die sudetendeutschen Städte und Dörfer verließen, da glaubte mit den deutschen Menschen dieses Landes selbst nicht nur ganz Deutschland, sondern die ganze Welt daran, daß Herr Benesch und seine Schergen die Konsequenzen aus ihrer verbrecherischen Politik gezogen hätten. Mit um so größerem Entsetzen, um so größerer Empörung vernimmt das deutsche Volk nun die Schreckenskunde von der gemeinen, niederträchtigen Falle, die das tschechische Mordgesindel den Sudetendeutschen stellte, das die Ahnungslosen und Wehrlosen hinterhältig überfiel und mordete.

Der wahre Charakter dieses verbrecherischen Tschechengesindels enthüllt sich in seiner ganzen teuflischen Bestialität. Das Verbrecherkabinett des Bolschewistenfreundes Syrovy hat die Karten aufgedeckt. Moskaus Befehlen folgend, hetzt es seine Schergen von neuem in die sudetendeutschen Dörfer und Städte, Mord und tödliches Verderben säend. Auf dieses gemeine Verbrechen der Herren Benesch, Syrovy und Konsorten gibt es nur eine Antwort: Diese Brut muß endlich völlig ausgerottet werden, dieser Verbrecherstaat muß für alle Zeiten von der Landkarte Europas verschwinden!

Zu den Vorgängen des Donnerstag und der Nacht zum Freitag schreibt der „Deutsche Dienst":

Millionen von Deutschen im Sudetenlande hatte am Donnerstagmorgen das beglückende und befreiende Gefühl, nun von der schweren Spannung der letzten Tage erlöst und endlich von der zwanzigjährigen tschechischen Knechtschaft befreit zu sein.

Als am Donnerstag früh in fast allen Grenzbezirken plötzlich die tschechischen Finanz- und Zollwachen die Zollgebäude räumten und mit ihren Familien und Teilen ihres Mobilars ins Landesinnere abfuhren, als weiter in den ganzen Grenzorten und sogar in den Städten weiter im Lande die tschechischen Beamten in den Behörden ihren Dienst einstellten, die Behörden schlossen und sich mit ihren Familien und ihrem Besitz ins Landesinnere ergoß, als sogar Gendarmerie und Polizei den Dienst beendeten und kampflos an die sudetendeutschen Ordner übergaben, da hatte das deutsche Volk im Sudetenland mit Recht das Gefühl, daß die tschechischen Behörden nach dem Beschluß der Prager Regierung zurückgezogen würden, und nun bis zur Durchführung der Abmachungen über das endgültige Schicksal des Sudetenlandes diesem endlich die erwünschte Selbstverwaltung zuteil werden würde.

Am Donnerstagmittag herrschte der Eindruck vor, daß ein breiter Grenzstreifen von Schlesien bis Bayern von den Tschechen aufgegeben worden sei. Man bemerkte fast nirgends mehr Soldaten, kaum noch Polizei, Finanzwachen und Gendarmerie.

Singend und mit Fahnen zogen zahlreiche Flüchtlinge aus den unmittelbaren Grenzorten mit Frauen und Kindern in die befreite Heimat, in ihre Häuser und Höfe, um endlich wieder daheim sein und ihrer Arbeit nachgehen zu können.

Im Überschwank ihrer Gefühle beflaggten sie festlich ihre Städte, umkränzten sie die Häuser, spannten sie Girlanden über die Straßen.

Keinem der übriggebliebenen tschechischen Beamten geschah ein Leid, obwohl Viele die Bevölkerung in den Jahren vorher und insbesondere in den letzten Monaten bis aufs Blut gepeinigt und gequält hatten.

Das deutsche Volk im Sudetenland war im Gefühl des Bewußtseins seiner neuerrungenen Freiheit großmütig und schenkte seinen Peinigern und Bedrückern Freiheit und Leben. Diese selbst bewiesen, daß sie die Großmut des deutschen Volkes verstanden hatten. Ohne Widerstand legten sie die Waffen ab, zogen sich in ihre Häuser und Kasernen zurück oder verließen mit ihren Familien ihre Dienstorte, um in ihre tschechische Heimat zurückzufahren.

Als die Mittagsstunde des Donnerstags vorbei war, da herrschte im ganzen Sudetenland Ordnung und Friede.

Überall hatten die sudetendeutschen Turner und Ordner den Polizeidienst und den Schutz der Ortschaften übernommen. Niemand kam in diesen Stunden des Glückes und der Freude auf den Gedanken, daß die Zurückziehung der tschechischen Polizei und der Behörden eine Falle sein könne,

eine ganz hinterlistige und niederträchtige Falle

um das deutsche Volk im Sudetenland sicher zu machen, zur Bekundung seiner Gefühle zu verlocken und dann ihm in der Stunde des Niederganges des tschecho-slowakischen Staates noch einmal mit aller Brutalität die sogenannte Staatsautorität zu fühlen geben.

Man stieß in Asch und Eger, in Falkenau und Graslitz, in Weipert und Chodau, Teplitz und Tetschen, in Warnsdorf und Rumburg nur auf ungläubige Gesichter, als die Nachricht einging, die Tschechen wären auf Befehl der Prager Armeeführung mit großen verstärkten und motorisierten Kolonnen

wieder im Anmarsch ins sudetendeutsche Gebiet

Man wollte es in der Stunde des Glückes nicht glauben, man wies diesen Gedanken als lachhaft von sich.

So kam die dritte Nachmittagsstunde. Heller Sonnenschein lag über den sudetendeutschen Städten. Plötzlich ertönten wieder schwere Detonationen, bellten Maschinengewehre, dann rasselten Panzerwagen durch die engen Straßen, die von frohen Menschen direkt gefüllt waren. Ihre Maschinengewehre hielten blutige Ernte. Mit einem Schlage war das Bild wie verwandelt. Schreiend und angsterfüllt stürzten die waffenlosen Menschen in ihre Häuser. Die Fensterläden rasselten herunter. Türen wurden in aller Hast verbarrikadiert. Schnell wurden die Fahnen eingezogen, denn jedes beflaggte Haus bildete das besondere Ziel der Maschinengewehrschützen.

Draußen auf den Straßen stöhnten die Verletzten, lagen die Toten in ihrem Blute

Niemand wagte sich hinaus, ihnen zu helfen, denn immer noch klatschten die Schüsse gegen Mauern und Straßenpflaster. Eine Stunde dauerte der grausige Spuk. Dann ging die Fahrt der Panzerwagen weiter. Der Grenze entgegen. Mutige Männer fanden sich, die hier und da behelfsmäßige Straßensperren anlegten, um die rasende Vernichtungsfahrt aufzuhalten. Nicht wenige[illegible] ihnen zahlten diesen Mut mit ihrem [illegible]

Und als die Nacht herankam, da lagen schon mehr als dreißig Sudetendeutsche tot auf ihrer Heimaterde, stöhnten unzählige Verwundete in Krankenhäusern, Wohnungen und Verstecken vor Schmerzen, flammten die Giebel von Dörfern auf und beleuchteten ein Bild des Grauens und der Vernichtung.

Ahnungslos war das waffenlose Volk in die Falle der Tschechen gegangen. In ihrem Ingrimm und ihrer ohnmächtigen Wut rafften hier und da Bauern und Arbeiter die wenigen Waffen zusammen, deren sie habhaft werden konnten, um gegen die hussitischen Mordbrenner Widerstand zu leisten, so lange sie konnten, um die Heimaterde so teuer wie möglich zu verkaufen.

So kam es zu den nächtlichen Gefechten. Und zu der Stunde, da diese Zeilen geschrieben werden, peitschen noch immer die Schüsse durch das Dunkel der Nacht, bellen die Maschinengewehre, hallen die Sprengschüsse an Straßen, Brücken und Eisenbahnen. Blutig steht vor dem Gesicht des sudetendeutschen Volkes der März 1919 noch auf. Soll er sich noch einmal wiederholen?

In Prag hetzt Moskau zum Kriege. Schon hat Moskaus Vertrauensmann Syrovy die Regierung übernommen. Diese Blutsaat ist sein erstes Werk. Der Plan zu ihr ist in Moskau entstanden, nicht in Prag. Denn Moskau fürchtet die Einigung, fürchtet die friedliche Lösung. Moskau will den Kampf, will den Konflikt, in der Hoffnung, doch noch die Welt in Brand stecken und das Ziel der Komintern erreichen zu können: Die Weltrevolution.

Der sudetendeutsche Abgeordnete Sandner verkündete vor wenigen Tagen über alle deutschen Sender das Gesetz des deutschen Volkes im Sudetenland:

Auge um Auge, Zahn um Zahn.

Für jeden gefallenen deutschen Bürger zehn Tschechen.

Das deutsche Volk im Sudetenland weiß, daß deutsches Blut niemals mehr umsonst vergossen bleiben wird, und daß aus dem Blut die Freiheit erwächst.

Das sudetendeutsche Volk bleibt in den Schicksalsstunden eingedenk der Strophe des Egerländer Marsches:

„Wenn Tod, Verderben uns umringt,
Kein Leben unsere Brust durchdringt,
Wir drängen vor und weichen nicht,
Wir fallen nach erfüllter Pflicht.
Wenn Lorbeer dann die Fahne ziert,
Dir, Herr, der beste Dank gebührt.
Dich preisen wir und schwören aufs neu
Daß wir dem alten Wahlspruch treu,
Und wenn die Welt voll Teufel wär,
Wir folgen dir zu Ruhm und Ehr."

Egerländer Brücken fliegen in die Luft

Roter Mob im alten Eger

Eigener Bericht des Völkischen Beobachters

Die p
ungarisc

Als die Tschechen die Volks
durch Kompromißlösungen
Art um ihr Selbstbestimmungs
wollten, erklärten sie bei jed
der Verhandlungen eintönig,
nug, man werde keinen Milli
gehen. Schließlich haben sie
gegeben, daß die deutsch
der sogenannten Tschecho-Slow
rechtmäßigen Herrn zurückfalle
so lauter versichern die Desper
unter der Führung des roten
rals Syrovy in Prag Regie
das sei nun das Höchstm
träglichen, wobei sie ni
zu haben scheinen, überhaupt
eklatantem Wortbruch von d
die Westmächte loszukommen,
neute Einmarsch der tschechis
in sudetendeutsches Gebiet bew
Fall soll nun die Freiga
biete anderer Volk
insbesondere der Polen u
ren, mit der Ehre und den
der Tschecho-Slowakei nicht v

Es fragt sich zunächst, was
Tschechen 1918 über die Ehr
Völker gedacht haben, von dere
sie damals mit Gewalt und
Stücke an sich rissen. Und wieso
bestand der Tschecho-Slowake
päische Notwendigkeit sein?
gibt es erst seit knapp 20 Ja
Dasein war stets unheilvoll fü
europa und besonders für die
die von den Tschechen rücksi
drückt und ausgebeutet wurde
chen haben sich in dieser Zeit
unwürdig erwiesen, über and
herrschen. Wenn diese Volksgr
Anerkennung ihrer
stimmung fordern, so ist
durch die bisherige 20jährige
so dringlicher geworden.

Wie kann jemand heute noch
die ungarische und di
Volksgruppe bei einem
bleiben in diesem Staate tatsä
Achtung ihrer Volkspersönlic
würden? Die ganze kurze Gesch
cho-Slowakei ist eine Kette
brüchen gegen die Volksgru
gen von der Verweigerung der
tungsrechte an die Slowa
Pittsburger Vertrag 1918 fe
gen erhalten hatten, bis zu der

Vorf
im Wald

Waldenburg, 23

**Die im Grenzgebiet liege
deutschen Orte Niedera
Weckelsdorf, Liebena
termichelsdorf wurden
tag von Ordnern der Sudeten
tei besetzt. Freitag früh geg
schien daraufhin ein Unterof
chischen Armee und forderte
SdP. auf, die Räumung
ten Ortschaften vor
Sollte die Räumung nicht er
die Orte von Artiller
mengeschossen werden.
satzung der einzelnen Orte z
um einem Angriff erfolgrei
entgegensetzen zu können, z
Freikorps auf deuts
zurück.**

**Nach Abzug der Sudetende
die Orte von den Hussiten be**

Überfälle ohne

**Sechs tschechische Finanzbeam
Gebiet übergetre**

Glatz, 23

**An der Grenze bei Neu-
Fuße des Reichensteiner Ge
am Donnerstagabend zu ein
Feuerüberfall der Hus
chische Zollwache hatte eine
festgenommen, die die Grenz**

VÖLKISCHER BEOBACHTER — 24. September 1938 • Nr. 267 • Seite

Mit Kanonen gegen das SdP.-Haus

Männer des Sudetendeutschen Freikorps warten an der tschechischen Grenzstation bei Asch

Diese Bilder wurden uns aus der Stadt Eger gesandt. Sie zeigen, mit welch hemmungsloser Wut die tschechischen Banditen in der Hauptstelle der Sudetendeutschen Partei gehaust haben. Mit Artillerie und Panzerwagen wurde das Haus „erobert", in dem einige unbewaffnete Männer sich bis zum furchtbaren Ende hielten. Wieviel Opfer diese feige Mordtat gekostet hat, weiß bis jetzt niemand. Die Leichen der deutschen Männer wurden nachts heimlich auf dem Friedhof verscharrt. Nicht einmal die nächsten Angehörigen durften ihnen das letzte Geleit geben. Die neuesten Nachrichten besagen, daß tschechische Soldateska unter roter Führung erneut Eger drangsaliert

Moskau hat befohlen

Neue Ströme von Sudetendeutschen fliehen vor den anrückenden roten Truppen über die Reichsgrenze. Unser Bild zeigt ein kleines Mädchen, das Eltern und Heimat verloren hat. Die NSV. nimmt sich dieser Ärmsten an

Hier fühlt sich die tschechische Soldateska wohl. Aus fester Grabenstellung auf wehrlose Flüchtlinge schießen, das sind Heldentaten, würdig des echten Hussitengeistes

Aufnahmen: Böhmer (3), Presse-Hoffmann (1), Scherl (2), Schirner (1)

Bei Grenzbauden versuchten sudetendeutsche Frauen und Kinder die Grenze zu überschreiten. Vom tschechischen Zollhaus wurden sie mit Maschinengewehren beschossen. Das Zollhaus ist inzwischen in Flammen aufgegangen

S kanony proti domu SdP

Tyto fotografie nám byly zaslány z města Cheb. Ukazují, s jakou bezostyšností řádili čeští bandité v ústředně SdP. Dům byl dobyt dělostřelectvem a obrněnými vozy, přičemž se v něm až do strašlivého konce drželo 20 neozbrojených mužů. Kolik obětí si tento vražedný čin vyžádal, není dosud známo. Těla mužů byla v noci tajně zahrabána na hřbitově. Není to poprvé, kdy jim jejich kamarádi nesměli dát poslední sbohem. Nejnovější zprávy hovoří o tom, že česká soldateska pod rudým vedením obnovila drancování v Chebu. U Pomezních Bud se pokusily sudetoněmecké ženy a děti překročit hranici. Byly postřelovány kulomety z české celnice. Celnice mezitím vzplála.
Zde se cítí česká soldateska dobře. Střílí na početné uprchlíky ze zákopů. To jsou hrdinské činy správného husitského ducha.

Pravda o domnělém
útisku Němců
v pohraničí

V textech německých vzpomínek se velmi často opakují zmínky o útlaku německého obyvatelstva v Československu, který se stal nakonec i hlavní záminkou pro německou agresi vůči ČSR. I po 75 letech je soužití německého a českého obyvatelstva v dobách první republiky velmi horkým tématem a Češi společně s Němci hledají dodnes velmi obtížně společnou řeč na toto téma. Zajímavé je, že němečtí vojáci ve svých textech kromě zmíněného strhání výzdoby na uvítání Wehrmacht neuvádějí žádný další reálný příklad toho, v čem vlastně deklarovaná dlouholetá brutální česká tyranie spočívala. Není účelem této publikace rozebírat zde podrobně německo-české vztahy, zájemcům je dostupná celá řada publikací na toto téma, které zpracovali čeští i němečtí autoři. K pochopení situace v předválečném čs. pohraničí však může velmi dobře přispět přepis projevu poslance JUDr. Aloise Neumana ze dne 4. března 1938, který pronesl na 135. schůzi Poslanecké sněmovny. JUDr. Alois Neuman (1901–1977) byl od roku 1935 poslancem Národního shromáždění za Československou stranu národně socialistickou (ČSNS), v letech 1937–1939 současně i starosta Českých Budějovic. Za války vězněn v koncentračním táboře Buchenwald, po válce opět činný v politickém životě prakticky až do konce svého života. Kromě funkce poslance zastával i několik ministerských postů ve vládách Klementa Gottwalda, Antonína Zápotockého, Viliama Širokého i Jozefa Lenárta. Níže uvedený text byl vydán v roce 1938 ve formě brožury pod názvem Pravda o domnělém útisku Němců v pohraničí jako pokyn č. 3 ústředního sekretariátu žen ČSNS v Praze a vytištěn Společenskou knihtiskárnou v Českých Budějovicích. Pro úplnost snad jen dodejme, že mnohokrát v textu zmíněný poslanec p. Frank je tehdejší poslanec za SdP Karl Hermann Frank, který později zastával významné funkce v Protektorátu a byl popraven v roce 1946. Neumanův text je převzat ve své původní podobě z výše uvedené brožury bez zásahu do jazykové či obsahové stránky. Stenografický záznam celé schůze je dostupný na internetových stránkách Poslanecké sněmovny.

Poslanec JUDr. Alois Neuman na snímku z roku 1948.

Slavná sněmovno! Prosím především za prominutí, že úvod i hlavní část mého dnešního projevu jsou podle mých dosavadních parlamentních zkušeností trochu méně obvyklé. Úvod proto, že se v něm dovolávám parlamentních projevů právě rok starých, které podle praxe tohoto domu mají přece ve své naprosté většině zajímati ne ministerstva, ne nejvyšší státní úřady, nýbrž nejvýše sněmovní archiv. Vidím v tom velkou chybu, a budiž mi dovolena tato malá odchylka, že vážné parlamentní projevy plenární – jinak je tomu u projevů výborových – nejsou předmětem podrobného studia povolaných činitelů, neboť by bylo mnohým škodám zabráněno, kdyby v plenárních projevech nebyla namnoze spatřována méně příjemná povinnost účasti v tomto domě, nýbrž kdyby dobrá vůle všech poslanců bez rozdílu byla oceněna netoliko stenografickým záznamem jejich řeči, nýbrž také náležitým přezkoumáním všech jejich přání, všech jejich podnětů, neboť by tím získala prestiž parlamentu. (Výborně! Potlesk.) Přejeme-li si, aby prestiž parlamentu za něco stála, pak se musíme dožadovati, aby také plenárním projevům poslanců byla věnována náležitá pozornost netoliko sněmovním archivem, netoliko stenografickými záznamy, nýbrž také podrobným studiem všech podnětů, které zde jsou přednášeny. Domnívám se, že by také dosáhl cenného zisku stát, neboť, dámy a pánové, řada podnětů zůstává ležeti v projevech, místo aby byly přezkoumány a místo aby byl učiněn pokus o jejich realisaci. Snad se mi naskytne možnost, abych se při jiné příležitosti touto věcí zabýval podrobně.

Obsah hlavní části mého projevu je pak nezvyklý tím, že její konstrukce není opřena o skutečnosti a o data zjištěná v úřadech nebo publikacích, nýbrž o přímá pozorování sociálních jevů v našem pohraničí při společném zájezdu českého vládního poslance s opozičním poslancem německým.

Vzpomínám-li diskuse, kterou jsem vedl ve dnech 19., 25. a 26. února 1937 s p. poslancem Frankem v plenu sněmovním v debatě o státní účetní závěrce za r. 1935, nejde, slavná sněmovno, o vyhrabávání zbytečných archiválií, které si zaslouží odpočinku, neboť tato diskuse svým obsahem i svými důsledky je dnes, a právě dnes více než kdy jindy před tím, aktuální.

Dovolávám-li se totiž slov pronesených v tomto domě před rokem, činím tak jen proto, aby byl pochopen můj dnešní výklad o zjištěních, která v důsledku oné diskuse byla učiněna a která s ohledem na současné události nejsou bez zajímavosti pro dokumentární posouzení skutečných objektivně oběma spornými stranami zjištěných a ověřených hospodářských, sociálních a kulturních poměrů v našem pohraničí.

K osvěžení paměti uvádím, že předmětem loňské diskuse byla moje obrana publikace p. vrch. rady Chmelaře z ministerstva zahraničních věcí, pojednávající o problému naší německé menšiny, a věcná kritika, snad místy trochu temperamentní, knihy p. poslance Franka „Sudetendeutschtum in Kampf und Not“, již vydal v říšskoněmeckém nakladatelství v Kasselu. Diskuse měla výsledek. Výsledkem bylo pozvání p. poslance Franka, které mně učinil, na zájezd do severozápadních Čech k ověření publikovaného materiálu.

Budiž mi dovoleno, abych zde přečetl dva kratičké výňatky z řeči p. poslance Franka, která obsahuje právě ono pozvání. Pan poslance Frank podle stenografického protokolu zde pověděl: **„Prosím vás snažně, stejně jako vás pozvali moji kolegové, pojďte se mnou, pojeďte do sudetoněmeckého území a podívejte se, v jakém stavu jsou tamější lidé a domy, v jaké bídě musí sta a sta německých lidí žíti a hladověti."** Na to jsem vykřikl: **„Pojedu s vámi, ale pojeďte se mnou také do našeho českého území!"** „Pane poslanče Neumane," pravil dále p. poslanec Frank, „obrázek baru v mé publikaci není otištěn proto, že nepřejeme ani Němcům, ani Čechům večerní zábavu, ale je otištěn jako protějšek k obrazu bídy, poněvadž chceme naše německé rodáky upozorniti, máš-li ještě tolik korun, abys mohl jíti do baru, připomeň si, že tisíce chudých kamarádů hladoví, a přines nějakou oběť. Zkrátka mohl bych vám ukázati stovky obrázků, o jedno však vás prosím, máte-li ještě nějaký cit pro spravedlnost," pravil p. poslanec Frank, **„přijměte naše pozvání, pojeďte s námi a přesvědčte se z vlastní zkušenosti o situaci v německém území. Zvu ještě jednou p. poslance Neumana, aby šel se mnou od jedné bídné chatrče ke druhé, od jednoho rachitického dítěte ke druhému, aby se podíval na nohy našich bosonohých nezaměstnaných. Doufám,"** pravil p. poslanec Frank na moji adresu, **„že budete míti dosti odvahy, abyste se na vlastní oči o tom přesvědčil."**

Tu odvahu jsem, slavná sněmovno, měl a ve dnech 23. až 24. dubna loňského roku jsem v doprovodu p. poslance Franka a žurnalistů absolvoval zájezd, na který jsem byl tak naléhavou a neobvykle slavnostní formou přímo s parlamentní tribuny pozván. A hned, abych během řeči pak nezapomněl, slavná sněmovno, prohlašuji zde jako čestný člověk: Žádné rachitické dítě, ani bosonohého nezaměstnaného jsem na své cestě v průvodu p. posl. Franka neviděl. (Slyšte!) 700 km užitečné cesty jsem absolvoval, z toho 400 km v průvodu p. poslance Franka a jeho žurnalistů.

Než přijdu k výkladu poměrů v jednotlivých místech, zjišťuji veřejně: **Organisaci cesty i prohlídek jednotlivých míst ponechal jsem volné úvaze pana poslance Franka.** (Slyšte!) **V nejmenším jsem iniciátora tohoto zájezdu neomezoval, žádných přání jsem neprojevil, žádný materiál si předem neobstaral, dal jsem se prostě vésti, chtěl jsem býti v roli cizince, který požádal sudetoněmeckou stranu o informace o poměrech v pohraničním území.** Mojí jedinou výzbrojí byl zbystřený zrak, pozorný sluch a – já to neváhám zde říci – dobrá vůle, pochopiti druhou stranu bez jakékoli podjatosti. (Slyšte!)

Vím, slavná sněmovno, že došlo k indiskreci, v provinciálním tisku německém byla zaznamenána naše cesta, ačkoliv český tisk podle dohody o věci vůbec nereferoval. Byla tím způsobena nelibost u našich hraničářů v severozápadních Čechách, že nebyli přizváni k místnímu šetření poměrů. Chtěli také ukázat své bolesti. Nebylo toho třeba, přišli jsme na ně sami a při tom – to bylo nejlepší – ukázal mně je, jak z výkladu slavná sněmovna se doví, za pomoci svých místních pracovníků p. poslanec Frank sám, a to v rozsahu, který si možná ani sám nepřál.

Proč až dnes se obírám výsledkem této cesty? **Dali jsme se s p. poslancem Frankem vzájemný slib, že já pojedu do severozápadních Čech s ním a on do jižních Čech se mnou, a že zjištěná fakta poctivě povíme sněmovně po absolvování zájezdu do jižních Čech, který jsme sjednali na podzimní měsíce loňského roku. Dovolil jsem si dvakráte pozvati p. poslance Franka, dne 24. srpna a dne 20. října loňského roku, ale moje obojí pozvání zůstalo oslyšeno** prý pro jiné velmi naléhavé zaneprázdnění p. poslance Franka. A tak teprve nyní, po prošlé lhůtě, mám právo věcí se zabývati. Slavná sněmovno, domnívám se, že mám nejen právo, přímo povinnost (Tak jest!) pověděti sněmovně, co jsme viděli, aby se pak nezdálo, že jsem byl výsledkem cesty zviklán ve své thesi, kterou jsem s tohoto místa před slavnou sněmovnou hájil. **Tvrdil jsem zde, že není v ohledu sociálním, hospodářském a kulturním výjimečného stavu v smíšeném území a že tamní poměry jsou celkem analogické s poměry uvnitř státu a že jim naše vláda věnuje stejnou péči jako poměrům vnitrostátním.** Další závažný důvod proti odkladu byl ten: Materiál by mohl zastarati a mohl by také ztratiti na své průkaznosti. To, co zde dnes řeknu, může býti zítra, pozítří a kterýkoliv den přezkoumáno, bezpečně je možno překontrolovati všechna data, která jsem zde uvedl, a konečně když jsem byl já s parlamentní tribuny pozván p. poslancem Frankem k cestě do severozápadních Čech, **mám snad právo s této tribuny připomenouti slíbenou návštěvu p. poslanci Frankovi v jižních Čechách, kde povedu zase já, a pan poslanec Frank se bude dívat.** Věřím, že p. poslanec Frank splní dodatečně svůj slib, tolik důvěry v čestný závazek německého poslance snad mohu mít. Bylo by mi opravdu líto, kdybych se byl mýlil.

Pokud se týče směru jízdy, obdržel jsem jako snad všichni návštěvníci pohraničního území od p. poslance Franka mapu o místních poměrech v sudetoněmeckém území a na ní mám zakreslenu – ovšem po absolvované jízdě, dříve jsem to nedostal – cestu, kudy jsme všude jeli. Jeli jsme z Prahy na Teplice, na Chabařovice, Voitsdorf, Duchcov, Horní Litvínov, Horu Sv. Kateřiny, Horu Sv. Šebestiána, jeli jsme těsně při hranicích, pak na Chomutov, Kadaň, Karlovy Vary, Nejdek, Kraslice, Falknov a zpět do Prahy. Obdržel jsem při této cestě s panem poslancem Frankem řadu pamětních spisů z rukou opravdu dělníků, prostých, chudých lidí, kteří s důvěrou dívali se na náš zájezd. Mohu říci, že jsem tyto pamětní spisy si neschoval, nýbrž dal jsem je povolaným činitelům, a jestliže v rozpočtovém výboru pan poslanec dr. Rosche tak pěknými slovy děkoval ministerstvu sociální péče za ochotu a laskavost, kterou vláda věnovala pohraničnímu území, myslím, že právě tato memoranda jsou také jedním z důvodů, proč k těmto zákrokům došlo.

A nyní mi budiž dovoleno, abych se obíral fakty, která jsme zjistili v městech a obcích, jež jsme navštívili, Pro nedostatek času budu se zabývati jenom těmi nejzajímavějšími. Doufám, že jediné slovo, které zde řeknu, nebude p. poslancem Frankem vyvráceno, poněvadž máme oba dostatečný svědecký materiál, abychom se vzájemně korigovali.

V Teplicích-Šanově byla naše první zastávka v nouzové kolonii. Nouzové kolonie teplicko-šanovské jsou podobné pražským, jenom jsou trochu komfortnější. V obydlí dlouholetého nezaměstnaného viděl jsem na stole poslední číslo týdeníku „Funk-Woche" a všiml jsem si, slavná sněmovna mi to promine, i pejska, kterého ten nezaměstnaný měl a na němž nebylo vidět nějaký zvláštní hlad. Zajímavost byla v tom, že muž, kterého jsme navštívili, zdravil p. poslance Franka zdviženou rukou, nevím, domníval-li se už, že došlo ke změně poměrů. **Mluvil jinak česky – v kolonii je vůbec mnoho Čechů, takže ani zde nelze hovořiti o bolesti toliko Němců, nýbrž o bolesti právě tak Němců jako Čechů!** (Slyšte!)

V Trnovanech na 17.000 obyvatel je prý 2.800 nezaměstnaných. Město má 35 milionů dluhů, ale dovoluji si upozornit, že republika zde zasáhla, za republiky byl postaven vodovod, jehož stavba byla požehnáním pro kraj. Největší rána pro zaměstnanost v Trnovanech bylo zastavení továrny na porcelán. 1.200 dělníků a dělnic ztratilo zaměstnání. A, slavná sněmovno, **továrnu nezastavila vláda, továrnu nezastavil berní úřad, továrnu nezastavil nikdo z veřejné moci, továrnu zastavil německý kartel.** (Slyšte!) Je samozřejmé, když tento kartel ji zastavil, že má snad také trochu povinnosti, aby se o tyto lidi, jak se dále ještě zmíním, trochu staral. Rovněž zde jsme prohlíželi kolonii nezaměstnaných a mohu říci, ke chvále všech německých lidí, že jsem našel všude vzornou čistotu, lidé byli na naši návštěvu připraveni, byli v nedělních šatech a nejdéle nezaměstnaný, který nám byl představen, měl v kravatě jehlici, pravda, nebyla drahá, ale je to příznačné, i ve své nezaměstnanosti a chudobě dbá na svůj vzhled.

Ve Voitsdorfu je 800 obyvatel, udánlivě 150 nezaměstnaných a z toho prý jenom 10 podporovaných. Příčina krise byla lehce zjištěna, úpadek průmyslu slaměných klobouků. Dělnici nám sami vysvětlovali, že transport je příliš drahý, protože vznikly továrny blíže odbytištím. Pravda, **ta prázdná továrna působila na nás všechny tristně, ale stejně tristně na nás působí sedm zavřených továren např. v Č. Budějovicích.** (Slyšte!) V místě je jen 18 rolníků s udánlivým průměrem 8 ha **a největším neštěstím pro toto místo byl požár továrny na klobouky firmy Rosenkranz. Ukázali nám stařenku, žebrácky oblečenou: matka rodu**

Rosenkranců, kdysi milionářů. Ale továrna vyhořela. Jedni říkají, že nebyla pojištěna, druzí nám říkali, že byla pojištěna, ale že to byl požár kriminelní a v důsledku toho, že nebyla pojistka vyplacena. Ale při tom se lidem říká, že berní úřad dal odvézti stroje. Domnívám se, že není potřebí užívati těchto nesprávných informací k zbytečnému dráždění lidí.

V Cinvaldu byla od roku 1921 zastavena těžba. V Německu se v obdobných dolech pracuje. Je pochopitelné, že je velká agitace mezi našimi občany, kterým se říká: Německo může v takových dolech pracovati, Československo v nich nemůže pracovati. Pro nás je ovšem jasné, proč Německo může pracovati a proč Československo v podobných dolech pracovati nemůže. V Německu to jde na vrub nákladné autarkie, naproti tomu u nás není možno vyráběti a dolovati v těchto dolech z toho důvodu, že u nás můžeme podnikati jenom to, co je rentabilní a co je možné také hospodářsky udržet. **A tu jsem byl překvapen, jak marně hlásala veliká tabule v Cinvaldu, že stát zde podniká proti nezaměstnanosti velkou práci na silnici.** Této tabule si páni nechtěli všímati. Říkal jsem: „Byla zastavena práce v dolech, ale stát zde přece podniká, vynakládá těžké milióny na velkou stavbu silnice." Ovšem tato věc nebyla dostatečně uznána. (Výkřiky.) Velmi se při tom agitovalo betonovými přehradami u silnice, a páni poslanci mi říkali, že tyto betonové přehrady velmi podstatně maří turistický ruch, poněvadž prý autokary nemohou jimi projížděti. A když jsem se ptal: „pane kolego, a proč pak tady máme vlastně ty betonové přehrady, mně to je také s podivem, proč zde nemají projížděti autokary," p. kol. Frank mi povídá: „To je podminováno, pro případ války se to vyhodí prostě do povětří." Je mně s podivem tato důkladná znalost našich poměrů na hranicích vzhledem k podminování u p. poslance Franka. Ale domnívám se, že to je věc hlavního štábu, kde si činíme obranná opatření a že pro případ eventuálního útoku se budeme chrániti, **poněvadž tomuto „turistickému" ruchu, t.j. válečnému, budeme všemi prostředky, které máme, zabraňovati a budeme se snažiti, aby k němu nemohlo dojíti.** (Potlesk.)

V Bystřici zabývali jsme se továrnou na porcelán firmy Krautsberger, Mayer a Purkert. Bývalo tam zaměstnáno 300 živitelů rodin až do r. 1934, kdy byla továrna zastavena, opět **kartelem. Kartel platí majiteli ročně 40.000 Kč pod podmínkou, že nebude pracovati!** Nejmodernější stroje zahálejí, zůstal jediný zaměstnanec, hlídač továrny. Továrna, která měla cenu 7.5 mil. Kč, má dnes podle sdělení tamních lidí cenu sotva 2 mil. Kč. Sklad v ceně 1.5 mil. Kč byl prý prodán za 60.000 Kč. Domnívám se, že to je přímo plundrování národního majetku, ale šel bych ještě dále: **To je nenárodní politika německých podnikatelů vůči vlastnímu dělnictvu, jestliže je připravují o zaměstnání a znemožňují jim zaměstnání tím, že zavírají tímto způsobem továrny.** (Výkřiky.)

A dovolíte, abych si všiml nejdrastičtějšího případu, který mi byl předveden **v Košťanech.** Páni průmyslníci z německé strany mi sdělovali, že v Košťatech uvidím nejtragičtější, co lze viděti v sudetoněmeckém území, jak hluboko klesla životní úroveň německého lidu, **když dokonce německý člověk bydlí na hřbitově v umrlčí komoře.** Byl jsem velmi zvědav na tento případ. Velmi ochotně jsem se šel s pány podívat na zrušený košťanský hřbitov za vedení místních činitelů sudetoněmecké strany. **A když jsme vyvolali toho muže, vyšel starý, opravdu sedřený člověk. Na dotazy p. poslance Franka nereagoval.** Chvíli se na nás díval, a myslil jsem už, že jde o hluchoněmého, až najednou z úst tohoto člověka vyšlo: **„Pánové, neumí někdo z vás česky? Já vám nerozumím." Byl to Čech, brusič ve výslužbě, který mi byl ukázán jakožto doklad nejtragičtější bídy sudetoněmeckého lidu. A zatím to byl Čech původem a národností!** (Výkřiky.)

A druhý případ v týchž Košťatech, případ velké zajímavosti. V severních Čechách je řada horníků, kteří jsou bez zaměstnání. Včera jsme četli opět v novinách tragický případ, jak byl zasypán horník na divokém dole a jak ho musili kamarádi 24 hodin dobývat, nežli ho zachránili. Jeli jsme kolem takových divokých horníků, a pánové si přáli, abych s těmito horníky promluvil. Velmi ochotně jsem se k nim odebral. **Nahoře pracoval u rumpálu Němec.** Ptáme se ho na poměry, ptáme se na politickou příslušnost. Ochotně vyznal – nevím, zdali kvůli p. poslanci Frankovi, jestli se mu líbil – že je příslušníkem sudetoněmecké strany. Vedle něho spolupracující druhý dělník, kterého jsme zavolali, řekl na náš dotaz, **že jest německý sociální demokrat.** Řekli jsme si při tom: „no, při práci se umějí dělníci sejít, i když jde o divoké dolování". Ale vrchol mého překvapení – jistě i překvapení p. poslance Franka – byl v tom, že **německý dělník, který pracoval nahoře, najednou se na nás usmál, mrknul očima a zavolal dolů do 20metrové šachty: „Zdrhnem – četníci!"** Ptám se, proč mluví česky. A on odpověděl: **„Tam ten, který kope dole, je Čech."** (Slyšte!) **Je z toho patrno, jak sudetský Němec, příslušník Henleinovy strany, německý soc. demokrat i Čech se uměli sejíti, když šlo o záchranu živobytí. A kdyby se mezi nimi neštvalo, jsem přesvědčen, že by byla mezi nimi nejlepší spolupráce. Je to jedinečná improvizace skutečných poměrů. Čech stejně jako Němec si v nouzi navzájem pomáhají, a myslím, že by byly lepší poměry v pohraničí, kdyby přicházelo mezi tyto chudé poctivé lidi méně těch, kteří mají zájem toliko politicky štvát, místo uklidňovat poměry v tomto území.** (Výkřiky.)

V Hoře sv. Kateřiny jsme prohlíželi domácí hračkářský průmysl. Výdělek tam je 80 až 110 haléřů za hodinu práce pro dospělého dělníka. Prominete mně, že uvedu i detail. Dřevěný malý páv, který přichází do hračkářských obchodů, musí býti 26krát vzat do ruky. A jeden tucet těchto pávů se maluje za 5.40 Kč.

Co mě ale v Hoře sv. Kateřiny potěšilo: Procházeli jsme byty německých chudáků, a při tom nás dovedli do jedné ložnice. A v této ložnici německého dělníka jsem viděl obrázek, na který nikdy nezapomenu – a myslím, že byl i překvapením pro p. poslance Franka po tolikéé činnosti Henleinovy strany v severozápadních Čechách: **Velký, krásný, zarámovaný obraz T. G. Masaryka na koni v rodině německého dělníka!** (Potlesk.) Upozornil jsem p. poslance Franka, že si nesmírně vážím této úcty, kterou chová německý pracující člověk vůči velkému presidentu Masarykovi. (Výkřiky.)

Lidé si právem stýskali. 170 dělníků chodívalo dříve do Německa. 170 dělníků přecházelo hranice a nacházelo obživu na německé půdě. **Nyní byly hranice pro naše dělníky uzavřeny, a zjišťuji, že nejen pro dělníky české, nýbrž i pro československé dělníky německé národnosti.** 170 lidí z Hory sv. Kateřiny, kteří nacházeli dostatečnou obživu v sousedním Německu, bylo zbaveno chleba, nikoliv, znovu opakuji, příslušníků československé národnosti, nýbrž **příslušníků německé národnosti.** Může býti otázka, proč tento zákaz byl vydán. Domnívám se, nechtěl bych to tvrditi, poněvadž myslím, že na hladu lidí nemá býti zakládána politická agitace, že se tak stalo za účelem zvýšení nespokojenosti v této části našeho pohraničního území. **Kromě toho byl prohlášen celý kraj Hory sv. Kateřiny za nouzové území již v době Josefa II. Já proto zjišťuji, že dnešní stav v severozápadních Čechách a specielně na okresu Hory sv. Kateřiny nebyl způsoben československou vládou, nýbrž byl způsoben chudobou kraje a byl už zjištěn v dávných dobách, před 150 lety, v době Josefa II.** Naopak, ke chvále československé vlády mohu pověděti, že jeden z opravdových řemeslníků umělců, jméno jsem si již neznamenal, ale mohu ho kdykoliv nalézt, poněvadž jest to jediný specialista na výrobu sošek indického Gandhiho, přiznal spontánně, že se tomuto umění naučil **„in der čechoslovakischen státny učebna pro domácí průmysl“**. Myslím, že tím je nejlépe řečeno, co Československo tam učinilo, když dokonce se pokusil v československém jazyku, pokud mu to bylo možno, označiti, **co mu stát poskytl, aby se mohl lépe uživiti.** Je tedy patrno z toho, že vláda pamatuje na tento kraj, který opravdu zasluhuje mimořádné pomoci.

A potom jsme jeli řadu kilometrů a při tom u potoka Schweinitz nám bylo ukázáno **několik továren v troskách, již zarostlých travou a křovím. Jsou to zbytky někdejšího „vymírání průmyslu“. Ovšem nikoliv za republiky, nýbrž vymírání průmyslu v minulém století. Ve dvoře jedné z někdejších továren – proto snad páni mne neznemožní, nebo nebudou tvrditi, že tyto továrny byly zavřeny za republiky – vyrostla už veliká jedle,** která je dostatečným svědectvím, **že jsme tyto továrny nezavřeli my, nýbrž v blahé paměti Rakousko.**

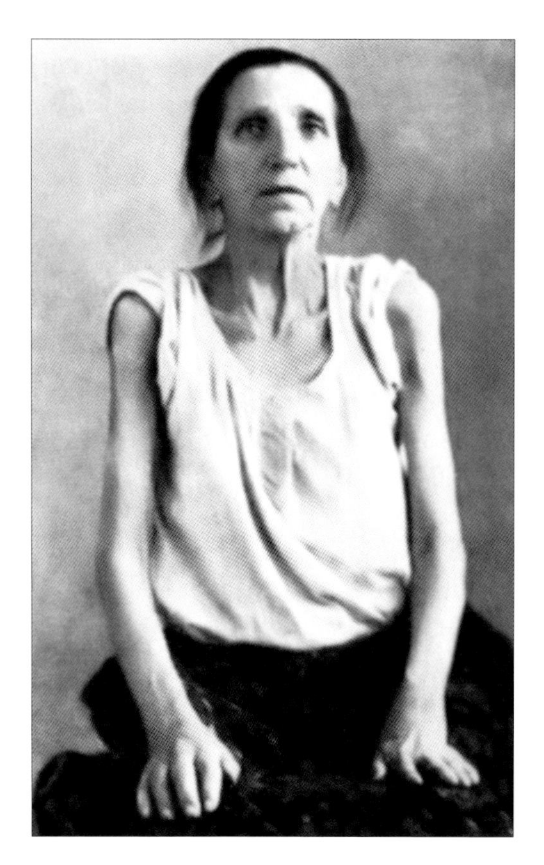

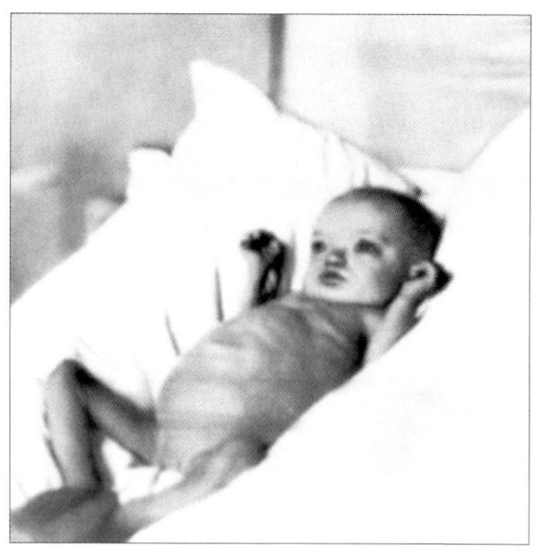

Fotografie Margity Böhmové trpící výživovou poruchou (převzato z brožury Pravda o domnělém útisku Němců, Praha 1938).

Žena z Kraslic trpící kloubovým revmatismem, jejíž fotografii využívala německá propaganda v publikacích o sudetských Němcích (převzato z brožury Pravda o domnělém útisku Němců, Praha 1938).

Hora sv. Šebestiána. Navštívili jsme dílnu Produktionsgenossenschaft der Korbflechter. Je tam veliká bída, ale jde o konkurenční obchodní boj mezi Horou sv. Šebestiána a našimi Morkovicemi na Moravě. Správce společenstva sám vysvětluje: „Jim tam – to je v Morkovicích – roste zadarmo proutí, které my musíme kupovati." Výdělky jsou bídné. Koš na prádlo musejí prodávati za 6 Kč, ačkoliv jen materiál stojí 4.50 až 5.50 Kč. Za zhotovení dětské židličky 5.50 Kč. **Rovněž toto území Hory sv. Šebestiána bylo prohlášeno už r. 1905 za „Notstandsgebiet".**

Prohlédli jsme si loketskou nemocnici. Nemocnice v Lokti je ve stavu opravdu mimořádně špatném. Na sto pacientů jest jedna lázeň. Laboratoř má 4 čtvereční metry. Je tam dvakrát více nemocných než postelí. Infekční „pavilon" jest ubohý. Ale kdo zde má pomoci? **Okres a město je plně ve správě německé, primář loketské nemocnice je členem zemského zastupitelstva českého a prosím, mně tam vykládají, že si nemohou pomoci k nemocnici.** Já, jako český poslanec mám pomáhati k nemocnici; město v německých rukou a okres v německých rukou, primář je členem zemského českého zastupitelstva a nemohou si pomoci, aby došlo k reparatuře nemocnice. Při resumé o těchto věcech poukáži, jak my Češi si počínáme v území za podobných těžkých poměrů, v jakých se žije zde v Lokti.

V Chodově-Přebuzi „Frühbussu" viděl jsem nezaměstnané podživené, ale čeho mi bylo nejvíce líto, také degenerované lidi. Podobně jako na Šumavě, i tak jsou degenerovaní. Zde budeme musit s hlediska státního vykonati všechno, abychom zabránili další degeneraci.

Obec **Abertamy** trpí krisí rukavičkářství a tím, že paličkované krajky klesly v módním kursu. I zde móda působí na zaměstnanost či nezaměstnanost a doufám, že se zájmy dam obrátí v celém světě, aby tak bylo pomoženo i zde tomuto domáckému průmyslu.

Velikou část času věnovali jsme prohlídce **Kraslic** a poměrům v Kraslicích. Ze 14.000 obyvatel přihlásilo se prý 300 rodin, že nemají co jíst. Dluhy u hokynářů dostupují výše až 3.000Kč. Práci prý dostávají jenom ti, kteří mají nárok na podporu v nezaměstnanosti. Nechali jsme si ukázati mzdy: adjustování dětských fléten např. se platí 1.60 za tucet. Dříve se platilo 2.65Kč. Kraslice byly však pro mne důležité ještě něčím jiným. V Kraslicích odevzdal mi, myslím, že člověk, který se poctivě stará o chudinu v Kraslicích, album, v němž jsou fotografie přímo z Kraslic, fotografie, které mezi jiným také zachycují obrázek o návštěvě pana ministra sociální péče. Ale mezi těmito obrázky našel jsem tu kraslickou ženu, se kterou jsme se setkali v knize říšskoněmeckého Vorbacha a v té knížce belgické „La Bohéme a faime". Já jsem prosil, aby mi byla tato žena představena. Tož, navštívili jsme ji. A vy mně prominete, jestliže povím, v jakém stavu jsme tuto ženu, která prý má hlad, se kterou se agituje v Belgii a se kterou se agituje po celé Francii a Anglii Vorbachovou knihou, našli. **Tato paní je ženou zaměstnaného dělníka, je také matkou zaměstnaného syna a sama trpí reumatismem kloubovým, který jí přirozeně žádnou krásu nedodal. Tak vypadají fakta, když jsem se na věc podíval zblízka.**

Ale zajímal mne ještě jeden obrázek, kterým jsme povinni se zabývat: „Kindermord in Herzen Europas". Toto dítě je také v této publikaci, kterou mi p. Max Nier odevzdal, ale zjistil jsem, **že je to fotografie děcka 6 dní před smrtí,** o němž lékař napsal, **že příčinu smrti dítěte, Margity Böhmové,** která **trpěla těžkými poruchami výživy od svého narození,** mohla, nikoliv nastala, mohla nastat, v důsledku nouze rodičů. Přesto, že jde o publikaci, která je určena k agitaci a propagaci bídy sudetských Němců, **německý lékař neodvážil se tvrditi, že by šlo o dítě, které by bylo podvyživeno** a naproti tomu v zahraničí se agituje tím dítětem jakožto dokladem bídy a nouze, páchaných v Československé republice na dětech německých rodičů.

Kraslečtí si pomáhají jednak sami, jednak jim pomáhá stát. Je to především svépomoc kraslických dětí, která zaslouží největší úcty a pomoci. O prázdninách koncertoval velký dětský kraslický orchestr po celé republice. **Poslouchal jsem**

kraslické děti ve Zlíně a slyšel jsem je v Prachaticích. Byly vítány přes to, že šlo o děti německé národnosti, všude s největší úctou, láskou a ochotou. Kdo kde mohl, finančně jim pomáhal. Ale také stát se snažil pomoci řádnou i mimořádnou péčí o nezaměstnané a jejich děti. Budiž mi to dovoleno říci. Naše ministerstva, zdá se mi, že soustavně nehodlají propagovat činnost, která se zde dělá ve prospěch Němců. **Zjišťuji, že na umístění kraslických dětí německých hornických dětí v hornické zotavovně v Horním Litvínově dalo ministerstvo veřejného zdravotnictví přes 200.000 Kč** a já děkuji panu ministru zdravotnictví, že pamatoval na děti svých soukmenovců. **Ale myslím, že by si zasloužila tato činnost p. ministra zdravotnictví, aby byla také dostatečně komentována a uznána v „Zeitu" a v ostatních časopisech, poněvadž je to práce pro německé děti, kterou zde německý ministr vykonal.** (Potlesk.)

Při jízdě vyhnuli jsme se řadě měst, v nichž se kouřilo z továrních komínů a která by svědčila o víc než spravedlivém postupu státní správy vůči našim německým spoluobčanům. Tak např. byla v programu jízdy opomenuta návštěva Jáchymova a státních dolů. Proč? Poněvadž zde bychom byli na místě prokázali československý „útlak" německého dělnictva. Na jáchymovských dolech je zaměstnáno 97 procent Němců a 3 procenta Čechů. Češi se snaží ze všech sil dostat se do zaměstnání. Prohlásili jsme německé území, nechme zaměstnat i Němce. (Výkřiky komunistických poslanců a poslanců SdP. Předseda: Prosím o klid. Zvoní.)

Mohl bych uvést řadu dalších případů. Neučiním tak, poněvadž bych se rád vyhnul námitce, že agituji fakty, která by nemohla být druhou stranou bezprostředně přezkoumána. **Výsledky zjištěné při samém zájezdu, které jsem přednesl sine ira et studio, jsou dostatečným svědectvím toho, že hospodářská krise postihla svými mimořádně vážnými důsledky ve smíšeném území stejně příslušníky německé národnosti jako české spoluobčany.** (Hluk. Předseda zvoní.)

Češi a Němci, kteří jsou ve skutečných nesnázích, bratrsky si v nich navzájem pomáhají. Připomínám jen divoké dolování, které bude svědectvím pro každého, že Čech i Němec si pomáhají tam, kde pomoci vzájemně potřebují. Obtížnost poměrů některých okresů, např. okolí Hory sv. Kateřiny a Sv. Šebestiána, nezpůsobila československá vláda, nýbrž chudoba kraje, která vedla k tomu, že rakouské vlády v některých případech již před 150 lety, v jiných případech krátce před válkou prohlásily toto území za nouzová, která vyžadují zvláštní péče.

Budiž mi však dovoleno říci, že největší rány ve smíšeném území byly způsobeny ne vládou, ne národnostním útlakem, **nýbrž kartelovými smlouvami, které vyhazovaly tisíce a desetitisíce dělníků z továren a dílen.** V Trnavanech, jak jsem uvedl, 120 dělníků, v Bystřici 30 německých živitelů rodin propuštěno německým fabrikantem. (Potlesk.)

Majitelům továren, zajištěným pravidelným ročním odškodným, dosahujícím často statisícových a milionových částek, nešlo o žádnou nacionální nenávist, nýbrž v daném případě toliko o touhu po lehkém, bezpracném zisku, který zejména doléhá na pracující lid. **Je to bič, kterým je pracující lid bez rozdílu národnosti bičován, ať jde o Čecha anebo o Němce.** Němečtí a čeští podnikatelé jsou v tomto ohledu stejní a bez ohledu na národnostní rozpory se snadno dohodnou. **V Trnovanech a Bystřici Němci, v Trmicích zase Čech zavřel podle novinářských zpráv továrnu na přání sklářského kartelu, odevzdal klíče kartelu a vyhodil dělníky na ulici.** Ve všech případech byl postižen stát, který musí vyplácet podpory ze státní stravovací akce, a bylo postiženo bezměrně dělnictvo, jehož životní úroveň se zde snižuje. Za to všechno jsou tito dělníci ještě popuzováni proti státu nesvědomitou politickou demagogií, jako by stát, Československá republika, byl příčinou jejich tísně. Proti státu, který všemi možnými prostředky po ruce jsoucími pomáhá zmírňovat následky krise, popuzuje politická a především nacionální nenávist.

Po všem tom, co jsem ve smíšeném území viděl, bude nejlepší obranou a lékem proti poměrům **revise kartelového práva, zejména v tom směru, aby byly znemožněny desetitisícové, statisícové, ba dokonce milionové náhrady podnikatelům a továrníkům, zatím co se dělnictvu nepomůže ani haléřem. Kartelové právo musí býti upraveno tak, aby také propuštěný dělník měl nárok na část úhrady, která se zde poskytuje podnikatelům.** Ale nejenom to, musíme se starat o to – když nemůžeme přímo dělnictvu zajistiti kvotu na kartelovém příspěvku – abychom zajistili tuto kvotu našemu státu. (Potlesk.)

V německém a ve smíšeném území vůbec je vidět málo snahy o skutečnou nápravu tam, kde je náprava v lidských silách a v dobré vůli. **Viděl jsem všude málo iniciativy, málo snahy o svépomoc a nerad bych tvrdil, že se tak děje z důvodů politických, ač mnohé by tomu nasvědčovalo.** Tak hluboko snad Evropané ve 20. století přece neklesli, aby pro dočasný tzv. politický úspěch nechali trpět své spoluobčany hladem.

K úvaze však dávám jeden případ za všechny, **loketskou nemocnici,** a chtěl bych jej srovnat s poměry u nás, v jižních Čechách. **Město i okres v německých rukou, jak jsem řekl, pan primář, schopný odborník, členem zemského zastupitelstva, a při tom nám neukázali pánové ani projekt loketské nemocnice, nýbrž nám ukázali jen hrozné nedostatky. Kde je iniciativa města, kde je iniciativa okresu, iniciativa člena zemského zastupitelstva?** V českobudějovické nemocnici byly ještě před dvěma lety podobné poměry: pacienti byli po chodbách, na dvou postelích 3 až 4 osoby. Město a okres si řekly, že je třeba zjednat nápravu novostavbou pavilonů a letos na podzim bude za pomoci země a státní produktivní péče odevzdána veřejnosti vzorně, účelně vybavená Masarykova nemocnice. Totéž v jiných městech – mám na mysli Tábor, Strakonice a celou řadu ostatních měst. Ale musí se chtíti, musejí se hledati hospodářské předpoklady nápravy, místo se založenýma rukama se dívat na nedostatky, které se samy od sebe neodstraní.

Společná cesta německého a českého poslance do smíšeného území, myslím, přinesla jeden velký užitek. Bez rozčilení a řečnického pathosu byly zkoumány sociální jevy našeho pohraničí a, myslím, s úspěchem hledány a z části i nalezeny příčiny nedostatku, z nichž mnohé lze odstraniti. V jižních Čechách budu moci ukázati p. poslanci Frankovi, jak se bráníme proti důsledkům hospodářských nesnází.

Celé tisíciletí žijeme vedle sebe Češi a Němci, vzájemně se známe, známe své přednosti i nedostatky a proto, pánové z německého tábora, račte vzíti na vědomí: My Češi a Slováci od svého nikdy neustoupíme, nikdy a za žádných okolností svůj stát nezradíme, a za žádných okolností jej nevydáme. Podle Masarykova odkazu chceme však přáti svobodu i spoluobčanům ostatních národností a na nich jest, aby nám to také umožnili.

V těchto vážných chvílích, kdy očekáváme prohlášení pana předsedy vlády, chtěl bych ještě říci, že my očekáváme, že vláda dnes naprosto jasně a otevřeně postaví se k zahraničně-politickým událostem, že naprosto jasně prohlásí ve svém dnešním projevu k mezinárodním událostem naši neochvějnou věrnost Společnosti národů, principu kolektivní bezpečnosti a spojeneckým smlouvám, které nám zajistila skutečně cílevědomá, důsledná a povždy zásadám demokratické spolupráce mezi národy sloužící zahraniční politika, řízená po léta šťastně a pro stát příznivě panem zahraničním ministrem dr. Edvardem Benešem. V zahraniční politice nelze dělat přemetů, které snese povolání žurnalisty, jak jsme se dověděli ve schůzi minulého týdne z projevu p. poslance Schwarze. Nejtěžší boje jsme v minulosti vyhrávali a bohdá v přítomnosti a v budoucnosti vyhrajeme, zůstaneme-li věrni ideálům, z nichž se tento stát zrodil nejen ve vnitřní, nýbrž i v mezinárodní politice. Československý lid rozumí této politice, jejíž principy na věky spojil se jménem velkého presidenta Osvoboditele. Československý lid s důvěrou ve svého presidenta, s důvěrou ve svoji odpovědnou demokratickou vládu, vedenou vynikajícím státníkem dr. Hodžou a s důvěrou v jarou, silnou, nepřemožitelnou obrannou armádu republiky hledí klidně vstříc budoucím dnům. Československý lid od Aše až k Jasině bez rozdílu národnosti, stavu a povolání je nezvratně a neochvějně přesvědčen: Byli jsme a Bůh dá – a my národní kázní a bezpodmínečnou jednotou ve všech celostátních potřebách se o to přičiníme – že budeme a s námi tento stát v srdci Evropy věčně! (Potlesk.)

Přílohy

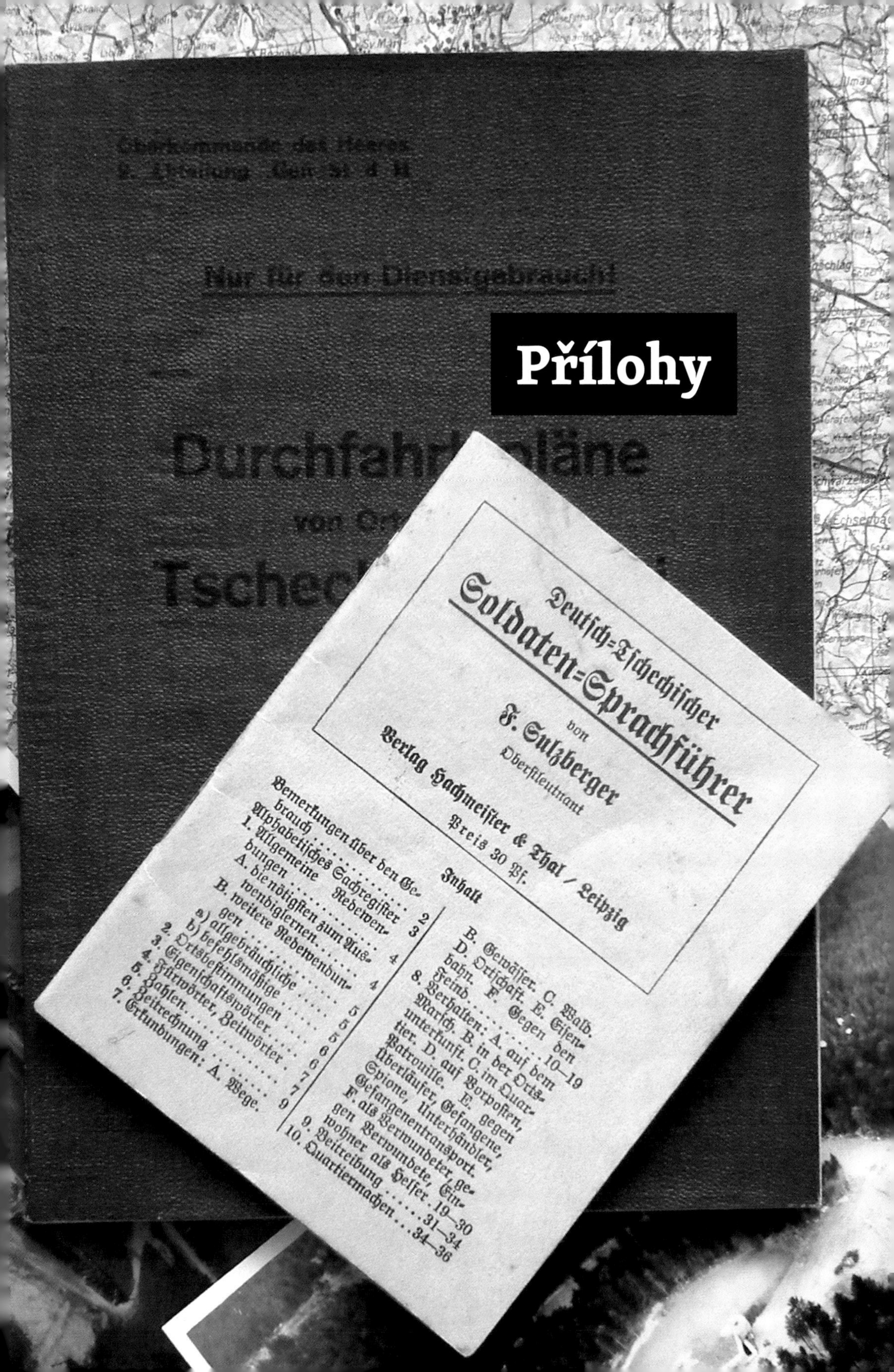

Důkazem důkladné a intenzivní přípravy na vojenské napadení ČSR v roce 1938 je i celá řada pomůcek a předpisů, které z velké části připravil německý generální štáb a vydal během léta 1938. Kromě předpisů týkajících se čs. opevnění byly vydány také další pomůcky, které se zabývaly např. čs. letectvem, armádou, geografickým popisem Československa apod. Informace o tajných předpisech řady HDvg 124 o čs. opevnění byly již v minulosti vícekrát publikovány, proto není bez zajímavosti podívat se podrobněji na další dobové příručky a předpisy.

Pro účely plánování válečného napadení ČSR potřebovali Němci nejen klasické kartografické mapy čs. území, ale také plány měst, která měli dobývat nebo přes ně jen měli postupovat. S rozvojem motorizovaných a tankových jednotek se ukázala potřeba rychlé a spolehlivé orientace na křižovatkách, v ulicích měst apod. Z toho důvodu připravilo 9. oddělení německého generálního štábu pomůcku s názvem **Durchfahrtspläne von Orten in der Tschechoslowakei** (Průjezdní plány obcemi v Československu). Předpis byl určen pouze pro služební potřebu a vydán v Berlíně v roce 1938. Tato pomůcka formátu A5 na výšku je opatřena obálkou krytou zeleným plátnem s natištěným názvem a obsahuje 71 stran. Na prvních stranách předpisu jsou uvedeny obecné informace o použití předpisu, upozornění na jízdu vlevo v Československu a celková mapa ČSR s vyznačenými městy, jejichž plány jsou v předpisu obsaženy. Následují tabulky s německo-českými názvy měst a informacemi o celkovém počtu obyvatel a počtu německých obyvatel. Nechybí ani česko-německý překlad popisů, se kterými se Němci mohli setkat v českých městech. Dále byly zařazeny již jen plánky jednotlivých měst, která Němci do předpisu vybrali. Podle velikosti města (nebo jeho zpracované části) byl plánek umístěn na půl strany, celou stranu, nebo dokonce dvě strany (např. Olomouc, Bratislava apod.). Plán Prahy byl umístěn v samostatné kapsičce na konci předpisu. Všechny plánky jsou vytištěny barevně, a to tak, že hlavní silnice jsou označeny žlutě a vodní toky modře. Některé z mapek jsou doplněny i legendou s označením účelu vybraných objektů. Sami Němci hned v úvodu upozorňují na fakt, že plány jsou sestaveny z různých cestovních průvodců nebo automap s rozdílnou hodnotou. V samotných plánech měst jsou pochopitelně zakresleny i důležité vojenské objekty – především kasárna, vojenské sklady apod. Zajímavé je také to, že v předpisu jsou umístěna rovněž města na východním Slovensku a Podkarpatské Rusi, což by mohlo svědčit o tom, že Němci počítali s tím, že budou vést bojové operace na celém území ČSR. Z důvodu značného rozsahu není předpis přetištěn v úplnosti, pro účely této publikace byly převzaty pouze některé z použitých průjezdních plánů.

Oberkommando des Heeres
9. Abteilung Gen St d H

Nur für den Dienstgebrauch!

Durchfahrtspläne
von Orten in der
Tschechoslowakei

Berlin 1938

Přehledová mapa ČSR s vyznačenými městy, jejichž plány jsou obsaženy v předpise.

Oberkommando des Heeres
9. Abteilung Gen St d H

Nur für den Dienstgebrauch!

Durchfahrtspläne

von Orten in der

Tschechoslowakei

Berlin 1938

Řepčín
Hejčín
Horní hejčínská tř.
Tomkova
Dolní hejčínská tř.
Stolbova
Zuckerfabrik
Garnison-Benzinlager
v. Mähr. Neustadt
Svatoplukova
Stefanik-Kaserne
Flieger-Depot
v. Mähr. Trübau
Na Šibeníku
Litovelská
Tř. Míru
v. Teschetitz
Úřednická
Bhf.
Palackého tř.
Krapkova
Machargova třída
Čechovy sady
N
Na Střelnici
Bořivojova
Dobrovského
Heeres-Funkstelle
Alte Kas.
Elektr. Werk
Kaserne
Sokolská
Česká ul.
Mořické nám.
Pekařská
Sprengstoff-Fbr.
Nám. Republiky
Post
Kasernen
Anglická
Rathaus
Post
Masarykovo nám.
Riegrova
Svobody ulice
Wilsonovo nám.
Havlíčkova
Dvořákova
Smetanovy sady
třída
Kraftfahrer Kaserne
Něředín
Resslova
Na Vozovce
Grégrova
Nová Ulice
Albertova
Prostějovská
Polská třída
Divis.-Proviant-Magazin
Flak-Kaserne
Wasserwerk
v. Proßnitz
Nová ulice
Zelená Ulice
Ibsenova
Horní Povelská třída
Povel
Horní Novosadská třída
n. Tobitschau-Kojetein

Olmütz

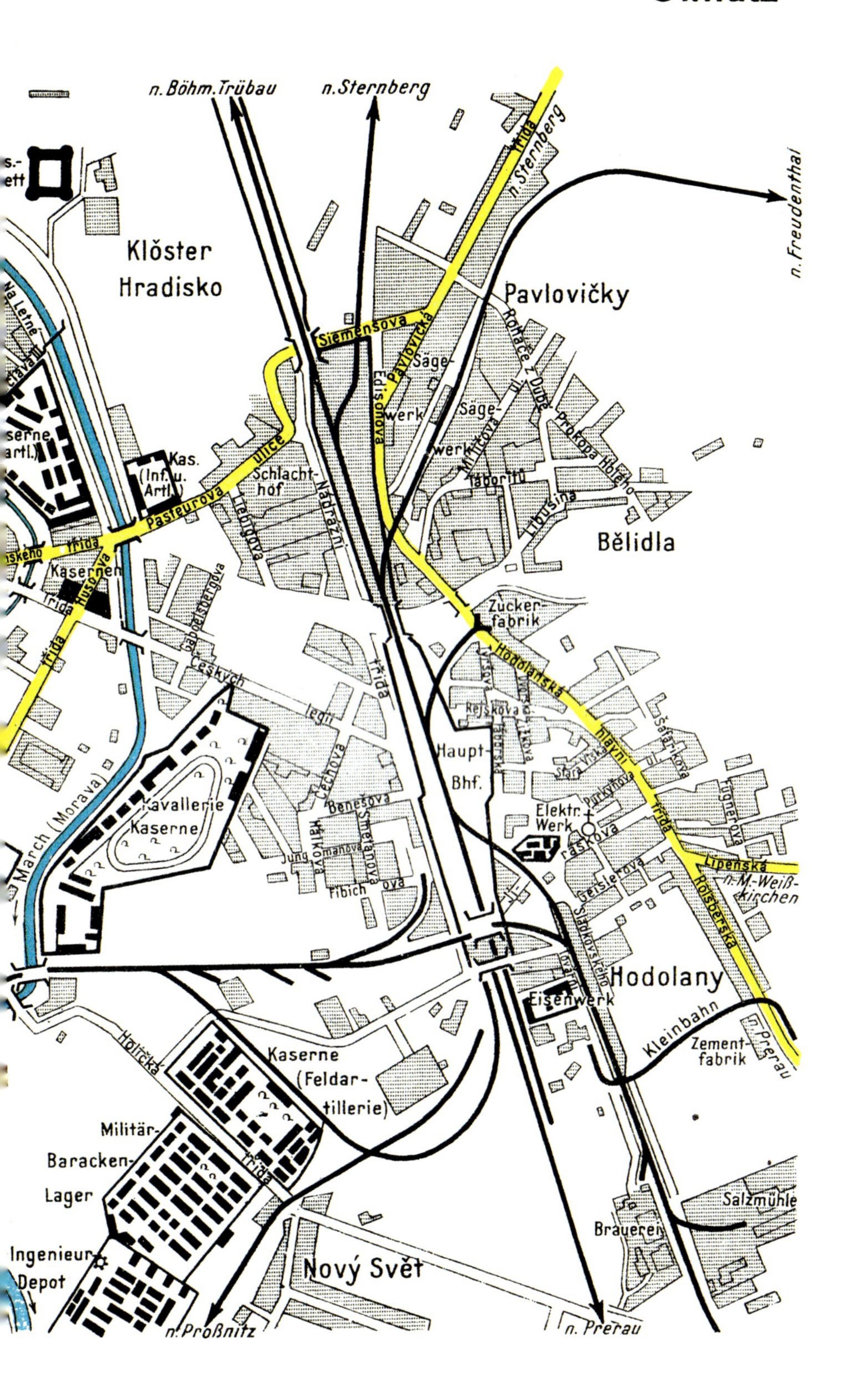
n. Böhm. Trübau
n. Sternberg
třída n. Sternberg
n. Freudenthal
Klöster Hradisko
Pavlovičky
Siemensova
Pavlovická
Edisonova
Säge-werk
Säge-werk
Kas. (Inf. u. Artl.)
Kaserne (Artl.)
Schlacht-hof
Pasteurova ulice
Nádražní
Táboritů
Libušina
Prokopa Holého
Bělidla
Kasernen
Husova třída
Zucker-fabrik
Hodolanská
Českých legií třída
Haupt-Bhf.
Rejskova
Kavallerie Kaserne
March (Morava)
Čechova
Benešova
Smetanova
Elektr. Werk
hlavní třída
Purkyňova
Šafaříkova
Jugnerova
Lipenská
n. M.-Weißkirchen
Rolsberská
Gerslerova
Hodolany
Eisenwerk
Kleinbahn
Zement-fabrik
n. Prerau
Holická
Kaserne (Feldar-tillerie)
Militär-Baracken-Lager
Ingenieur-Depot
Salzmühle
Brauerei
Nový Svět
n. Proßnitz
n. Prerau

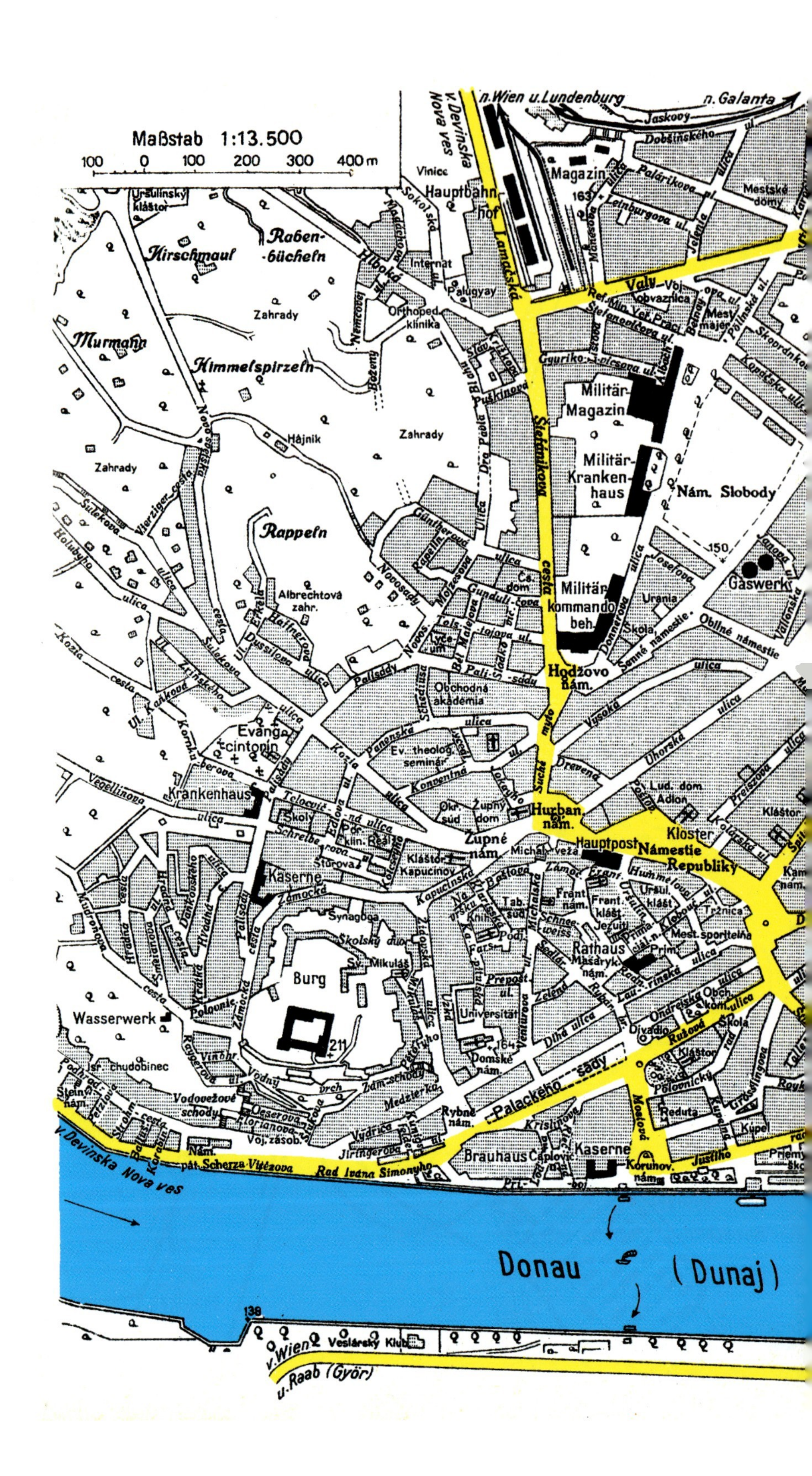

Maßstab 1:13.500
100 0 100 200 300 400 m
n. Wien u. Lundenburg
n. Galanta
v. Devinska Nova ves
Hauptbahnhof
Magazin
Vinice
Uršulínsky kláštor
Hirschmaul
Rabenbücheln
Murmann
Himmelspirzeln
Zahrady
Hájnik
Rappeln
Albrechtová zahr.
Internat
Palugyay
Orthoped. klinika
Militär-Magazin
Militär-Kranken-haus
Nám. Slobody
Militär-kommando beh.
Gaswerk
Urania
Škola
Hodžovo nám.
Obchodná akadémia
Evang. cintorín
Ev. theolog. seminár
Krankenhaus
Kaserne
Synagoga
Burg
Sv. Mikuláš
Wasserwerk
Isr. chudobinec
Okr. súd
Župný dom
Hurban. nám.
Župné nám.
Hauptpost
Námestie Republiky
Kláštor
Kapucínov
Kloster
Rathaus
Masaryk. nám.
Univerzita
Domské nám.
Divadlo
Palackého sady
Rybné nám.
Brauhaus
Kaserne
Koruhov. nám.
Mestské domy
Vodovežové schody
Voj. zásob.
Rad Ivana Simonyho
Donau (Dunaj)
v. Devinska Nova ves
Veslársky Klub
v. Wien u. Raab (Györ)

Pressburg

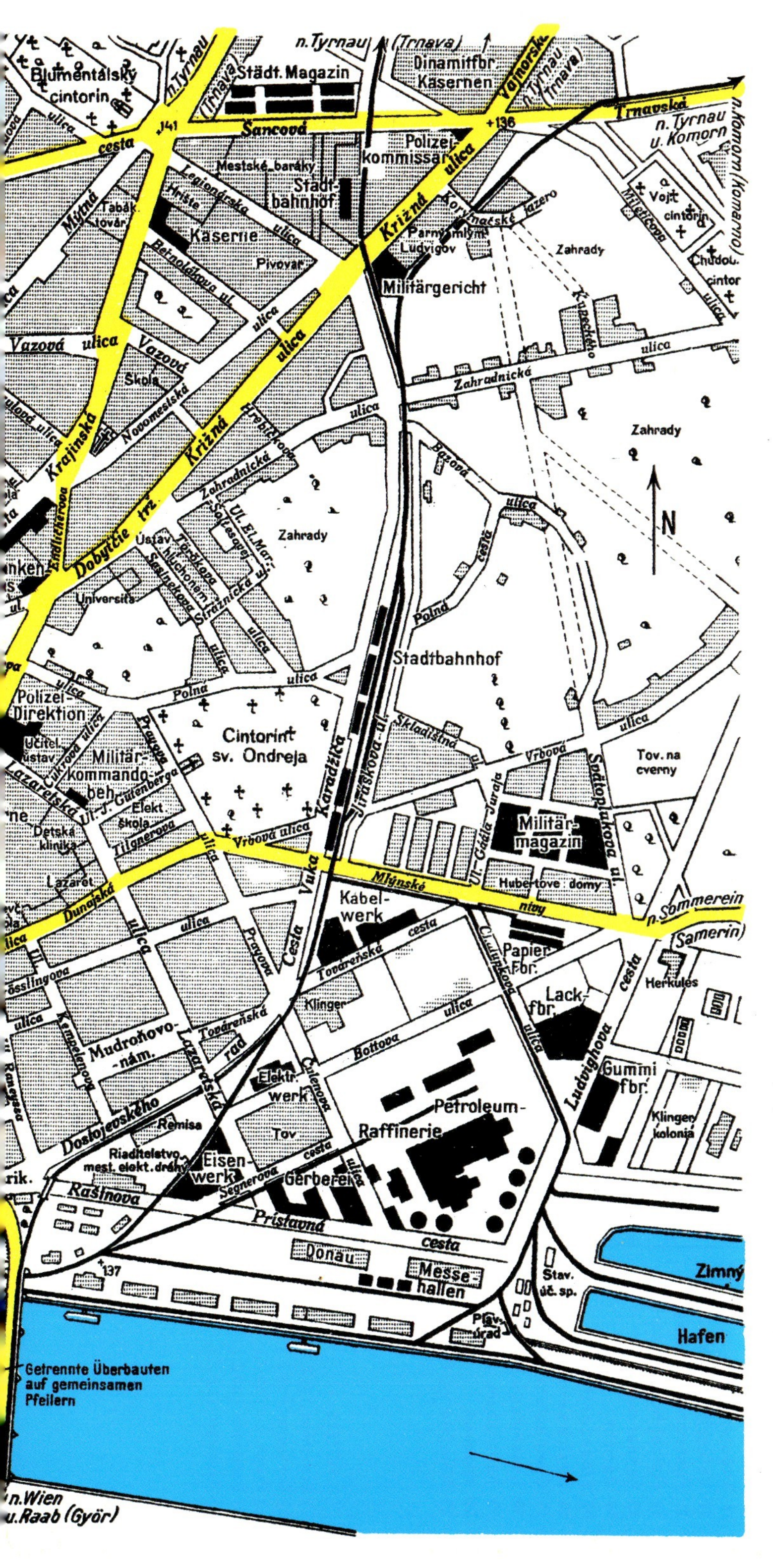

n.Tyrnau (Trnava)
Dinamitfbr.
Kasernen
Städt. Magazin
Blumentalský cintorin
Šancová cesta
Trnavská
n. Tyrnau u. Komorn
n. Komorn (Komarno)
Polizei-kommissar.
Mestské baráky
Stadt-bahnhof
Kriżná ulica
Kaserne
Pivovar
Militärgericht
Parni mlyn Ludvigov
Zahrady
Vojt. cintorin
Vazová ulica
Zahradnická ulica
Krajinská
Dobytčie trž.
Universita
Stadtbahnhof
Polizei-Direktion
Cintorin sv. Ondreja
Militär-kommando
Elekt. škola
Detská klinika
Lazaret
Vrbová ulica
Dunajská
Militär-magazin
Hubertove domy
Mlýnské nivy
n. Sommerein (Samerin)
Tov. na cverny
Kabel-werk
Továrenská cesta
Papier Fbr.
Lack-fbr.
Herkules
Klinger
Mudroňovo-nám.
Elektr. werk
Petroleum-Raffinerie
Gummi fbr.
Klinger kolonia
Remisa
Riaditeľstvo mest. elekt. dráhy
Eisen-werk
Gerberei
Rašinova
Pristavná cesta
Donau
Messe-hallen
Stav. úč. sp.
Plav. úrad
Zimný
Hafen
Getrennte Überbauten auf gemeinsamen Pfeilern
n.Wien u.Raab (Györ)
N

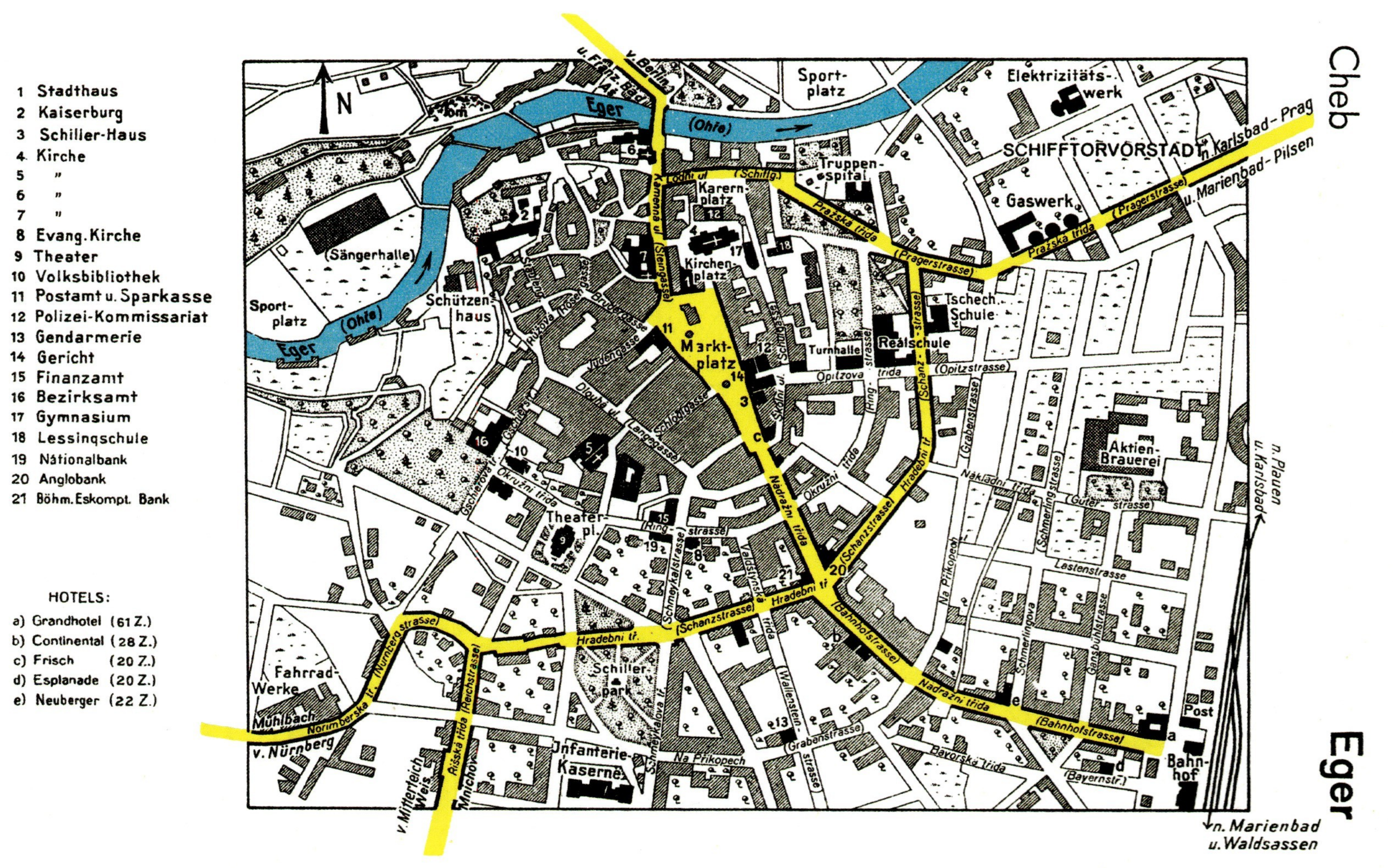

Cheb
Eger
1 Stadthaus
2 Kaiserburg
3 Schiller-Haus
4 Kirche
5 "
6 "
7 "
8 Evang. Kirche
9 Theater
10 Volksbibliothek
11 Postamt u. Sparkasse
12 Polizei-Kommissariat
13 Gendarmerie
14 Gericht
15 Finanzamt
16 Bezirksamt
17 Gymnasium
18 Lessingschule
19 Nationalbank
20 Anglobank
21 Böhm. Eskompt. Bank
HOTELS:
a) Grandhotel (61 Z.)
b) Continental (28 Z.)
c) Frisch (20 Z.)
d) Esplanade (20 Z.)
e) Neuberger (22 Z.)
N
Eger
(Ohře)
Sportplatz
Elektrizitätswerk
SCHIFFTORVORSTADT
n. Karlsbad-Prag
u. Marienbad-Pilsen
v. Berlin
u. Franz. Bad
Truppenspital
Gaswerk
Karernplatz
Kirchenplatz
Marktplatz
(Sängerhalle)
Schützenhaus
Tschech. Schule
Turnhalle
Realschule
Aktien-Brauerei
Theater-pl.
Schillerpark
Infanterie-Kaserne
Fahrrad-Werke
Mühlbach
v. Nürnberg
v. Mitterteich
Weis
Mnichov
Post
Bahnhof
n. Plauen
u. Karlsbad
n. Marienbad
u. Waldsassen
Pražská třída
(Pragerstrasse)
Lodní ul
(Schiffg.)
Kamenná ul
(Steingasse)
Opitzova třída
(Opitzstrasse)
Nádražní třída
(Bahnhofstrasse)
Hradební tř.
(Schanzstrasse)
Ring-strasse
Okružní třída
Grabenstrasse
Lastenstrasse
Nákladní třída
(Güter-strasse)
Schmerlingstrasse
Schmerlingova
Gansbühlstrasse
Na Příkopech
Wallenstein-strasse
Valdštýnská třída
Schmeykalstrasse
Schmeykalova tř.
Bavorská třída
(Bayernstr.)
Ríšská třída
(Reichstrasse)
Norimberská tř.
(Nürnberg strasse)
Judengasse
Bruderga sse
Dlouhá ul.
Langegasse
Schlossgasse
Školní ul.
Schulgasse
Rosengasse
Gschierova tř.

Chomutov

Komotau

1 Rathaus
2 Dekanatskirche
3 Jesuitenkirche
4 Spitalkirche
5 Protest. Kirche
6 Theater (Parksäle)
7 Bezirksamt
8 Hauptpost
9 Bezirksgericht
10 Altes Gymnasium

HOTELS
a Hotel Scherber (60 Z)
b Hotel Mertin (19 Z)
c Hotel Reiter (33 Z)
d Čs. Domov (10 Z)

Gas u. E. Werk
Lovosice n. Lobositz
Mannesmann-Röhren-Werk
Mannesmannstr.
Gabelsbergerova
(Bad-Gasse)
Lázeňská
Postoloprty
Schule
Bad
Gerstnerova ul. (Gerstner-Gasse)
Assigbach
Louny Prahan Laun u. Prag
Pražská str.
Glockengiesserei
Feuerwache
Krankenhaus
Bezirks-
Kamenná Steingasse
Stefánikovy Kaserne
Jindřišská ulice
Kloster
(Lange-Gasse)
Dlouhá ulice
Most n. Brüx
Vinná ulice (Weingasse)
Vinohradská ulice (Weinberg-Gasse)
Křížová ul. (Kreuzgasse)
Uhelná ulice (Kohlstadt-Gasse)
Lessingstr.
Theodor Körnerstr.
Na Příkopech (Am Graben)
Panská ul. (Herren-Gasse)
Brauhaus
Sportplatz
Jahnplatz
Dürerstr.
Albrecht
Školní nám.
Hlavní nám. (Marktplatz)
Schule
Zámecká ul.
Městský sad
Deutschherren-Platz
Plattnerstr.
Blatenská třída
Masaryk-Kaserne
Nádražní třída (Bahnhofstr.)
Papier-Fabrik
Mühle
Lipská tř.
v. Leip- Lipsko zig
z. Bahnhof
Klingergarten
Kantova třída
Weltmühlstr.
Richarda Wagnera
Třída Richarda Wagnera
Goethe-platz
Kantstr.
(Richard Wagner Strasse)
Masaryk-platz
Gewerbe-Schule
Sirotčinec
Míšeňská třída (Meissnerstr.)
Jahnova
Tsch. Schule
Beethovenstr.
Komenského
Schule

Troppau Opava

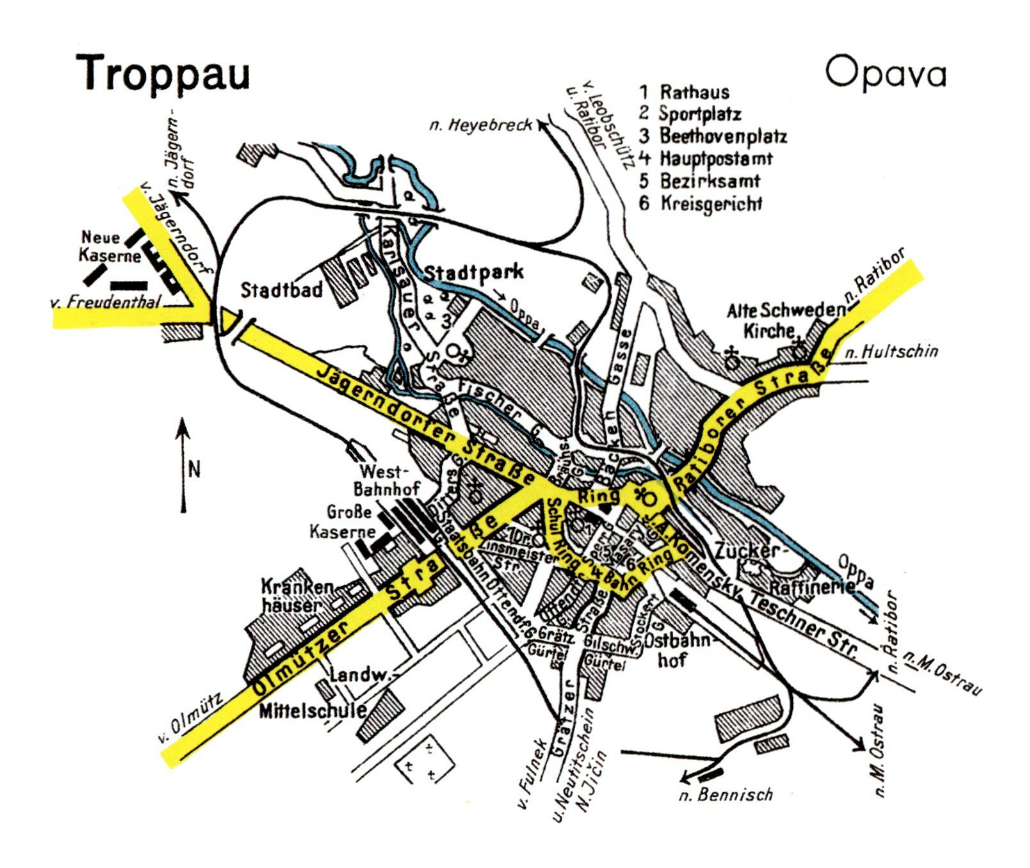

Užhorod Ungvár

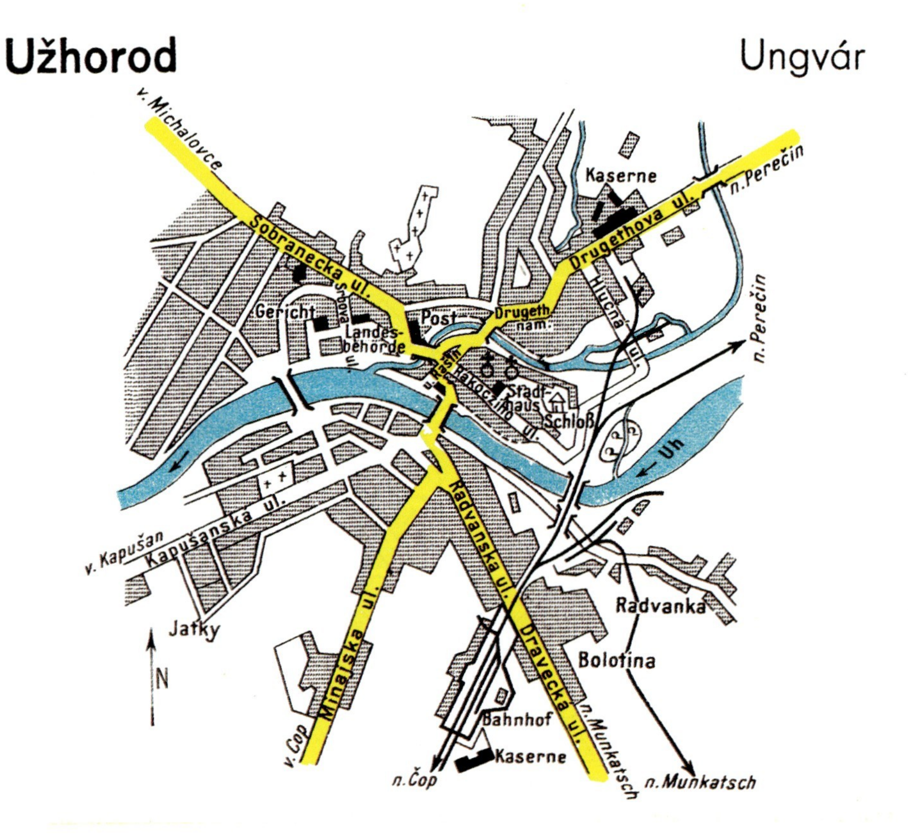

Verzeichnis der Pläne

Die Pläne sind alphabetisch nach den **deutschen Ortsnamen** geordnet.

Ort	Seite	Einwohner Gesamt	Einwohner Deutsch
Altsohl	1	11 217	
Außig	2	43 793	32 878
Bănská Bystrica	40		
Bardiov	3		
Bartfeld	3	7 606	
Bártfa	3		
Beneschau b.Prag	3	8 307	260
Benešov u. Prahy	3		
Beszterczebánya	40		
Bodenbach	4	22 658	17 404
Böhm.-Budweis	5	43 788	6 681
Böhm. Krumau	28		
Bohumin	43		
Boleslav, Mladá	18		
Bratislava	55		
Brno	6		
Brod. Němécky	10		
Brünn Doppelplan	6	264 925	52 165
Brüx	7	28 212	17 549
Budějovice, Č.	5		
Budweis, Böhm.	5		
Časlau	7	10 635	398
Čáslav	7		
Č., Budějovice	5		
Č., Krumlov	28		
Chust	8	17 897	
Cheb	11		
Chomutov	25		
Chrudim	9	13 264	124
Děčin	67		
Deutschbrod	10	10 760	142
Duchcov	10		
Dux	10	13 040	6 504
Dvůr Králové n. Labem	27		
Eger	11	31 546	25 120
Eperjes	53		
Érsekújvár	39		
Františkovy Lázně	12		
Franzensbad	12	3 183	2 894
Gablonz	13	33 958	27 017
Gitschin	14	11 034	172
Göding	15	14 793	582
Hodonin	15		
Horažďovice	15		
Horažďowitz	15	3 210	44
Hradec Králové	26		
Iglau	16	31 028	12 095
Igló	70		
Jablonec n. Nisou	13		
Jáchymov, Nový	17		
Jičin	14		
Jičin, Nový	41		
Jihlava	16		
Joachimsthal	17	7 322	6 821
Jung-Bunzlau	18	19 630	251
Karlovy Vary	19		
Karlsbad	19	23 901	20 856
Kaschau	20	70 332	
Käsmark	21	7 228	2 449
Kassa	20		
Kěsmárk	21		
Kežmarok	21		
Klatovy	22		
Klattau	22	14 089	447
Kolin	23	18 488	108
Komárno	24		
Komárom	24		
Komorn	24	21 137	
Komotau	25	33 279	27 609
Königgrätz	26	17 819	359
Königinhof a. d. Elbe	27	16 585	1 601
Košice	20		
Králové, Hradec	26		
Kremsier	27	18 546	506
Kroměřiž	27		
Krumau, B.	28	8 692	6 396
Krumlov, Č.	28		
Kutná Hora	29		
Kuttenberg	29	13 892	63
Laun	30	11 896	174
Lázně Františkovy	12		
Leitmeritz	31	18 498	10 878
Leitomischl	32	7 205	82
Leutschau	33	8 935	1 414
Levoča	33		
Liberec	58		
Litoměřice	31		
Litomyšl	32		
Löcse	33		
Losonc	34		
Losonz	34	15 449	

Přehled měst, jejich mapy jsou zpracovány v předpisu, je doplněn údaji o celkovém počtu obyvatel a podílu obyvatelstva německé národnosti.

Ort	Seite	Einwohner	
		Gesamt	Deutsch
Louny	30		
Lučenec	34		
Mährisch Ostrau	35	125 304	21 753
Mähr.Schönberg	36	15 718	11 585
Mariánské Lázně	37		
Marienbad	37	7 202	6 310
Michalovce	38	11 688	
Mikulov	43		
Mladá Boleslav	18		
Moravská Ostrava	35		
Most	7		
Mukačevo	38		
Munkács	38		
Munkatsch	38	26 123	
Nagymihály	38		
Německy Brod	10		
Neuhäusel	39	19 023	
Neusohl	40	11 321	
Neutitschein	41	13 997	9 220
Neutra	42	21 259	
Nikolsburg	43	7 790	6 409
Nitra	42		
Nova Ves, Spišská	70		
Nový Jachymov	17		
Nový Jičin	41		
Nový Zámky	39		
Nyitra	42		
Oderberg	43	3 188	720
Olmütz Doppelplan	45	66 440	15 017
Olomouc	45		
Opava	69		
Ostrau, Mähr.	35		
Ostrava,Moravska	35		
Pardubice	46		
Pardubitz	46	28 846	647
Piešťany	50		
Pilsen Doppelplan	48	114 704	6 782
Pisek	49	16 966	164
Pistyan	50	12 046	
Plzeň	48		
Podebrad	51	7 244	46
Poděbrady	51		
Podmokly	4		
Pöstyén	50		
Pozsony	55		
Prag großer Stadtplan hinten in der Umschlagstasche	52	848 823	41 701
Praha	52		
Prerau	53	22 280	714
Přerov	53		
Prešov	53	21 870	
Preßburg Doppelplan	55	123 852	25 837
Příbram	56	10 469	117
Proßnitz	56	33 484	909
Prostějov	56		
Rakonitz	57	11 078	126
Rakovnik	57		
Raudnitz	57	9 261	121
Reichenberg	58	38 568	30 023
Rosenau	59	6 670	
Rosenberg	59	15 668	
Roudnice	57		
Rožňava	59		
Rózsahegy	59		
Rozsnyó	59		
Ružomberok	59		
Schlan	60	9 739	103
Sillein	61	17 473	
Slany	60		
Spišská N. Ves	70		
Strakonice	62		
Strakonitz	62	9 883	124
Šumperk	36		
Svitavy	71		
Tabor b. B. Budweis	63	14 250	53
Tábor u. Čes. Budějovic	63		
Teplice-Šanov	65		
Teplitz	64	2 113	
Teplitz-Schönau	65	30 799	23 127
Teschen, Tschesch.	66	10 554	3 269
Těšin, Č.	66		
Tetschen	67	12 855	9 944
Trautenau	68	15 923	11 619
Třeboň u. Čes. Budějovic	70		
TrenčianskéTeplice	64		
Trencsénteplicz	64		
Troppau	69	36 030	21 987
Trutnov	68		
Tschech. Teschen	66		
Ungvár	69		
Ústi n. Labem	2		
Uzhorod	69	26 669	
Wittingau b. B. Budweis	70	4 838	97
Zámky, Nový	39		
Žilina	61		
Zipser Neudorf	70	12 889	
Znaim	71	25 855	8 347
Znojmo	71		
Zólyom	1		
Zsolna	61		
Zvolen	1		
Zwittau	71	10 446	9 090

Übersetzung

von tschechischen Bezeichnungen, die in den Plänen vorkommen.

celni úřad	Zollamt
cesta	Weg
četnicka velitelství	Gendarmerie
chrám	Kirche
divadlo	Theater
dům	Haus
elektrárna	Elektrizitätswerk
hlavní nádraží.............	Hauptbahnhof
hlavní třída	Hauptstraße
hora	Berg
hrad	Burg
hřbitov....................	Friedhof
kasárny	Kaserne
klášter	Kloster
kostel (kost.)	Kirche
lázně	Bad
letiště	Flugplatz
most	Brücke
nádraží (nadr.)	Bahnhof
náměstí (nám.).............	Platz
nemocnice	Krankenhaus
okresní úřad	Bezirksamt
pivovar	Brauhaus
plynárna	Gasanstalt
poštovní úřad	Hauptpostamt
přístav	Hafen
radnice	Rathaus
reálka	Realschule
řeka	Fluß
sad, sady	Park, Anlagen
skladiště	Magazin, Lagerhaus
škola	Schule
silnice....................	Straße
sokolovna	Turnhalle
soud	Gericht
stary	alt
továrna (tov.)	Fabrik
třida (tř.)	Straße
tržiště	Marktplatz
ulice (ul.).................	Gasse, Straße
vodárna	Wasserwerk
výšina	Anhöhe
zámek	Schloß
zahrada	Garten
zásobárna	Heeresmagazin
zastávka	Haltestelle

Pro snazší orientaci v mapách či na informačních tabulích v městech měl sloužit rovněž česko-německý přehled názvů budov a míst vyznačených v mapkách.

Další zajímavou pomůckou je **Deutsch-Tschechischer Soldaten-Sprachführer** (německo-český jazykový průvodce vojáka), který byl svým specifickým obsahem určen právě pro vojenské účely. Tuto malou knížečku o rozměru 10 x 13 cm a 36 stranách sestavil Oberstleutnant Fritz Sulzberger a vydalo ji vydavatelství Verlag Hachmeister & Thal v Lipsku. Datum vydání není v průvodci uvedeno, ale na internetu je uváděn rok 1938 nebo 1939. Nejedná se o klasický německo-český slovník, knížečka je totiž navíc doplněna i frázemi, o kterých se předpokládalo, že by je mohli němečtí vojáci potřebovat při domluvě s neněmecky mluvícím obyvatelstvem Československa. Po obsahové stránce je jazykový průvodce koncipován tak, aby kromě ryze vojenských termínů umožňoval i domluvu kvůli ubytování, stravování, nemoci apod. U všech německých výrazů je vždy uveden český překlad a také přepsaná výslovnost českých slov. Ne všechny české výrazy jsou však napsány gramaticky správně, což by mohlo svědčit o tom, že kontrolu pomůcky zřejmě neprováděl žádný Čech. O faktu, že se nejedná o pomůcku k přátelským rozhovorům Němců s Čechy, svědčí mnohé připravené fráze, jako např: **„Domy, z jich obyvatelé střílejí, se spálí, obyvatelé se zastřílí"**, **„Lžete-li, budete zastřelen"** nebo ve válce celkem obvyklé **„Stůj! Ruce vzhůru nebo střílím."** Pro úplnost je ještě třeba uvést, že Oberstleutnant Fritz Sulzberger sestavil v následujících letech také další jazykové pomůcky – německo-polské, německo-anglické, německo-ruské, německo-norské aj. Pokud se němečtí vojáci drželi metody „napřed střílet a pak se ptát", jazykové příručky nakonec ani moc nepotřebovali.

Na závěr samostatné obrazové přílohy jsou po jazykové pomůcce zařazeny letecké snímky pořízené průzkumnými letadly Luftwaffe během obsazování příhraničních oblastí ČSR v říjnu 1938. Pohledy z ptačí perspektivy jsou poměrně vzácné. Pro civilní využití uvolnila německá armáda jen malé množství pořízených záběrů. Následujících deset snímků bylo pořízeno převážně na severní Moravě a kromě objektů těžkého opevnění zachycují i města Bruntál a Jeseník se shromážděným obyvatelstvem nebo německými jednotkami. U objektů těžkého opevnění vynikají při pohledu z ptačí perspektivy mnohé zajímavé detaily, jako je celkové řešení a rozsah obvodových překážek včetně jejich návazností na intervalové překážky, zřetelně patrná je i nemožnost zamaskovat tyto objekty proti leteckému pozorování nebo zaměření při leteckém bombardování.

	Aussprache	
Kirchen	koßtele	kostele
Schlösser	sämki	zámky
Kasernen	kaßärni	kasárny
Schulen	schkoli	školy
Gutshof	ßtatek	statek
Fabriken	towärni	továrny
Säle	ßinje	síně
Ställe	ßtäje	stáje (konírny)
Krankenhäuser	nemoznize	nemocnice
Scheunen	ßtodoli	stodoly
Garagen	garäže	garáže
Geben Sie mir einen ortskundigen Mann	prschidejte mi muže, jenž ße wisnā sobzi	přidejte mi muže, jenž se vyzná v obci
Gibt es im Ort gutes Trinkwasser?	je pitnā woda sobzi?	je pitná voda v obci?
Ansteckende Krankheiten für Mensch oder Vieh	nakažliwē nemozi pro tschlowjeka nebo dobitek	nakažlivé nemoci pro člověka nebo dobytek
Bringen Sie sofort an diesen Häusern Warnungsschilder „Ansteckende Seuchen" an	powjeste ihned na tito domi wißtražnē tabule „nakažliwē nemozi"	povězte ihned na tyto domy výstražné tabule „nakažlivé nemoci"
Lassen Sie die Einquartierung im Ort sofort bekannt machen	dejte ihned osnāmiti ubitowāni sobzi	dejte ihned oznámiti ubytování v obci
Die Bäcker backen, die Fleischer schlachten sofort	pekarschi maji ihned pēzi, rschesnizi sabijeti dobitek	pekaři mají ihned péci, řezníci zabíjeti dobytek
Machen Sie eine Aufstellung für Verteilung der Quartiere	napischte ßesnam prschidjelenī bitū	napište seznam přidělení bytů
Schreiben Sie Quartierzettel	wipischte ubitowazi lischki	vypište ubytovací lístky

Deutsch-Tschechischer Soldaten-Sprachführer

von

F. Sulzberger

Oberstleutnant

Verlag Hachmeister & Thal / Leipzig

Preis 30 Pf.

Inhalt

Bemerkungen über den Gebrauch 2
Alphabetisches Sachregister 3
1. Allgemeine Redewendungen 4
   A. die nötigsten zum Auswendiglernen....... 4
   B. weitere Redewendungen 5
   a) allgebräuchliche 5
   b) befehlsmäßige 5
2. Ortsbestimmungen 6
3. Eigenschaftswörter..... 6
4. Fürwörter, Zeitwörter . 7
5. Zahlen.............. 7
6. Zeitrechnung 9
7. Erkundungen: A. Wege. B. Gewässer. C. Wald. D. Ortschaft. E. Eisenbahn. F. Gegen den Feind...........10–19
8. Verhalten: A. auf dem Marsch. B. in der Ortsunterkunft. C. im Quartier. D. auf Vorposten, Patrouille. E. gegen Überläufer, Gefangene, Spione, Unterhändler, Gefangenentransport. F. als Verwundeter, gegen Verwundete, Einwohner als Helfer.19–30
9. Beitreibung 31–34
10. Quartiermachen...34–36

Gebrauchsanweisung

Der Inhalt des Sprachführers ist so angeordnet, daß im allgemeinen die Fragen und Redewendungen für die verschiedenen Lagen, in die der Soldat kommen kann (z. B. Quartiermachen), am Anfang der Abschnitte beieinander stehen. Zuweilen ergänzen sich aber mehrere Abschnitte gegenseitig, z. B. „Erkundungen“, „Beitreibung“ und „Quartiermachen“, dann ist auf die entsprechenden Abschnitte hingewiesen. Innerhalb der Abschnitte ist der Text möglichst alphabetisch geordnet.

Durch öfteres Durchsehen des Buches sich mit Inhalt und Einteilung bekannt machen. Sachregister studieren. Bei aufkommenden Zweifeln durch Aufsuchen der betr. Seiten feststellen, was z. B. unter Baumaterialien, Betriebsmittel usw. zu verstehen ist. Im Abschnitt 1 A sind die gebräuchlichsten Redewendungen aufgeführt. Auswendiglernen derselben dringend zu empfehlen.

Mit Hilfe der angegebenen Redewendungen und Einzelworte, z. B. Fleisch, Butter usw., aus den einzelnen Abschnitten können auch andere Sätze zusammengestellt werden. Möglichst nur Sätze bilden, auf die mit „Ja“ oder „Nein“ zu antworten ist. Sonst Antworten, auch Zahlen, möglichst neben der mündlichen Auskunft, was wir oft nicht verstehen werden, auf bereit zu haltendes Papier aufschreiben, auf Karten zeigen lassen. Zahlen auch an den Fingern abzählen, auf Uhrzifferblatt zeigen lassen.

Aussprache der Worte immer in der mittleren Spalte.

Aussprache

Die Betonung liegt auf der durch fett gedruckten Vokal bezeichneten Silbe.
Lange Vokale sind durch Strich bezeichnet (ā, ē, ī, ō, ū);
o sehr kurz wie in Taube;
ž weiches sch wie in Journal;
h wird stets ausgesprochen;
ch stets hart wie in Dach (nicht etwa wie in Becher);
ou bedeutet o mit angehängtem kurzem u.

Alphabetisches Sachregister

Apotheker — Verkehr mit 21
Arzt — Verkehr mit 21
Autoreifen — Beitreibung 33
Bäcker — Verkehr mit 21
Bahnhof — Erkundung 16
Baumaterialien — Beitreibung 32, 33
Beitreibung — Ausführung 31
Benzin — Beitreibung 33
Betriebsmittel — Beitreibung . 33
Bohlen — Beitreibung 33
Bretter — Beitreibung 33
Eigenschaftswörter 6
Eisenbahn — Erkundung 16
Erkundungen — Ausführung ... 10
Fähre — Erkundung 12
Fahrradhandlung — Verkehr in . 22
Fahrradreifen — Beitreibung .. 33
Feind — Erkundung gegen den . 17
Fleischer — Verkehr mit 22
Fleischwaren 22, 33
Furage — Beitreibung 34
  Hafer 34
  Häcksel 34
  Stroh 34
Furt — Erkundung 12
Fürwörter (ich, mein usw.) 7
Garage — Erkundung 14
Gebrauchsgegenstände 25
Gefangene — Verhalten gegen . 27
Gemüse — Beitreibung 33
Geldverkehr 21
Himmelsrichtungen 11
Holzplatz — Beitreibung 15
Jahreszeiten 9
Kähne — Beitreibung 32
Kaufmann — Einkaufen 22
Ketten, eiserne — Beitreibung . 33
Kochgeräte im Quartier 25
Kohlen — im Quartier 25
Klosett — im Quartier 24
Kraftwagen — Reparaturwerkstatt 14
Langholz — Beitreibung 32
Lebensmittel — Beitreibung . 33, 34
Marktplatz — Erkundung 20
Materialwaren — Beitreibung 33, 34
Marsch — Verhalten auf dem .. 9
Maße und Gewichte 32
Monate 9
Ortsbestimmungen 6
Ortsunterkunft — Verhalten in . 21
Ortschaft — Erkundung 13
Petroleum — Beitreibung 33
Pferde — Beitreibung 32
Polizeiamt — Erkundung 15
Quartiermachen — Ausführung . 34
Quartier — Verhalten im 23
Rathaus — Erkundung 15
Redewendungen
  Höflichkeits — 4
  Allgebräuchliche — 4, 5
  Befehlsmäßige — 5
Sattler — Verkehr mit 22
Schenke — Verkehr in 23
Seil — Hanf — Beitreibung ... 33
Schlachtvieh — Beitreibung ... 33
Schlosser — Verkehr mit 23
Schmied — Verkehr mit 22
Schmieröl — Beitreibung 33
Schweröl — Beitreibung 33
Schuhmacher — Verkehr mit ... 23
Sumpf — Erkundung 12
Tageszeiten 10
Tankstelle — Erkundung 15
T-Eisen — Beitreibung 33
Uhrmacher — Verkehr mit 23
Unterhändler — Verkehr mit ... 27
Verwundete — Verhalten gegen 29
Vorposten — Verhalten 26
Wagen — Beitreibung 32
Wald — Erkundung 13
Weg — Erkundung 11
Wochentage 9
Zahlen 7
Zeitrechnung 9
Zeitworte: sein und haben 7
Zement — Beitreibung 33
Zugtiere — Beitreibung 32

1. Allgemeine Redewendungen. Viel „bitte" ſagen

A. Die nötigſten zum Auswendiglernen

	Ausſprache	
Guten Tag, Herr Bürgermeiſter	dobrī den, pane ßtaroßto	Dobrý den, pane starosto
Adieu, mein Herr!	ßbohem, pane	S bohem, pane!
Sind Sie Herr X.?	ßte wi pan X.?	Jste Vy pan X.?
Auf Wiederſehen, Herr Pfarrer	na ßhledanou, pane ſarärſchi	Na shledanou, pane faráři
Bitte mein Fräulein, meine Dame	proßim ßletſchno, panī	Prosím slečno, paní
Sprechen Sie deutſch?	mluwite njemezki?	Mluvíte německy?
Sagen Sie mir, bitte	rſchekmjete mi, proßim	Řekněte mi, prosím
Ich verſtehe Sie nicht	nerosumim wām	Nerozumím Vám
Sprechen Sie langſam, deutlich	mlufte pomalu, jaßnje	Mluvte pomalu, jasně
Wiederholen Sie	opakujte, proßim	Opakujte, prosím
Ja oder nein?	ano nebo ne?	Ano nebo ne?
Schreiben Sie Ihre Antwort (Zahl) auf dieſes Papier	napiſchte waſchi odpowjedj (tſchīßlo) na tento papir	Napište Vaši odpověď (číslo) na tento papír
Leſen Sie	tſchtete, proßim	Čtete, prosím
Zählen Sie die Zahl an Ihren Fingern ab	ßpotſchitejte tſchißlo na waſchich prßtech	Spočítejte číslo na Vašich prstech
Verzeihung! Ich danke, mein Herr	prominjte! djekuji pane	Promiňte! Děkuji pane
Was iſt das?	zo je to?	Co je to?
Wo? Wo wohnt?	kde? kde bidli?	Kde? Kde bydlí?
Wie heißt?	jak ße menūje?	Jak se jmenuje?
Zeigen Sie mir	ukažte mi	Ukažte mi
Führen Sie mich	wedjte mje	Ved'te mě
Geben Sie mir	dejte mi	Dejte mi

	Ausſprache	
Ich habe nötig	mām potrſcheba	Mám potřeba
Ich brauche.	potrſchebuji.	Potřebuji.
Ich will	ch zi	Chci

B. Weitere Redewendungen

a) Allgebräuchliche

Es fehlt, fehlen	chibi, chibi	Chybí, chybí
Sie haben nichts zu fürchten	nemāte ße nitſcheho bāti	Nemáte se ničeho báti
Wir müſſen haben	mußime mīti	Musíme míti
Ich möchte	chtjel bich	Chtěl bych

b) Befehlsmäßige (alphabetiſch)

Begleiten Sie mich	doprowodjte mje	Doprovod'te mě
Beeilen Sie ſich	ßpjechejte	Spěchejte
Folgen Sie mir	ratſchte mje nāßledowati	Račte mě následovati
Gehen Sie voran	chodjte naprſched	Chod'te napřed
Gehorchen Sie	poßlechnjete	Poslechněte
Halt! Hände hoch oder ich ſchieße	ßtūj! ruze wſhūru nebo ßtrſchīlim	Stůj! Ruce vzhůru nebo střílím
Kommen Sie	podjte	Pod'te
Legen Sie die Waffen ab	odložte ſbranje	Odložte zbraně
Wenn Sie lügen, werden Sie erſchoſſen	lžeteli, budete ſaßtrſchelen	Lžete-li, budete zastřelen
Sie ſprechen nicht die Wahrheit	nemluwite prawdu	Nemluvíte pravdu
Iſt das beſtimmt wahr?	je to urtſchitje prawda?	Je to určitě pravda?
Sofort, aber ſchnell	ihned, ale richle	Ihned, ale rychle
Sie ſind perſönlich verantwortlich	wi ßte oßobnje ſodpowjednim	Vy jste osobně zodpovědným
Wie heißen Sie?	jak ße menujete?	Jak se jmenujete?

2. Ortsbestimmungen

	Aussprache	
Wo? von wo? wohin?	kde? odkud? kam?	Kde? odkud? kam?
Dort? Von dort? dorthin?	tam? odtamtud? tam?	Tam? odtamtud? Tam?
Von, in, an	od, we, na	Od, ve, na
Geradeaus, hier, in der Nähe	prschīmo, sde sblīsku	Přímo, zde v blízku
Oben, unten	nahorsche, dole	Nahoře, dole
Unter, über	pod, nad	Pod, nad
dahinter	wsadu	vzadu
In welcher Richtung?	jakīm ßmjerem?	Jakým směrem?
Dort oder dort?	tam nebo tam?	Tam nebo tam?
Wieviel Kilometer (Stunden) von hier?	kolik kilometrū (hodin) odtud?	Kolik kilometrů (hodin) odtud?
Wie weit?	kak daleko?	Jak daleko?
Wo ist das?	sde je to?	Kde je to?

3. Eigenschaftswörter

freundlich	prschātelßki	přátelský, (-á), (-é)
feindlich	neprschātelkßi	nepřátelský
groß, klein	welki, mali	velký, malý
gut, schlecht	dobri, sli	dobrý, zlý
heiß, kalt	tepli, ßtudeni	teplý, studený
hoch, niedrig	wißoki, nīski	vysoký, nízký
kurz, lang	krātki, dlouhi	krátký, dlouhý
viel, wenig	mnoho, mālo	mnoho, málo
nahe, weit	blīsko, daleko	blízko, daleko
schnell, langsam	richle, pomalu	rychle, pomalu
schwarz, weiß	tscherni, bīli	černý, bílý
rot, blau, gelb	tscherweni, modri, žluti	červený, modrý žlutý
süß, salzig, bitter	ßladki, ßolni, horschki	sladký, solný
weich, hart	mjeki, twrd	měkký, tvrdý

4. Fürwörter

	Aussprache	
Ich, mein	jā, mūj	Já, můj
er, sie	on, ona	on, ona
wir, unser	mi, nāsch	my, náš
Sie, Ihr — ihr	wi, wāsch — jich	Vy, Váš—jich
der, die	ten, ta	ten, ta
einer, eine	jeden, jedna	jeden, jedna

Zeitwörter: haben, sein

Ich habe, er hat	mām, mā	mám, má
Wir haben	māme	máme
Sie haben	māte	máte
sie haben, habe ich?	māji, mām (jā)?	mají, mám (já)?
Haben wir?	māme (mi)?	máme (my)?
Haben Sie?	māte (wi)?	máte (Vy)?
Haben sie?	maji?	mají?
Ich bin, er ist	jā ßem, on je	Já jsem, on je
Wir sind, Sie sind	mi ßme, wi ßte	My jsme, Vy jste
sie sind, Sind Sie?	ßou, ßte wi?	jsou, jste Vy?
Bin ich?	ßem jā?	jsem já?
Das ist, Ist das?	to je, je to?	To je, je to?
Was ist das?	zo je to?	Co je to?
Hier ist	sde je	Zde je

5. Zahlen

$\frac{1}{4}$ $\frac{1}{2}$	stschtwrt, pūl	čtvrt, půl
$\frac{3}{4}$	trschitschtwrt	třičtvrt
1. 2	jeden. dwa	jeden. dva
3. 4	trschi. tschtirschi	tři. čtyři
5. 6	pjet. scheßt	pět. šest
7. 8	ßedm. oßm	sedm. osm
9. 10	dewjet. deßet	devět. deset
11. 12	jedenāzt. dwanāzt	jedenáct. dvanáct
13. 14	trschināzt. tschtrnāzt	třináct. čtrnáct
15. 16	patnāzt. scheßtnāzt	patnáct. šestnáct
17. 18	ßedmnāzt. oßmnāzt	sedmnáct. osmnáct

	Ausſprache	
19. 20	dewatenäzt. dwazet	devatenáct. dvacet
21	dwazet jeden	dvacet jeden
30	trſchizet	třicet
32	trſchizet dwa	třicet dva
40	tſchtirſchizet	čtyřicet
44	tſchtirſchizet tſchtir-ſchi	čtyřicet čtyři
50	padeßāt	padesát
55	padeßāt pjet	padesát pět
60	ſchedeßāt	šedesát
67	ſchedeßāt ßedm	šedesát sedm
70	ßedmdeßāt	sedmdesát
78	ßedmdeßāt oßm	sedmdesát osm
80	oßmdeßāt	osmdesát
83	oßmdeßāt trſchi	osmdesát tři
90	dewadeßāt	devadesát
99	dewadeßāt dewjet	devadesát devět
100	ßto	sto
101	ßto jeden	sto jeden
102	ßto dwa	sto dva
200	dwje ßtje	dvě stě
233	dwje ßtje trſchizet trſchi	dvě stě třicet tři
300	trſchi ßta	tři sta
400	tſchtirſchi ßta	čtyři sta
500	pjet ßet	pět set
600	ſcheßt ßet	šest set
700	ßedm ßet	sedm set
800	oßm ßet	osm set
900	dewjet ßet	devět set
1000	tißiz	tisíc
2000	dwa tißize	dva tisíce
Der 1te	prwni	první
Die 2te	druhi	druhý
Der 3te	trſcheti	třetí
Der 4te	tſchtwrti	čtvrtý
Die 5te	pāti	pátý

	Ausſprache	
Der 6te	ſcheßti	šestý
Die 7te	ßedmi	sedmý
Der 8te	oßmi	osmý
Der 9te	dewāti	devátý
Der 10te	deßāti	desátý
Der 20te	dwazāti	dvacátý
Der Letzte	poßledni	poslední
Einmal	jednou	jednou
Zweimal	dwakrāt	dvakrát
Doppelt	dwojiti	dvojitý
Die Hälfte	polowina	polovina
Einige	njekolik	několik

6. Zeiteinteilung

Frühling	jaro	jaro
Sommer	lēto	léto
Herbſt	podſim	podzim
Winter	ſima	zima
zu Oſtern	na welikonoze	na velikonoce
Pfingſten	letnize	letnice
Weihnachten	wānoze	vánoce
Januar	leden	leden
Februar	ūnor	únor
März, April	brſcheſen, duben	březen, duben
Mai, Juni	kwjeten, tſcherwen	květen, červen
Juli, Auguſt	tſcherwenez, ßrpen	červenec, srpen
September	ſārſchi	září
Oktober	rſchījen	říjen
November	lißtopad	listopad
Dezember	proßinez	prosinec
Sonntag	nedjele	neděle
Montag	pondjeli	pondělí
Dienstag	ūteri	úterý
Mittwoch	ßtrſcheda	středa
Donnerstag	tſchtwrtek	čtvrtek
Freitag, den 1. Januar	pātek, dne prwnīho ledna	pátek, dne prvního ledna

	Ausſprache	
Sonnabend, den 2. Februar	fßobotu, dne druhē-ho ūnora	V sobotu, dne druhého února
Morgens	rāno	ráno
Vormittags	dopoledne	dopoledne
Mittags	poledne	poledne
Nachmittags	odpoledne	odpoledne
Abends	wetſcher	večer
Nachts	fnozi	v noci
Mitternacht	pūlnoz	půlnoc
Heute	dnes	dnes
Morgen	ſītra	zítra
Geſtern	ftſchera	včera
Vorgeſtern	prſchedeftſchirem	předevčírem
Übermorgen	poſejtrſchi	pozejtří
Jetzt	tedj	ted'
Später	poſdjeji	později
Stündlich	každou hodinu	každou hodinu
Sogleich	ihned	ihned
Seit langem, kurzem	od dāwna, nedāwna	od dávna, nedávna
Welche Zeit iſt es?	kolik je hodin?	Kolik je hodin?
10 Uhr	deßet hodin	deset hodin
½11 Uhr	pūl jedenāzti	půl jedenáctý
21 Uhr 20 Minuten	jedenadwazet hodin dwazet minut	jedenadvacet hodin dvacet minut
Es iſt 8 Uhr	je oßm hodin	Je osm hodin

7. Erkundungen

Allgemeines

Wenn Sie alles ſagen (zeigen), haben Sie nichts zu fürchten	rſcheknjeteli (ukaſujeteli) fſchezko, nemußite ße nitſcheho bāti	Řekněte-li (Ukazujete-li) všecko, nemusíte se ničeho báti
Wenn Sie lügen, werden Sie erſchoſſen	lžeteli, budete ſaßtrſchelen	Lžete-li, budete zastřelen

	Ausſprache	
Zeigen Sie mir	ukažte mi	Ukažte mi
Schreiben Sie die Antwort auf dieſen Zettel	napiſchte odpowjedj na tento lißtek	Napište odpověd' na tento lístek
Sind die Einwohner friedlich?	ßou obiwatelē ßmīrni	Jsou obyvatelé smírni?
Wo iſt Oſten, Süden, Weſten, Norden?	kde je wīchod jich, ſāpad, ßewer	Kde je východ, jih, západ, sever?
Sie bleiben hier als Geiſel	ſūßtanete ſde jako rukojmje	Zůstanete zde jako rukojmě
Ich will einen gegendkundigen Führer haben	chzi wūdze, kteri ſnā okolí	Chci vůdce, který zná okolí
Führen Sie mich zum Bürgermeiſter (Pfarrer), (Lehrer)	wedjte mne kßtaroßtowi (farārſchi), (utſchiteli)	Ved'te mne k starostovi (faráři), (učiteli)

A. Erkundung: Wege, Straßen

Zeigen Sie mir den Weg nach N.	ukažte mi zeßtu do N.	Ukažte mi cestu do N.
Wieviel Kilometer (Stunden) bis dorthin?	kolik kilometrū (hodin) až tam?	Kolik kilometrů (hodin) až tam?
Iſt dieſe Straße (Fußweg) gut?	je ta ßilnize (zeßta) dobrā?	Je ta silnice (cesta) dobrá?
Kann man dieſe Straße mit ſchwerem Laſtfuhrwerk befahren?	mūže ße jeſditi po tēto ßilnizi ß tježkim nākladnim powoſem?	Může se jezditi po této silnici s těžkým nákladním povozem?
Bleibt dieſe Straße immer ſo gut und ſo breit?	ſūßtane tato ßilnize wždi tak dobrā a tak ſchirokā?	Zůstane tato silnice vždy tak dobrá a tak široká?
Wohin führt dieſer Fußweg?	kam wede tato zeßta?	Kam vede tato cesta?

	Aussprache	
Kann man darauf reiten (fahren)?	müže ße po ni jes-diti nakonje (jes-diti)?	Může se po ní jezditi na koně (jezditi)?

B. Erkundung: Gewässer (s. auch Anfang dieses Abschnitts)

Wie heißt dieser Fluß (Kanal)?	jak ße menuje tato rschecka (ten kanāl)?	Jak se jmenuje tato řeka (ten kanál)?
Woher kommt dieser Fluß?	odkud prschitēkā tato rschecka?	Odkud přitéká tato řeka?
Wohin fließt er?	kam tetsche?	Kam teče?
Kann man über den Fluß?	müže ße prscheß rscheku?	Může se přes řeku?
Ist die Brücke (Fähre) fest?	je moßt (prschewos) pewni?	Je most (převoz) pevný?
In Ordnung?	fporschādku?	v pořádku?
Fahrbar für schweres Lastfuhrwerk?	powosni pro tježki nākladni powos?	Povozný pro těžký nákladní povoz?
Führt eine Furt durch den Fluß?	wede brod rschekou?	Vede brod řekou?
Wie tief ist die Furt?	jak hluboki je brod?	Jak hluboký je brod?
Sind Mühlen am Fluß? Wo?	ßou mlīni u rschecki? kde?	Jsou mlýny u řeky? Kde?
Kähne auf dem Fluß?	tschluni na rscheze?	čluny na řece?
Wieviel, Wo?	kolik, kde?	Kolik, kde?
Wie lang (breit) ist der See (Teich)?	jak dlouhē (schirokē) jesero (ribnīk)?	Jak dlouhé (široké) je jezero (rybník)
Ist der Sumpf (Moor) passierbar? Wo?	je možno projiti bachnem (bachnischtjem)? kde?	Je možno projíti bahnem (bahništěm)? Kde?
Auch für Fuhrwerk benutzbar?	takē uživatelno pro powosi?	Také uživatelno pro povozy?
Wie breit ist der Sumpf?	jak schirokē je bachno	Jak široké je bahno?
Wie stark ist das Eis?	jak tlußti je led?	Jak tlustý je led?

	Aussprache	
Kann man darüber fahren (reiten)?	dā ße na njem jes-diti (jesditi na konje)?	Dá se na něm jezditi (jezditi na koně)?

C. Erkundung: Wald (s. auch Anfang dieses Abschnitts)

Welcher Wald ist das?	kteri leß je to?	Který les je to?
Wie breit ist der Wald?	jak schiroki je leß?	Jak široký je les?
Ist der Wald dicht?	je leß hußti?	Je les hustý?
Mit Unterholz?	ßpodroßtem?	S podrostem?
Kann man durch den Wald außerhalb der Wege gehen (reiten)?	müže ße choditi (jes-diti na konje) le-ßem mimo zeßti?	Může se choditi (jezditi na koně) lesem mimo cesty?
Welche Straßen (Wege) führen durch den Wald?	kterē ßilnize (zeßti) wedou leßem?	Které silnice (cesty) vedou lesem?
Wohin?	kam?	Kam?

D. Erkundung: Ortschaft (s. auch Anfang dieses Abschnitts)

Sind Sie der Bürgermeister (Pfarrer, Lehrer)?	wi ßte ßtaroßtou (farārschem, utschitelem)?	Vy jste starostou (farářem, učitelem)?
Öffnen Sie alle Schränke (Kasten)	otewrschte wschezki ßkrschīnje (truhli)	Otevřte všecky skříně (truhly)
Wo ist die Kasse?	kde je pokladna?	Kde je pokladna?
Wieviel Geld ist darin?	kolik penjes je fnī?	Kolik peněz je v ní?
Schreiben Sie die Zahl hier auf	napischte tschīßlo sde	Napište číslo zde
Haben Sie noch mehr Geld?	māte jeschtje wīze penjes?	Máte ještě více peněz?
Ich beschlagnahme die Gelder	sabawim penize	Zabavím peníze

	Ausſprache	
Sind Vorräte an Benzin, Öl, Lebensmittel vorhanden?	ßou ſde ſäßobi benſinu oleje, potrawin?	Jsou zde zásoby benzinu, oleje, potravin?
Wie heißt dieſe Stadt (Dorf)?	jak ße menuje to mjeßto (ta weßnize)?	Jak se jmenuje to město (ta vesnice)?
Wieviel Einwohner ſind im Ort?	kolik obiwatelū je we mīßtje?	Kolik obyvatelů je ve místě?
Wieviel Brunnen?	kolik ßtudni?	Kolik studní?
Iſt das Waſſer gut?	je woda dobrā?	Je voda dobrá?
Gibt es anſteckende Krankheiten für Menſch oder Vieh im Orte?	ßou nakažliwē nemozi pro tſchlowjeka nebo dobitek ſmīßtje?	Jsou nakažlivé nemoci pro člověka nebo dobytek v místě?
Wie heißt der nächſte Ort an dieſer Straße?	jak ße menuje prſchīſchti oßada na tē ßilnizi?	Jak se jmenuje příští osada na té silnici?
Wieviel Kilometer (Stunden) ſind es zum nächſten Ort?	kolik kilometrū (hodin) je do prſchīſchti oßadi?	Kolik kilometrů (hodin) je do příští osady?
Haben Sie Straßen-Beleuchtung im Ort?	māte ulitſchni oßwjetleni ſobzi?	Máte uliční osvětlení v obci?
Wo iſt? Wo wohnt?	kde je? kde bidli?	Kde je? Kde bydlí?
Apotheker	lēkārnik	lékárník
Bäcker	pekarſch	pekař
Bahnhof	nādraži	nádraží
Brunnen	ßtudnje	studně
Fahrradhandlung	obchod na kola	obchod na kola
Fleiſcher	rſcheßnik	řezník
Friſeur	kaderſchnik	kadeřník
Garagen	garāže	garáže
Kaufmann	obchodnik	obchodník
Klempner	klempīrſch	klempíř
Kraftwagen-Reparaturwerkſtatt	dīlna na oprawi automobilū	dílna na opravy automobilů

	Ausſprache	
Marktplatz	nāmjeßti	náměstí
Polizeiamt	polizejni ūrſchad	policejní úřad
Poſtamt	poſchtowni ūrſchad	poštovní úřad
Rathaus	radnize	radnice
Sattler	ßedlārſch	sedlář
Schenke	hoßpoda	hospoda
Schloſſer	ſāmetſchnik	zámečník
Schuhmacher	obuwnik	obuvník
Tankſtelle	tankowē mīßto	tankové místo
Tierarzt	ſwjerolēkarſch	zvěrolékař
Uhrmacher	hodinārſch	hodinář
Zimmer- od. Holzplatz	teßārna nebo drſchewiſchtje	tesárna nebo dřeviště
Es iſt verboten nach eingetretener Dunkelheit die Straße (Platz) zu betreten	je ſakāſāno po naßtalē tmje wißtoupiti na ßilnizi (nāmjeßti)	Je zakázáno po nastalé tmě vystoupiti na silnici (náměstí)
hier ſtehen zu bleiben	ſde ſūßtati ßtāti	zde zůstati státi
das Haus zu verlaſſen	opußtiti dūm	opustiti dům
die Fenſter zu öffnen	otewrſchiti okna	otevřiti okna
Die Fenſter ſind zu beleuchten	okna maji bīti oſwjetlena	Okna mají býti osvětlena
Häuſer, aus denen Einwohner ſchießen, werden verbrannt, die Einwohner erſchoſſen	domi, ſjich obiwatelē ßtrſchīleji, ße ßpāli obiwatelē ße ſaßtrſchili	Domy, z jich obyvatelé střílejí, se spálí, obyvatelé se zastřílí
Sie haften mit Ihrem Kopf dafür	ßte ſawāſān ſa to waſchi hlawou	Jste zavázán za to Vaší hlavou

E. Erkundung: Eiſenbahn (ſ. auch Anfang dieſes Abſchnitts)

	Ausſprache	
Zeigen Sie mir den Bahnhof	ukažte mi nādraži	Ukažte mi nádraží
Ich will den Bahnhofsvorſtand ſprechen	chſi mluwiti ßprſchednoßtou ßtanize	Chci mluviti s přednostou stanice
Führen Sie mich zu ihm	doprowodjte mne knjemu	Doprovoď'te mne k němu
Wie heißt die Station?	jak ße menuje ßtanize?	Jak se jmenuje stanice?
Iſt die Bahn betriebsfähig?	je drāha ſpūßobilā ku prowoſu?	Je dráha způsobilá ku provozu?
Wohin führt die Bahn?	kam wede drāha?	Kam vede dráha?
nach rechts? links?	na prawo? lewo?	na pravo? levo?
Wie heißen die nächſten Stationen?	jak ße menuji prſchīſchtī ßtanize?	Jak se jmenují příští stanice?
Wieviel Beamte ſind noch hier?	kolik ūrſchednikū je jeſchtje ſde?	Kolik úředníků je ještě zde?
Rufen Sie dieſelben herbei	ſawolejte je ßem	Zavolejte je sem
Wir werden die Eiſenbahn und Telegraphenleitungen bewachen	ßtrſchežime drāhu a telegrafni wedeni	Střežíme dráhu a telegrafní vedení
Es iſt bei Todesſtrafe verboten:	treßtem ßmrti ße ſapowidā:	Trestem smrti se zapovídá:
a) ſich der Bahn zu nähern	a) blīžiti ße drāſe	a) blížiti se dráze
b) Telegramme (Telephongeſpräche) zu befördern	b) podati telegrami (telefonni howori)	b) podati telegramy (telefonní hovory)
Alle ankommenden Telegramme uſw. ſind mir ſofort zu geben	weſchkerē dochāſejiſi telegrami a tak dāle nutno mi ihned prſchedati	Veškeré docházející telegramy a t. d. nutno mi ihned předati

	Ausſprache	
Sie ſind perſönlich verantwortlich	wi ßte mi oßobnje ſarutſchen	Vy jste mi osobně zaručen
Ich will telegraphieren, telephonieren	chſi telegrafowati telefonowati	Chci telegrafovati, telefonovati
Haben Sie unterirdiſche Kabel?	māte podſemnikable?	Máte podzemní kable?
Sind Laderampen hier und wo?	ßou ſde nākladiſchtje a kde?	Jsou zde nákladiště a kde?
Laſſen Sie ſofort Laderampen bauen	dejte ihned ßtawiti nākladiſchtje	Dejte ihned staviti nákladiště
Alles Handwerkszeug iſt hier niederzulegen	weſchkerē rſchemeßlnizkē nārſchadi je odložiti ſde	Veškeré řemeslnické nářadí je odložiti zde
Haben Sie Benzin, Öl oder ſonſt Vorräte?	māte benſin olej nebo jinē ſāßobi?	Máte benzin, olej nebo jiné zásoby?
Sind Lokomotiven, Perſonen- oder Güterwagen hier, wieviel?	ßou ſde lokomotiwi oßobni nebo nākladni woſi, kolik?	Jsou zde lokomotivy, osobní nebo nákladní vozy, kolik?
Sind an der Bahn Tunnels?	ßou na drāſe tuneli?	Jsou na dráze tunely?
Bahnunterführungen	podjeſdi pod drāhu	podjezdy pod dráhu
Brücken	moßti	mosty
Sind ſie betriebsfähig (zerſtört)?	ßou ſpūßobilē ku prowoſu (ſnitſchenē)?	Jsou způsobilé ku provozu (zničené?)

F. Erkundung gegen den Feind (ſ. auch Anfang dieſes Abſchnitts)

Sind oder waren hier tſchech. Truppen oder Patrouillen?	ßou nebo bili ſde tſcheßkē odili nebo hlīdki?	Jsou nebo byly zde české oddíly nebo hlídky?

	Aussprache	
Tanktruppen	odili obrnjenich wosū	oddíly obrněných vozů
Maschinengewehrtruppe	kulometni odil	kulometný oddíl
Pioniere mit Pontons?	sākopnizi spontoni?	zákopníci s pontony?
Hatten die Truppen Geschütze (Maschinengewehre) mit? Wieviel?	mjeli odīli sebou djela (kulometi)? kolik?	Měly oddíly s sebou děla (kulomety)? Kolik?
Hatte die Artill. Geschütze mit langen (dicken) (kurzen) Rohren?	mjelo djelostrscheleztwo djela s dlouhimi (tlustimi) (krātkimi) hlawnjemi?	Mělo dělostřelectvo děla s dlouhými (tlustými) (krátkými) hlavněmi?
Wieviel Mann waren es?	kolik bilo wojākū?	Kolik bylo vojáků?
Welche Nummern trugen die Truppen?	kterā tschīsla mjeli odili?	Která čísla měly oddíly?
Welche Armeekorps, Divisionen, Brigaden, Regimenter waren es?	kterē armādni sbori diwise, brigādi, pluki bili to?	Které armádní sbory, divise, brigády, pluky byly to?
Können Sie Namen von Generalen nennen?	mūžete osnatschiti mēna generālū?	Můžete označiti jména generálů?
Haben die Truppen hier im Quartier gelegen?	leželi odili sde we stanu?	Ležely oddíly zde ve stanu?
Sind sie durchmarschiert?	protahli jen?	Protáhly jen?
Wohin?	kam?	Kam?
Vor wieviel Stunden waren die Truppen (Patrouillen) hier?	prsched kolik hodin bili odili (hlīdki) sde?	Před kolik hodin byly oddíly (hlídky) zde?

	Aussprache	
Wann sind sie abmarschiert?	kdi odtāhli?	Kdy odtáhly?
Wohin?	kam?	Kam?
Haben die Truppen Munition oder sonst etwas hier gelassen?	nechali odili sde strscheliwo nebo jinē wjezi?	Nechaly oddíly zde střelivo nebo jiné věci?
Zeigen Sie mir das	ukažte mi to	Ukažte mi to
Sind in der Gegend tschech. Vorposten	sou fokoli tschesfē preschdni strāže	Jsou v okolí české přední stráže
Wo? (mit der Hand zeigen)	kde? (rukou ukasowat)	Kde? (rukou ukazovat)
Wo sind hier oder in der Nähe Feldbefestigungen?	kde sou sde nebo sblīskosti polni opewnjenī?	Kde jsou zde nebo v blízkosti polní opevnění?
Sind sie besetzt?	sou obsasena?	Jsou obsazená?
Wo ist der nächste Flugplatz?	kde je nejblischi letischtje?	Kde je nejbližší letiště?
Wann sind zuletzt tschech. Flugzeuge hier gewesen?	kdi bila sde posledne tschesfā letadla?	Kdy byla zde posledně česká letadla?
Sind tschech. Patrouillen hier gewesen?	bili sde tscheskē hlīdki?	Byly zde české hlídky?
Wann zuletzt?	kdi naposled?	Kdy naposled?

8. Verhalten

A. Auf dem Marsch (s. auch Abschnitt 7)

Wenn Sie alles willig und pünktlich ausführen, haben Sie nichts zu fürchten	wirschiditeli wschezko ochotnje a prschesnje nemāte se nitscheho obāwati	Vyřídíte-li všecko ochotně a přesně nemáte se ničeho obávati
Sind die Einwohner friedlich?	sou obiwatelē smīrni?	Jsou obyvatelé smírni?

	Aussprache	
Widerspenstige werden sofort festgenommen	odbojni ße ihned satknou	Odbojni se ihned zatknou
Sie sind persönlich verantwortlich	wi ßte oßobnje sodpowjednim	Vy jste osobně zodpovědným
Häuser, aus denen Einwohner schießen, werden verbrannt, die Einwohner erschossen	domi, sjich obiwatelē ßtrschīleji, ße ßpāli obiwatelē ße saßtrschili	Domy, z jich obyvatelé střílejí, se spálí, obyvatelé se zastřílí
Unsere Truppen kommen bald	nasche odili brso prschijdou	Naše oddíly brzo přijdou
In 1 Stunde, morgen	sa jednou hodinu, sītra	Za jednou hodinu, zítra
Lassen Sie Eimer mit frischem Wasser in ½ Stunde vor die Häuser stellen	dejte poßtawiti okowi ß tscherßtwou wodou sa pūl hodini prsched domi	Dejte postaviti okovy s čerstvou vodou za půl hodiny před domy
Ist das Wasser gut?	je woda dobrā?	Je voda dobrá?
Wieviel Brunnen gibt es im Ort?	kolik ßtudni je fmīßtje?	Kolik studní je v místě?
Zeigen Sie mir diese	ukažte mi je	Ukažte mi je
Es ist zu wenig Wasser. Lassen Sie noch mehr Wasser herbeischaffen	je prschilīsch mālo wodi dejte prschiwoditi jeschtje wīze wodi	Je přiliš málo vody. Dejte přivoditi ještě více vody
Wassereimer für Pferdetränken bereitstellen	prschiprawiti okowi sa napajedlo pro konje	Připraviti okovy za napajedlo pro koně
Auf dem Marktplatz reichlich Heu, Stroh, Holz bereitlegen	na nāmjeßtī prschiprawiti mnoho ßena, ßlāmi drschewa	Na náměstí připraviti mnoho sena, slámy, dřeva

B. Verhalten in der Ortsunterkunft

(s. auch Abschnitt 9 und 10)

Ich möchte kaufen	chtjel bich koupiti	Chtěl bych koupiti
Ich will reparieren lassen	chzi dāti ßprawiti	Chci dáti spraviti
Was kostet das?	zo to ßtoji?	Co to stojí?
Geben Sie mir für 50 Heller	dejte mi sa padeßāt halērschū	Dejte mi za padesát haléřů
Wechseln Sie mir 1 Mark	mjenjte mi jednu marku	Měňte mi jednu marku
Hier sind 10 Kronen	sde māte deßet korun	Zde máte deset korun
Schreiben Sie mir den Preis auf	napischte mi zenu	Napište mi cenu
Wo ist? Wo wohnt?	kde je? kde bidlī?	Kde je? Kde bydlí?
Welche Straße (Platz)?	kterā ßilnize (nāmjeßtī)?	Která silnice (náměstí)?
Hausnummer	tschīßlo domu	číslo domu
Apotheker: Geben Sie mir Opium gegen Durchfall	lēkarnīk: dejte mi opium proti prūjmu	lékarník: Dejte mi opium proti průjmu
Pillen gegen Verstopfung	pilulki proti sāzpje	Pilulky proti zácpě
Verbandbinde	obwasowē obinadlo	obvazové obinadlo
Baldrian	koslīk	kozlík
Verbinden Sie mir die Hand	obwasujte mi ruku	Obvazujte mi ruku
Salbe, Puder gegen Wolf (Wundlauf)	maßtj, pudr proti wlkowinje	mast', pudr proti vlkovině
Arzt: Ich bin fußkrank	lēkarsch: mām nemoz fnose	lékař: Mám nemoc v noze
Geben Sie mir eine Salbe	dejte mi maßtj	Dejte mi mast'
Ich habe Magenschmerzen	mām boleßti fžaludku	Mám bolesti v žaludku
Bäcker: Weißbrot, Mehl	pekarsch: bīlī chlēb, mouka	pekař: bílý chléb, mouka

	Ausſprache	
Fahrradhandlung: Schlauch	obchod na kola duſche	obchod na kola: duše
Mantel	plāſchtj	plášť
Gummilöſung	gumowi roſtok	gumový roztok
Schmieröl	olej na maſāni	olej na mazání
Fleiſcher: Speck	rſcheſnik: ßlanina	řezník: slanina
Schinken	ſchunka	šunka
Fett	ßādlo	sádlo
Friſeur: Schneiden Sie mir die Haare	holitſch: ßtrſchīhejte mi wlaßi	holič: Stříhejte mi vlasy
Raſieren Sie mich	holte mje	holte mě
Hufſchmied: Beſchlagen Sie mein Pferd	podkowārſch: podkowejte mēho konje	podkovář: podkovejte mého koně
Mit Stolleneiſen	oſubowou podkowou	ozubovou podko-
Stollen einſetzen	oſubowati	ozubovati [vou
Geben Sie mir 4 Reſerveeiſen	dejte mi tſchtirſchi ſāßobni podkowi	Dejte mi čtyry zásobní podkovy
Hufnägel	podkowāki	podkováky
Wagenſchmiere	kolomas	kolomaz
Kaufmann: Hemd	obchodnik: koſchile	obchodník: košile
Kamm	hrſcheben	hřeben
Kuverts, Papier	obālki, papīr	obálky, papír
Nähnadeln	jehle na ſchiti	jehle na šití
Pfeife	dīmka	dýmka
Schere	nūžki	nůžky
Stiefelſchmiere	maſadlo na boti	mazadlo na boty
Sicherheitsnadeln	ſawiraſi ſchpendliki	zavírací špendlíky
Stecknadeln	ſchpendlīki	špendlíky
Strümpfe	puntſchochi	punčochy
Taſchentücher	kapeßniki	kapesníky
Unterhoſen	ßpodni kalhoti	spodní kalhoty
Zwirn (ſchwarz, weiß)	nitj (tſchernā, bīlā)	nit’ (černá, bílá)
Sattler: Sattel	ßedlārſch: ßedlo	sedlář: sedlo
Riemen	rſchemen	řemen
Zügel	otjez	otěž

	Ausſprache	
Sattelgurt	podpinka	podpínka
Schenke: Kellner, geben Sie mir ½ Liter Wein (rot, weiß)	hoßpoda: pane wrchni, dejte mi pūl litru wīna (tſcherwenēho, bīlēho)	hospoda: pane vrchní, dejte m půl litru vína (červeného, bílého)
1 Glas Bier	jedna ßklenize piwa	jedna sklenice piva
1 Taſſe Kaffee	jeden ſchālek kāwi	jeden šálek kávy
1 Grog	jeden grog	jeden grog
Speiſekarte	jīdelni līßtek	jídelní lístek
Bitte zahlen	platit proßim	platit prosím
Schloſſer: das Fahrrad	ſāmetſchnik: jīſdni kolo	zámečník: jízdní kolo
der Wagen	wūs	vůz
Schneider: Reparieren Sie den Rock (Hoſe). Hier iſt das Loch	krejtſchi: ßpraſte kabāt (kalhotu). Sde je dīra	krejčí: spravte kabát (kalhotu). Zde je díra
Schuhmacher: Reparieren Sie die Stiefel	obuwnik: ßpraſte boti	obuvník: spravte boty
Beſohlen Sie die Schuhe	dejte podrāžki na obuwi	dejte podrážky na obuvi
Tankſtelle: Geben Sie mir Benzin, Schweröl, Schmieröl	tankowē mīßto: dejte mi benſin, tježki olej maſazi olej	tankové místo: dejte mi benzin, těžký olej, mazací olej
Uhrmacher: Reparieren Sie meine Uhr (Brille)	hodinārſch: ßprawte moje hodini (brejle)	hodinář: spravte moje hodiny (brejle)
Setzen Sie 1 Glas ein	ſpraſte jedno ßklītſchko	vpravte jedno sklíčko

Weitere Gebrauchsgegenſt., Lebensm. ſ. S. 25, 31 u. folg., Zahlen S. 7

C. Verhalten im Quartier (ſ. auch Abſchn. 10)

Guten Tag, Madame, iſt Ihr Gatte nicht da?	dobri den, miloßtiwā wāſch manžel neni ſde?	dobrý den, milostivá, Váš manžel není zde?

	Aussprache	
Sohn, Tochter	ßin, dzera	syn, dcera
Vater, Mutter	otez, matka	otec, matka
Sind Sie Herr X.?	ßte wi pan X.?	jste Vy pan X.?
Wir sind für 4 Tage bei Ihnen einquartiert	ßme ubitowāni na tschtirschi dni uwāß	jsme ubytováni na čtyři dny u Vás
Sie müssen uns Wohnung (Heizung, Licht) stellen	mußite nām dāti obidlī (topenī) ßwjetlo	musíte nám dáti obydlí (topení, světlo)
Sie müssen uns verpflegen	mußite nāß ßtrawowati	Musíte nás stravovati
Täglich 1000 g Brot, 500 g Kartoffeln, 200 g Gemüse	dennje tißīz gramū chleba, pjet ßet gramū bramborū dwje ßtje grami selenini	denně tisíc gramů chleba, pět set gramů bramborů, dvě stě g zeleniny
Bringen Sie pro Pferd	donāschejte pro každēho konje	donášejte pro každého koně
Hafer, Stroh	oweß, ßlāma	oves, sláma
Heu, Häcksel	ßeno, rschesanka	seno, řezanka
Wieviel Zimmer haben Sie im Haus?	kolik pokojū māte fdomje?	kolik pokojů máte v domě?
Ich belege diese 2 Zimmer	obßadīm tito dwa pokoje	obsadím tyto dva pokoje
Diese Zimmer sind zu reinigen	tito pokoje majī bīti witschißtjeni	Tyto pokoje mají býti vyčistěny
Ich friere, heizen Sie	je mi sima, topte	je mi zima, topte
Wo ist der Abort?	kde je sāchod?	kde je záchod?
Ich möchte essen	chtjel bich jīßti	Chtěl bych jísti
trinken, schlafen	pīti, ßpati	píti, spáti
mich waschen	mīti ße	mýti se
kaltes, warmes Wasser	ßtudenā, teplā woda	studená, teplá voda
Waschen Sie mir:	wiperte mi:	vyperte mi:
2 Hemden	dwje koschile	dvě košile [hotu
1 Unterhose	jednu spodnī kalhotu	jednu spodní kal-

	Aussprache	
2 Paar Strümpfe	dwa pāri puntschoch	dva páry punčoch
3 Taschentücher	trschi kapeßniki	tři kapesníky
Mein Pferd ist lahm, vom Sattel gedrückt, kühlen Sie mit kaltem Wasser	mūj kūnj kulhā, tlatschī ho ßedlo, ochlasujte ßtudenou wodou	můj kůň kulhá, tlačí ho sedlo, ochlazujte studenou vodou
Tränken, füttern Sie mein Pferd	dejte mēmu koni pīti krmte ho	dejte mému koni píti, krmte ho
Wir brauchen:	potrschebujeme:	potřebujeme:
1 Bratpfanne,	jeden pekātsch	jeden pekáč
4 Paar Messer	tschtirschi pāri nožū	čtyři páry nožů
Gabeln, Löffel	widlitschki, lžīze	vydličky, lžíce
Töpfe	hrnze	hrnce
Kaffeemühle	mlīnek na kāwu	mlýnek na kávu
Sieb	ßītko	sítko
4 Wassergläser	tschtirschi ßklenize na wodu	čtyři sklenice na vodu
1 Korb	jeden kosch	jeden koš
1 Korkzieher	jedna wīwrtka	jedna vývrtka
1 Krug	jeden džbān	jeden džbán
1 Tischtuch	jeden ubruß	jeden ubrus
1 Handtuch	jeden rutschnīk	jeden ručník
Zum Kochen: Holz, Kohlen	na warschenī: drschewo, uhlī	na vaření: dřevo, uhlí

Lebensmittel s. Beitreibung S. 33, 34

Bleistift	tužka	tužka
Bürste	kartātsch	kartáč
Federhalter	držātko	držátko
Fingerhut	nāprßtek	náprstek
Lampe	lampa	lampa
Lichter	swjetla	světla
Spiegel	srzadlo	zrcadlo
Stiefelknecht	suwāk	zuvák
Schlafdecken	prschikrīwki	přikrývky na spaní
Streichhölzer	sāpalki	zápalky
Tinte	inkoußt	inkoust

Weitere Gebrauchsgegenstände s. S. 22 u. 32, 33, 34

D. Verhalten auf Vorposten, Patrouille

	Aussprache	
Halt! werda! — Losung!	ßtūj! **kdo** ſde! — heßlo	stůj! kdo zde! -- heslo!
Näher heran!	ßem blīže!	sem blíže!
Sind Sie Einwohner?	ßte **wi** **o**biwatelem?	jste Vy obyvatelem?
Bauer, Arbeiter?	ßedlāk, djelnik?	sedlák, dělník?
Wohin wollen Sie?	**k**am chzete?	kam chcete?
Wo liegt das Dorf?	**k**de **le**ži weßnize?	kde leží vesnice?
Haben Sie Waffen?	māte ſbr**a**nje?	máte zbraně?
Legen Sie die Waffen (Stock) nieder	**o**dložte ſbr**a**nje (hūl)	odložte zbraně (hůl)
Hände hoch!	**ru**ze wſhūru!	ruce vzhůru!
Ich werde Ihnen die Augen verbinden	**o**bwaſuji wām **o**tſchi	obvazuji Vám oči
Dieser Mann wird Sie zum Offizier bringen, folgen Sie ihm	ten muž prſch**i**wede wāš kdūßtojnīku **po**ßtupujte ſ**a**nim	ten muž Vás přivede k důstojníku, postupujte za ním
Sind Sie Überläufer?	ßte wi prſch**e**bjehli **k**em?	jste Vy přeběhlíkem?
Spion? Unterhändler?	wiſwjedatſchem? wijednāwatelem?	vyzvědačem? vyjednávatelem?
Nehmen Sie den Sattel vom Pferd	**o**dßedlejte **ko**nje	odsedlejte koně
Rühren Sie sich nicht von der Stelle, sonst schieße ich	neh**i**bejte ße ſmīßta, **ne**bo ßtrſchīlīm	nehýbejte se z místa, nebo střílím
Schweigen Sie	mltſchte	mlčte
Wo sind Patrouillen?	kde **ß**ou hlīdki?	kde jsou hlídky?
Truppenansammlung?	kde ße ßh**ro**māždjejī **o**dili?	kde se shromáždějí oddíly?
In der Nähe?	fblīſkoßti?	v· blízkosti?

	Aussprache	
Hinter dem Dorf, Berg, Wald?	ſa weßnizi, h**o**rou leßem?	za vesnicí, horou, lesem?
Ist 1 Posten auf dem Kirchturm?	je ßtrāž na **k**oßtelni wježi?	je stráž na kostelní věži?
Welche Waffengattungen sind es?	**ja**kē druhi ſbr**a**nje to **ß**ou?	jaké druhy zbraně to jsou?
Infanterie	pjechota	pěchota
Kavallerie	jeſdeztwo	jezdectvo
Artillerie	dj**e**loßtrſchelezt**w**o	dělostřelectvo
Pioniere	ſākopnizi	zákopníci
Tanks	**o**brnjenē w**o**ſi	obrněné vozy
Maschinengewehr	**k**ulometi	kulomety
Gibt es hier irgendwo Feldbefestigungen?	**ß**ou ſde njekde **p**olni **o**pewnjeni?	jsou zde někde polní opevnění?
Minen, in der Erde, auf Wegen?	**po**dkopi, ſſemi **na** zeßtāch?	podkopy, v zemi, na cestách?
Fallgruben für Tanks auf Feld oder Wegen?	jāmi **pro**ti **ta**nkūm **na** **p**oli **ne**bo zeßtāch?	jámy proti tankům na poli nebo cestách?
Wo landen hier tschechische Flugzeuge?	**k**de prſchißtoji ſde tſcheßkā letadla?	kde přistojí zde česká letadla?

E. Verhalten gegen Überläufer, Gefangene, Spione, Unterhändler, Gefangenentransport

Von welchem Armeekorps, Division, Brigade, Regiment sind Sie?	**o**d kterēho **a**rmādniho ßb**o**ru, d**i**wiſe, brigādi **p**luku **p**och**ā**ſite?	od kterého armádního sboru, divise, brigády, pluku pocházíte?
Warum haben Sie Ihre Truppe verlassen?	**p**rotſch ßte **o**pußtil wāſch **o**dil?	proč jste opustil Váš oddíl?
Wo? Wann?	kde? kdi? [ſchem?	kde? kdy? [čem?
Sie sind Spion	ßte **wi** wiſwjedawat-	jste Vy vyzvěda-
Ziehen Sie die Stiefel (Kleider) aus	wiſujte b**o**ti, ßwlēknjete ſch**a**ti	vyzujte boty, svlékněte šaty

	Aussprache	
Leeren Sie alle Taschen, Ihren Tornister	wiprāsdnjete wschezki kapßi waschi torbu	vyprázdněte všecky kapsy, Vaši torbu
Schneiden Sie das Rockfutter auf.	roßtrschihejte podschiwku do kabātu	rozstříhejte podšívku do kabátu
Hutfutter	podschiwka do klobouku	podšívka do klobouku
Haben Sie Briefe oder sonst. Schriftstücke bei sich?	māte dopißi nebo jinē ßpißi ußebe?	máte dopisy nebo jiné spisy u sebe?
Geben Sie mir Ihr Notizbuch	dejte mi wāsch sāpißnik	dejte mi Váš zápisník
Wo ist Ihr Truppenteil?	kde je wāsch wojenßki odil?	kde je Váš vojenský oddíl?
Ist er zurückgegangen? Wohin?	schel naspjet? kam?	šel nazpět? kam?
Zeigen Sie mit der Hand die Richtung, auf dieser Karte	ukažte rukou ßmjer na tēto mapze	Ukažte rukou směr, na této mapce
Wieviel Regimenter waren es?	kolik pluků to bilo?	kolik pluků to bylo?
Welche Truppengattungen?	kterē druhi wojßka?	které druhy vojska?
Sind die Truppen gut bekleidet, verpflegt und guter Stimmung?	ßou odili dobrsche oschatjeni, sāßowāni a maji dobrou nāladu?	jsou oddíly dobře ošatěny, zásobovany a mají dobrou náladu?
Sind Sie Unterhändler?	ßte wijednāwatelem?	jste vyjednávatelem?
Wer schickt Sie?	kdo wāß poßlā?	kdo Vás poslá?
Wo haben Sie Ihre Legitimation?	kde māte waschi legitimazi?	kde máte Vaši legitimaci?
Was wünschen Sie?	zo ßi prschejete?	co si přejete?
Ihre Leute außer dem Dolmetscher bleiben hier	waschi lidē kromje tlumotschnika sůßtanou sde	Vaši lidé kromě tlumočníka zůstanou zde

	Aussprache	
Folgen Sie mir	nāßledujte mne	následujte mne
Wenn Sie sich willig und gehorsam zeigen, haben Sie nichts zu fürchten	ukasujeteli ße ochotnje a poßluschnje, nemāte ße nitscheho bāti	ukazujete-li se ochotně a poslušně, nemáte se ničeho báti
Sofort alle Waffen, auch aus den Taschen, abgeben	ihned weschkerē sbranje takē skapeß, odewsdat	ihned veškeré zbraně, také z kapes, odevzdat
Zuwiderhandelnde werden hart bestraft	kdo jednā na odpor bude tježze treßtān	kdo jedná na odpor bude těžce trestán
Alle Leute werden sofort darauf durchsucht	weschkeri lid ße wischetrschi ihned na to	Veškerý lid se vyšetří ihned na to
Stillgestanden!	posor!	pozor!
Rechts (links) um!	wprawo (wlewo) chod!	vpravo (vlevo) chod!
Marsch, Halt!	pochod, ßtůj!	pochod, stůj!
Es ist verboten: zu sprechen mit Einwohnern und untereinander	je sapowjeseno: mluwiti ßobiwateli a mesi ßebou	je zapovězeno: mluviti s obyvately a mezi sebou
ohne Erlaubnis zu rauchen	bes powoleni kourschiti	bez povolení kouřiti
Rauchen gestattet	kourscheni dowoleno	kouření dovoleno
Jede Auflehnung wird mit dem Tode bestraft	každē wsbourscheni ße treßtā ßmrti	každé vzbouření se trestá smrtí

F. Verhalten als Verwundeter und gegen Verwundete

Ich bin verwundet am linken (rechten) Arm	ßem sranjen na lewē (prawē) ruze	jsem zraněn na levé (pravé) ruce
am Fuß, am Kopf	nanose, nahlawje	na noze, na hlavě
am Hals, Brust	nakrku, prßu	na krku, prsu
am Gesäß, Bauch	na sadnizi, brschichu	na zadnici, břichu

	Aussprache	
Ich habe großen Durst (Hunger)	mām welikou žīsenj (welkī hlad)	mám velikou žízeň (velký hlad)
Ich habe hier große Schmerzen	mām sde welkē boleßti	mám zde velké bolesti
Ruhr, Durchfall	ūplawize, průjem	úplavice, průjem
Sind Sie krank?	ßte nemozen?	jste nemocen?
Haben Sie keine Angst, wir sorgen für Sie	nebojte ße, poßtarāme ße o wāß	nebojte se, postaráme se o Vás
Wo haben Sie Schmerzen?	kde māte boleßti?	kde máte bolesti?
Liegenbleiben!	sůßtanjte ležet!	zůstaňte ležet!
Sofort aufstehen!	naras wßtāt!	na raz vstát!
Mitkommen!	podjte ßnāmi!	pod'te s námi!
Langsam gehen!	chodjte swolna!	Chod'te zvolna!
Schneller!	richleji!	rychleji!
Haben Sie Hunger?	māte hlad?	máte hlad?
Frieren Sie?	je wām sima?	je vám zima?
Legen Sie sich auf dies Stroh!	položte ße na tu ßlāmu!	položte se na tu slámu!
Hier ist eine Decke	sde je pokriwka	zde je pokrývka
Wasser mit Kognak	woda ßkonjakem	voda s koňakem
Kaffee, Tee, Brot	kāwa, tschaj, chlēb	káva, čaj, chléb
Haben Sie sich selbst verbunden? ein Arzt?	obwāsal ßte ße ßām? lēkarsch?	obvázal jste se sám? lékař?
Geben Sie Ihr Verbandpäckchen	dejte mi wāsch obwasowī materiāl	dejte mi Váš obvazový materiál
Die Krankenträger holen Sie gleich	noßitschi hned pro wāß prschijdou	nosiči hned pro Vás přijdou
Bleiben Sie ruhig liegen	sůßtanjte klidnje ležet	zůstaňte klidně ležet
Schlafen Sie ruhig, ich bleibe bei Ihnen	ßpite klidnje, sůßtanu uwāß	spite klidně, zůstanu u Vás
Kommen Sie mit Verwundete suchen	podjte ßemnou hledati ranjenē	pod'te se mnou hledati raněné

	Aussprache	
Helfen Sie, diesen Mann tragen, stützen Sie ihn	pomoßte noßiti toho muže, podpīrejte ho	pomozte nositi toho muže, podpírejte ho
Tragen Sie seine Ausrüstung (Gewehr)	noßte jeho wīßtroj (puschku)	noste jeho výstroj (pušku)
Bleiben Sie bei diesem Verwundeten	sůßtanjte u toho ranjenēho	zůstaňte u toho raněného

9. Beitreibung (s. auch Abschnitt 8, A, B)

Wir haben hier eine Beitreibung von Lebensmitteln usw. vorzunehmen	māme sde prschedewsiti prschipusenī potrawin a tak dāle	máme zde předevzíti připuzení potravin a t. d.
Sind die Einwohner friedlich?	ßou obiwatelē ßmīrni?	jsou obyvatelé smírni?
Machen Sie keine Schwierigkeiten, der Ort ist dazu verpflichtet	nedjelejte žādnē obtiže obez je ktomu powinna	nedělejte žádné obtíže, obec je k tomu povinna
Sie bekommen über alles Gelieferte eine Quittung	obdrschite sa wschezko dodanē ßtwrsenī	obdržíte za všecko dodané stvrzení
Hier ist die Quittung	sde je ßtwrsenī	zde je stvrzení
Wenn Lebensmittel versteckt werden, bezahlt der Ort eine Strafe von 10000 Kronen	ußchowajīli ße potrawini platī obez pokutu od deßet tīßiz korun	Uschovají-li se potraviny, platí obec pokutu od deset tisíc korun
Sie sind für die Lieferung persönlich verantwortlich	Wi ßte mi oßobnje sawāsān sa dodānī	Vy jste mi osobně zavázán za dodání
Alle Lieferungen sind auf dem Marktplatz niederzulegen	weschkerā dodānī majī ße odložiti na nāmjeßtī	veškerá dodání mají se odložiti na náměstí

	Aussprache	
Ich brauche für den Abtransport sofort 10 bespannte Wagen mit Kutscher auf dem Marktplatz	potrschebuji pro odwos ihned deßet saprschahnjenich kotschārū ßkotschim na nāmjeßti	potřebuji pro odvoz ihned deset zapřahněných kočárů s kočím na náměstí
Die Kutscher müssen gegendkundig sein	kotschi mußi ße wisnati sokoli	kočí musí se vyznáti v okolí
Kutscher, die absichtlich falsch fahren, werden sofort erschossen	kotschi, kterschi pojedou ūmißlnje neßprāwnim ßmjerem, budou ihned saßtrscheleni	kočí, kteří pojedou úmyslně nesprávným směrem, budou ihned zastřeleni
Ich brauche zum Beladen der Wagen auf dem Marktplatz sofort 15 Mann	potrschebuji na naklādān wosū na nāmjeßti ihned patnāzt mužū	potřebuji na nakládání vozů na náměstí ihned patnáct mužů
Fahren Sie mit den Wagen nach X.	pojedjte ßwosi do X.	Pojeď'te s vozy do X.
Wir begleiten die Wagen	doprowodime wosi	Doprovodíme vozy
Kilo, Zentner	kilo, zent	kilo, cent
Pfund, Liter	pūl kila, litr	půl kila, litr
Faß, Flasche	ßud, lāhew	sud, láhev
Glas, Tasse	ßklenize, schālek	sklenice, šálek
Säcke, Bund	pitli, ßwasek	pytly, svazek
Fuhre, Stück	powos, kuß	povoz, kus
Paket, Dutzend	balik, tuzet	balík, tucet
Ich brauche:	potrschebuji	potřebuji:
1. Pferde, Wagen	konje, wosi	1. koně, vozy,
Kähne, Esel	tschluni, oßle	čluny, osle,
Maultiere	ßoumari	soumary
2. Baumaterial: Wo ist ein Bauplatz?	ßtawiwo: kde je ßtawenischtje?	2. stavivo: kde je staveniště?
Rundholz	kopowē drschīwi	kopové dříví
Kantholz	oteßanē drschewo	otesané dřevo

	Aussprache	
Bretter (Bohlen) stark (lang) (breit)	prkna (foschni) ßilnā (dlouhā) (schirokā)	prkna (fošny) silná (dlouhá) (široká)
Hanfseile	konopnā lana	konopná lana
eiserne Ketten und Klammern	železnē rschetjese a ßkobi	železné řetěze a skoby
Nägel	hrschebiki	hřebíky
T-Eisenträger	železnē noßitsche T	železné nosiče T
Zement	zement	cement
Werkzeug	nārschadi	nářadí
3. Betriebsmittel:	prowosni proßtrschedki:	3. provozní prostředky:
Benzin	bensin	benzin
Schweröl	tježki olej	těžký olej
Schmieröl	masazi olej	mazací olej
Petroleum	petrolej	petrolej
Auto- (Fahrrad-) Reifen	obrutsche na automobili (kola)	obruče na automobily (kola)
Wagenschmiere	kolomas	kolomaz
Holz, Kohlen	drschewo, uhli	dřevo, uhlí
4. Lebensmittel:	potrawini:	4. potraviny:
Bier	piwo	pivo
Bohnen	fasole	fazole
Brot	chlēb	chléb
Butter	māßlo	máslo
Eier	wejse	vejce
Enten	kachni	kachny
Erbsen	hrāchi	hráchy
Essig	ozet	ocet
Fett	ßādlo	sádlo
Fische	ribi	ryby
Fleisch (Schwein, Rind, Kalb, Hammel)	maßo (weprsch, howjesi dobitek, tele, ßkop)	maso (vepř, hovězí dobytek, tele, skop)
Gänse	hußi	husy
Gemüse (Kohl, Radieschen, Möhren, Zwiebeln)	selenina (kapußta, rschedwitschki mrkwe, zibule)	zelenina (kapusta, ředvičky, mrkve, cibule)

	Ausſprache	
Heringe	ßlanetſchki,	slanečky
Hühner	kurſchata	kuřata
Kaffee	kāwa	káva
Käſe	ßir	sýr
Kälber	telata	telata
Kaninchen	krālitſchi	králíči
Kartoffeln	brambori	brambory
Kognak	konjak	koňak
Linſen	tſchotſchki	čočky
Mehl	mouka	mouka
Milch	mlēko	mléko
Nudeln	nudle	nudle
Öl	olej	olej
Pfeffer	peprſch	pepř
Reis	rīže	rýže
Rinder	howjeſi dobitek	hovězí dobytek
Salz	ßūl	sůl
Senf	horſchtſchize	hořčice
Schnaps	korſchalka	kořalka
Schweine	weprſche	vepře
Speck	podbrſchiſchek	podbřišek
Speiſeöl	olej na jīdla	olej na jídla
Tee	tſchaj	čaj
Wein (rot, weiß)	wīno(tſcherwenē,bīlē)	víno (červené, bílé)
Wurſt	uſenki	uzenky
Zigarren	zigari	cigary
Zigaretten	zigaretti	cigarety
Zuviel Zucker (zu wenig)	mnoho zukru (mālo)	mnoho cukru(málo)
mehr Fleiſch	wīze maßa	více masa
5. Furage: **Heu,** Stroh, **Häckſel,** Hafer	pīze: ßeno ßlāma, rſcheſanka oweß	5. píce: seno, sláma, řezanka, oves

10. Quartiermachen (ſ. auch S. 13, 14, 15)

Führen Sie mich zum Bürgermeiſter	wedjte mne kßtaroßtowi	veďte mne k starostovi

	Ausſprache	
Sind Sie der Bürgermeiſter?	wi ßte ßtaroßtou?	Vy jste starostou?
Wir ſind hier, um Quartier zu machen	mi ßme ßem prſchiſchli na ubitowāni	my jsme sem přišli na ubytování
für ... Offiziere	pro ... dūßtojniki	pro ... důstojníky
...Mann,...Pferde,	... wojāki, ... konje,	... vojáky, ... koně,
... Fahrzeuge	... woſidla	... vozidla
Wer ſich widerſetzt, wird feſtgenommen	kdoße ßtawi na odpor, bude ſattſchen	kdo se staví na odpor, bude zatčen
Die Truppen treffen morgen früh hier ein	odili doraſi ſde ſitra rāno	oddíly dorazí zde zítra ráno
heute abend	dneß wetſcher	dnes večer
Sie werden mit (ohne) Verpflegung einquartiert	budete ubitowān ße ſāßobenim (beß ſaßobeni)	budete obytován se zásobením (bez zásobení)
Jeder Mann hat Anſpruch auf Wohnung, Heizung, Licht	každi wojāk mā nārok na obidli, topeni, ßwjetlo	každý voják má nárok na obydlí, topení, světlo
Matratzen als Nachtlager, im Notfall auch Stroh genügt	matraze na nozlech, jako nahrada ßtatſchi takē ßlāma	matrace na nocleh, jako náhrada stačí také sláma
Zeigen Sie mir den Ortsplan	ukažte mi plān obze	ukažte mi plán obce
Wieviel Häuſer hat der Ort?	kolik domū je fobzi?	kolik domů je v obci?
Wieviel Einwohner gibt es?	kolik obiwatelū?	kolik obyvatelů?
Sind die Einwohner wohlhabend oder arm?	ßou obiwatele bohati nebo chudi?	jsou obyvatelé bohati nebo chudi?
Schreiben Sie mit Straße, Hausnummer auf, wo ſind:	napiſchte ßoſnatſchenim uliz, tſchīßel domū, kde ßou:	napište s označením ulic, čísel domů, kde jsou:

Pěchotní srub K-S 35 Nad lesem u Mladkova. Překážky jsou dosud téměř kompletní. V terénu, kde měl nepřítel jen omezené možnosti k zaclonění palebného vějíře, nebylo nutné používat protitankové příkopy (říjen 1938).

Tento snímek pěchotního srubu K-S 25 Na sedle zachycuje typické řešení umístění objektu těžkého opevnění v lese. V předpolí je palebný průsek (u horního okraje snímku) postřelovaný sousedním srubem. Okolní překážky jsou vybudovány pouze jako protipěchotní, u obvodové překážky proměnné šířky je patrné zapuštění pod úroveň terénu ve vějířích hlavních zbraní (říjen 1938).

Pěchotní srub K-S 6 U kapličky, v pozadí je dobře patrná obec Dolní Morava a masiv Králického Sněžníku. Vpravo od objektu je zřetelné novější řešení přechodu obvodové překážky typu A do protitankového příkopu (říjen 1938).

Pohled na náměstí v Jeseníku v době příchodu německých jednotek. Silnice na náměstí je lemována shromážděným obyvatelstvem. Dole snímek pořízený na neurčeném místě v Jeseníkách zachycuje rovněž po stranách silnice shromážděné obyvatelstvo, které vítá jednotky německé Wehrmacht (říjen 1938).

Zaplněné bruntálské náměstí při návštěvě Adolfa Hitlera. Dole čestná jednotka Wehrmacht a obyvatelstvo shromážděné u křižovatky dnešních ulic Jesenická, Staroměstská a Rýmařovská. Oba snímky byly pořízeny pravděpodobně 7. října 1938 při návštěvě Adolfa Hitlera v Bruntálu.

Pěchotní srub OP-S 13 U pískovny severovýchodně od Opavy. Překážky v okolí objektu jsou téměř hotovy. Správným vyhodnocením terénních úprav pro překážky vlevo a vpravo od srubu je možné odhalit orientaci palebných vějířů hlavních zbraní.